DE L'IMAGINATION

DE LA RECHERCHE DE LA VÉRITÉ
LIVRE II

BIBLIOTHÈQUE DES TEXTES PHILOSOPHIQUES

Fondateur H. GOUHIER   Directeur J.-F. COURTINE

Nicolas MALEBRANCHE

DE L'IMAGINATION

DE LA RECHERCHE DE LA VÉRITÉ
LIVRE II

Introduction
par
Delphine KOLESNIK-ANTOINE

PARIS

LIBRAIRIE PHILOSOPHIQUE J. VRIN
6, Place de la Sorbonne, V e
2006

© *Librairie Philosophique J. VRIN,* 2006

Imprimé en France

ISBN 2-7116-1848-X

www.vrin.fr

INTRODUCTION

> *L'homme ne demeure guère longtemps semblable à
> lui-même (...) la vie de l'homme ne consiste que dans
> la circulation du sang, et dans une circulation de
> pensées et de désirs; et il semble qu'on ne puisse
> guère mieux employer son temps, qu'à rechercher
> les causes de ces changements qui nous arrivent, et
> apprendre ainsi à nous connaître nous même* [1].

LE LIVRE II DE LA *RECHERCHE DE LA VÉRITÉ*
L'IMAGINATION ENTRE PHYSIOLOGIE ET MÉTAPHYSIQUE

Malebranche est sans doute, à l'âge classique, l'auteur
le plus critique à l'égard de l'imagination. En plus d'être,
comme le soutient Pascal, « maîtresse d'erreur et de fausseté »,
l'imagination désigne en effet chez lui la « folle du logis »,
une « folle qui se plaît à faire la folle » et à dérégler la raison

---

1. *Recherche de la vérité*, II, I, I, § III, p. 80-81 ; l'ouvrage sera par la suite
abrégé *RV*. Pour le livre II, la pagination renvoie à la présente édition. Les autres
textes sont cités dans l'édition des *Œuvres complètes* de Malebranche sous la
direction d'André Robinet, appelées de la manière suivante : OC, suivi du
numéro de tome, puis de page lorsque cela est utile. Les références complètes
des ouvrages cités ou utilisés figurent dans la bibliographie.

humaine pour l'entraîner dans le monde de l'absence et du fantasme. C'est elle qui torture les esprits « visionnaires », elle qui transforme les hommes en loups-garous et leur fait organiser des sabbats, elle qui engendre des enfants monstrueux et accélère la contagion du péché originel. L'imagination ne détourne pas seulement les hommes de la vérité, conçue chez Malebranche comme un ensemble de rapports entre les choses et les idées, tels que Dieu les a institués ; elle les fait en outre vivre dans un monde où l'ordre des choses est renversé, où prévalent les apparences, la superstition et l'amour-propre. Elle est « fatale » à la fois « à ceux qui la possèdent et à ceux qui l'admirent dans les autres sans la posséder » [1].

Mais contrairement à Pascal, Malebranche fonde sa théorie de l'imagination et de sa contagion sur une conception très personnelle du jeu de la machine corporelle. Le livre II de la *Recherche de la vérité* est ainsi ponctué de nombreux développements physiologiques dont le statut n'est pas toujours très clair, surtout pour les lecteurs d'aujourd'hui. Car d'un côté, Malebranche manifeste une connaissance étendue et exacte de la culture médicale de son temps. Il utilise les résultats les plus récents des expériences de ses contemporains et n'hésite pas à aller chercher chez chacun d'eux le point novateur qui l'intéresse, notamment sur les questions de la composition du sang et de la neurologie du cerveau. Mais à d'autres moments, il semble verser dans une opinion commune à peine crédible. Il multiplie notamment les exemples de personnes impressionnées, au sens littéral du terme, par les scènes qu'elles se sont contentées d'observer. C'est le cas de cette femme enceinte qui, ayant assisté à une exécution, accoucha par la suite d'un enfant atteint de séquelles similaires

---

1. *Traité de Morale*, I, XII, titre.

à celles qui avaient été laissées sur le corps du criminel[1]. Tous ces développements participent à l'ambiguïté mais aussi à l'originalité de ce livre II, puisqu'on ne les retrouve pas, de façon aussi suivie et systématique, dans les autres écrits de Malebranche.

Mais à l'instar des autres passages de la *Recherche* cette fois, le livre II est ponctué de considérations métaphysiques engageant la théorie malebranchiste de l'Ordre et des unions, de l'âme à Dieu, de l'âme au corps et des hommes entre eux.

Quelle importance respective faut-il alors octroyer à ces différents développements ? Est-ce la physiologie qui prévaut : alors quel statut lui accorder ? Ou bien la métaphysique : où chercher en ce cas la particularité du livre II ?

Une première solution consiste à affirmer que la métaphysique prime sur la science et qu'en conséquence, les affirmations parfois jugées fantaisistes par le savant d'aujourd'hui doivent s'apprécier à partir de leur propension à servir la philosophie première. En ce cas, il ne faudrait pas lire ce livre II comme des scientifiques : la physiologie malebranchiste est-elle exacte ou erronnée ? mais comme des philosophes : dans quelle mesure cette physiologie sert-elle la conception malebranchiste des rapports de l'âme et du corps et de l'Ordre, la question de savoir si elle est vraie ou fausse étant au fond secondaire ?

Une telle position interprétative est d'autant plus tentante qu'elle est suggérée par Malebranche lui-même. Selon lui en effet, la vérité d'une hypothèse en science se mesure par sa capacité à rendre compte du réel. Les « suppositions » ou « principes » physiologiques mobilisés ont pour caractéris-

---

1. *RV* II, I, VII, § III, p. 117-119. Malebranche fait ici référence à un cas historique, visité par la reine à l'hôpital des Incurables.

tique essentielle d'être heuristiques, car la vérité scientifique s'inscrit dans un progrès dont Malebranche est bien conscient de n'être qu'un maillon. En revanche, les vérités de l'Ordre, comme les vérités de la foi, sont intangibles. C'est pourquoi le premier domaine est en toute rigueur mis au service du second. La métaphysique vaut comme une exigence, que la science doit servir et refléter[1].

Le traitement que réserve Malebranche à l'hypothèse cartésienne de la glande pinéale est à ce titre exemplaire. Les arguments concurrents concernant cette glande et l'éventuelle localisation de l'âme en un centre cérébral (les deux élements ne se trouvant pas nécessairement liés) sont nombreux au moment où il rédige la *Recherche de la vérité*. Malebranche les connaît et en fait explicitement état[2]. Ils se réfèrent tous, pour l'adopter ou pour le rejeter, à la théorie de Descartes, selon laquelle cette glande, très petite, très mobile et située au milieu du cerveau pour mieux centraliser ses impressions, désignerait le « siège » de l'âme[3].

Malebranche n'identifie pas la « partie principale » du cerveau à cette glande. Il affirme même qu'« il y a bien de l'apparence » que Descartes se soit trompé « lorsqu'il a affirmé que c'est à la glande pinéale que l'âme est immédiatement unie ». Mais ce qui est remarquable, c'est qu'il ne choisisse pas entre les autres hypothèses proposées. Car son

---

1. D'où l'importance de se tenir toujours informé des découvertes les plus récentes. On trouve la trace de ce souci malebranchiste dans les différentes strates de l'écriture de la *Recherche de la vérité*. *Cf.* l'édition d'André Robinet pour le détail des corrections, suppressions et ajouts. Dans son ouvrage *Système et existence dans l'œuvre de Malebranche*, Robinet montre que cette réécrriture s'est accompagnée de changements notables dans la philosophie elle-même.

2. *RV* II, I, I, § II, p. 78-79.

3. Voir notamment l'article XXX des *Passions de l'âme*.

propos n'est pas de « faire une physique »[1]. Il est « assez inutile » de connaître l'exacte nature de ce centre encéphalique, lequel se réduit à sa fonction : assurer une sympathie entre les différentes parties de l'organisme et la « communication » entre l'âme et le corps. Ce n'est pas la physiologie en tant que telle qui est en jeu, mais le problème métaphysique de la jonction de l'âme et du corps. Et dès l'instant que la « supposition » retenue joue le rôle qu'on attend d'elle, elle peut acquérir le statut de « principe prouvé » et elle suffit à l'argumentation.

Mais cela n'ouvre pas pour autant la voie à l'arbitraire. Les liens mis au jour entre les différentes parties du corps, entre l'âme et le corps et entre les différents hommes, doivent découvrir l'admirable ouvrage de Dieu. Or faire œuvre de savant, c'est utiliser sa raison. Utiliser sa raison, c'est laisser humblement et attentivement parler en soi le Maître intérieur et non, comme l'a cru à tort Descartes, affirmer orgueilleusement la suprématie d'un ego capable d'accéder au vrai par ses seules forces. Le savant n'est donc pas l'ennemi du philosophe et lire le livre II, c'est tenter de comprendre comment Malebranche a su mobiliser les hypothèses scientifiques les plus probantes dont il disposait pour mettre au jour les causes du dérèglement universel de l'imagination, et en illustrer les effets les plus dévastateurs pour l'humanité. C'est essayer de savoir comment la science peut servir à éclairer la corruption de l'homme d'aujourd'hui, quitte à ce que cette entreprise nous emmène du côté de la croyance populaire aux loups-garous. Alors cette dernière ne se répandra plus comme une traînée de poudre. Elle sera rationalisée et par là même confortée dans son statut de dangereuse fantaisie.

---

1. *RV* II, I, II, § III, p. 84.

Nous suivrons le chemin proposé par Malebranche lui-même : définition de l'imagination tout d'abord (acquis du livre II, première partie), analyse des causes physiques (II, II, 1) puis morales (II, II, 2) de son dérèglement et de la différence entre les esprits ensuite, application aux cas particuliers des « personnes d'étude » et des « commentateurs » (II, II, 3 à 8), explication et illustration, enfin (chap. III), de la communication contagieuse des imaginations fortes, illustrée par les figures de Tertullien, de Sénèque et de Montaigne.

La théorie malebranchiste de l'imagination

La compréhension des parties II et III du livre II est dépendante des fondements posés dans le premier, dont ils constituent l'application pratique. Malebranche y développe une théorie de l'imagination qui s'inspire fortement de celle de Descartes mais ne s'y réduit pas. Car il l'enrichit des découvertes physiologiques les plus récentes et l'élabore à partir d'une conception totalement différente des rapports de l'âme et du corps.

L'imagination se distingue tout d'abord de la sensation, objet du premier livre de la *Recherche de la vérité*. Dans la sensation, ce sont les filets nerveux se terminant vers les parties extérieures du corps et de la peau qui sont sollicités. La sensation se produit par une impression provenant des objets. C'est ce qui explique sa vivacité et la difficulté, pour les hommes, de s'en détacher, tout le temps qu'elle est présente.

Dans l'imagination en revanche, les nerfs sont sollicités à partir du cerveau. Seuls les filets intérieurs sont ébranlés par les esprits animaux. C'est pourquoi l'âme y aperçoit généralement l'objet comme absent, avec toutes les conséquences que cela implique : « Si, par le sens, l'homme tient au monde présent, par l'imagination, il est hanté par le monde de l'absence, par l'univers de toujours. L'imagination manifeste le monde passé et à venir » [1].

La force de l'imagination est ainsi dépendante de deux facteurs physiologiques essentiels : la composition des fibres du cerveau et le cours des esprits animaux, ces derniers désignant, comme chez Descartes, les parties les plus subtiles et les plus rapides du sang [2]. De là l'importance accordée dans ce chapitre aux causes les plus générales de leurs changements : le chyle (la nourriture), le vin et l'air pour les facteurs extérieurs, l'agitation involontaire de certains nerfs pour les causes intérieures. Malebranche reprend ici l'essentiel des causes de la diversité des esprits animaux mises au jour par Descartes, à quelques nuances près. Tout d'abord, il les enrichit voire les corrige grâce aux découvertes de Pecquet sur le chyle, de Malpighi, Sylvius et Swammerdam sur l'air, de Willis sur la neurologie et de Sténon sur le cerveau [3]. Car Descartes n'a été lui aussi qu'un maillon, certes décisif, dans la chaîne de la vérité scientifique. Ce n'est donc pas lui être infidèle que de le corriger, à la lumière des résultats d'expérimentations nouvelles qu'il ne pouvait pas connaître.

Mais plus profondément, la théorie malebranchiste de l'imagination s'inscrit dans une conception occasionnaliste

---

1. A. Robinet, *Système et existence dans l'œuvre de Malebranche*, p. 300.

2. Ils sont produits dans le cerveau et circulent dans tout le corps, à l'instar du reste du sang (*RV* II, I, II, § 1). Malebranche adhère lui aussi à la théorie de la circulation du sang mise au jour par W. Harvey dans le *De motu cordis* (1628) et défendue par Descartes dans la cinquième partie du *Discours de la méthode*. C'est ce modèle qu'il reprend pour éclairer la contagion passionnelle dans le livre II.

3. On trouve l'essentiel des références à ces textes (figurant dans la bibliothèque de Malebranche) dans les notes des éditions d'A. Robinet et G. Rodis-Lewis.

des rapports de l'âme et du corps qui ne peut pas s'accommoder de celle de Descartes et que viennent conforter les choix physiologiques défendus dans le livre II.

Schématiquement, la théorie cartésienne de l'union de l'âme et du corps suppose en effet l'influence de l'un sur l'autre : du corps sur l'âme dans le phénomène passionnel et de l'âme (tout particulièrement de la volonté) dans le mouvement volontaire ou, comme cela est le cas ici, dans l'imagination. C'est ce que les commentateurs ont souvent choisi de nommer l'« interaction » des substances.

Dans le cadre de l'« occasionnalisme »[1] en revanche, aucune action directe de l'un sur l'autre n'est envisageable. Toute force et toute puissance sont reportées en Dieu et c'est seulement « à l'occasion » des changements de l'un que l'autre est modifié. Tout changement dans la partie du cerveau à laquelle les nerfs aboutissent entraîne un changement dans l'âme, et « l'âme ne peut rien sentir ni rien imaginer de nouveau, qu'il n'y ait du changement dans les fibres de cette même partie du cerveau »[2]. Si d'aventure on en vient à parler de « production » ou d'« interaction » dans l'occasionnalisme, ce ne pourra donc être que de façon métaphorique. On gardera toujours à l'esprit qu'en vertu d'une institution de nature incompréhensible pour l'homme, Dieu a fait en sorte que les deux substances « communiquent », selon des lois générales repérables par un esprit humain attentif, mais sans que le corps ou l'âme ne soient, à proprement parler, à l'initiative de ce

---

1. Malebranche n'emploie jamais cette expression. Il se contente de parler de « causes occasionnelles ». La notion d'« occasionnalisme », à l'instar de celles d'« interactionnisme », d'« harmonie préétablie » et de « parallélisme », est une création des commentateurs. Elle pourra donc revêtir différents visages en fonction des auteurs.

2. *RV* II, I, I, p. 77.

qu'ils entraînent. Ils n'en sont que des « occasions ». Quand on descendra dans le détail de la causalité occasionnelle, on pourra parfois se laisser aller à utiliser le langage de l'inter-action. Malebranche lui-même procède parfois ainsi. Mais ce sera en un sens seulement descriptif et en aucun cas explicatif. Pour rendre raison des effets constatés, il faudra toujours remonter à la seule cause possible : Dieu.

On peut ainsi distinguer deux points de vue possibles sur l'imagination : celui de l'âme et celui du corps. L'imagination active désigne la « puissance » qu'a l'âme de se former des images des objets en produisant du changement dans la partie principale du cerveau et l'imagination passive dénote la trans-formation résultant de cette volonté dans les fibres du cerveau et les esprits animaux. L'âme qui imagine est donc tout autant transformée que transformatrice, occasion et terminaison du flux des esprits animaux qui l'entretient dans un vaste et permanent mouvement de « circulation ». Elle est tributaire de modifications physiologiques inconscientes dont elle ne peut être la cause, puisqu'elles sont inconscientes. En vertu du principe selon lequel on ne peut être à l'origine de ce dont on ne sait pas comment cela se fait, on conclut que même dans l'imagination, qui ressortit pourtant, au moins partielle-ment, de l'activité de l'âme, cette dernière n'est pas puissance causale[1].

Or chez Descartes, l'« inconscience », au moins partielle, des mécanismes mis en branle lorsque l'âme imagine, n'interdisait pas que cette dernière puisse en être l'origine.

---

1. Pour des variantes de l'argument chez Malebranche, *cf.* notamment *RV* V, III, OC II, 150-151; *RV* VI, II, VII, OC II, 394-395; *Méditations Chrétiennes*, VI, § XI, OC X, 62-63 et *Entretiens sur la métaphysique et la religion*, VII, § II, OC XII, 150-151.

Cette différence essentielle entre les deux auteurs éclaire la manière dont nous devrons lire le livre II. Elle explique pourquoi l'imagination y est surtout stigmatisée dans ses dérèglements, davantage envisagée comme genre de pensée dont la machine corporelle est l'occasion, que comme puissance créatrice et principe éthique de l'âme elle-même. Même si Malebranche ne condamne pas l'imagination en tant que telle, il faudra s'attendre à trouver dans ce livre II la critique de ses excès. Car l'imagination constitue, avec les sens et les passions auxquels elle se mêle le plus souvent, l'illustration la plus manifeste de notre attachement à notre corps et, par notre corps, à tout ce qui nous environne : « Notre âme est unie à notre corps, et par notre corps à toutes les choses visibles par une main si puissante qu'il est impossible par nous-mêmes de nous en détacher »[1]. Et pour Malebranche, les deux unions constitutives de l'homme : l'union de l'âme au corps et de l'âme à Dieu, fonctionnent en proportion inverse l'une de l'autre, depuis le « renversement » du péché originel : « nous sommes tellement situés entre Dieu et les corps, que nous ne pouvons nous approcher des corps sans nous éloigner de Dieu »[2]. C'est parce que l'imagination incite l'homme à se « répandre » au-dehors et à se détourner de Dieu, qu'elle doit être étudiée dans ses causes et ses effets.

Ces pages portent ainsi sur l'esclavage constitutif de la condition humaine depuis la Chute, propagé dès la vie intra-utérine puis dans le commerce du monde, et sur la manière dont l'homme peut, éventuellement et au mieux, s'aider de ses propres faiblesses pour y remédier. On y découvre un Malebranche singulier voire déroutant, insistant sur la « puis-

---

1. *RV* II, III, IV, p. 231.

2. *Traité de Morale*, I, X, § 10. Ce lien entre les deux unions est rappelé dès la préface de la *Recherche de la vérité*.

sance » du corps sur l'âme, mobilisant une définition physiologique de l'idée bien différente de celles de l'entendement pur[1], bref, un Malebranche attachant car attentif à étudier l'homme tel qu'il est et non tel qu'il pourrait ou devrait être : rempli des préjugés de l'enfance, concupiscent, paresseux et toujours trop soucieux du regard d'autrui.

TYPOLOGIE DES IMAGINATIONS

La première partie a posé les bases théoriques de la conception malebranchiste. La deuxième en constitue l'application pratique et commence logiquement par une typologie des différentes sortes d'imaginations.

Le souci d'identifier des types d'esprits est topique. Il remonte à l'Antiquité, notamment à la *République* de Platon, qui distinguait les artisans, les cavaliers et les gardiens, et se retrouve dans bon nombre de traités médicaux contemporains de Malebranche.

Mais en toute rigueur, ce n'est pas l'objet de ce chapitre. Pour le comprendre, comparons l'entreprise malebranchiste à celle d'un médecin philosophe espagnol connu, traduit en français et de nombreuses fois réédité au dix-septième siècle[2] : Juan Huarte de san Juan. Dans son *Examen des esprits*, celui-ci entreprend de démontrer qu'en fonction de la nature de son tempérament : sec, humide ou chaud, l'homme se caractérise par un type d'esprit où prédomine soit l'entendement, soit la

---

1. Malebranche joue ici un jeu dangereux : mobiliser des arguments qui, détachés de leur fondement métaphysique, peuvent aisément être retournés contre lui. On les retrouvera ainsi dans la postérité matérialiste du XVIIIe siècle.

2. *L'Examen des esprits naiz pour les sciences* parut en 1575 (édition princeps) puis en 1594 (édition subprinceps), expurgé sur ordre de l'Inquisition. Il fut notamment traduit en français par G. Chappuis (Rouen, 1607).

mémoire, soit l'imagination. Et à ce « type » d'esprit corres-
pond une aptitude pour une « science » donnée, dans le domaine
théorique ou pratique, la finalité consistant à montrer que
chaque homme est naturellement doué pour une science mais
pour une seule. Chez Huarte donc, l'entreprise typologique
sert à distinguer les hommes entre eux pour exploiter du mieux
possible les capacités de chacun, notamment au sein de l'État.

Il n'en va pas de même chez Malebranche. À y regarder de
près en effet, la classification opérée ne distingue pas différents types d'hommes mais différentes phases au sein de la vie
d'un même homme. La première partie du livre II a commencé
par la vie intra-utérine, en expliquant combien les fibres du
cerveau de l'enfant étaient molles et délicates, donc sujettes,
plus que toutes les autres, à la moindre sollicitation, celle-ci
entraînant en retour des conséquences sur l'âme. La deuxième
partie poursuit avec l'homme mûr et le vieillard, en suivant
le même principe : plus l'homme avance en âge, plus les
fibres du cerveau se durcissent et deviennent rétives à toute
modification.

Le livre II ne porte donc pas sur des types d'esprits
particuliers : les imaginatifs, par différence avec les hommes
naturellement doués pour la mémoire ou pour l'entendement
(comme c'est le cas chez Huarte), mais sur la part faite à
l'imagination au sein de chaque esprit et dans les différents
stades de la vie, ce qui est bien différent. C'est pourquoi ces
pages concernent bien tout homme et la capacité de chacun
à veiller aux débordements[1] de sa propre imagination. La suite

---

1. On trouve chez Huarte une théorie de la « destemplanza » ou de l'excès,
qui peut s'avérer créatif. Les grands imaginatifs peuvent ainsi être de grands
médecins ou d'importants stratèges. Chez Malebranche en revanche, toute
forme d'excès incitant l'homme à se répandre au-dehors au lieu d'écouter son

y ajoutera des consignes de vigilance pour ne pas se laisser contaminer par l'imagination des autres.

Entre l'enfant et l'homme fait, Malebranche ajoute cependant une catégorie intermédiaire : celle des femmes, plus sujettes que les hommes à se laisser impressionner (au sens strict) par les sollicitations des sens en raison de la plus grande délicatesse de leur composition cérébrale. Mais là encore, ne nous méprenons pas. Malebranche n'est pas en train d'opposer (de façon univoque en tout cas) les deux sexes [1] : aux femmes le domaine des sens et aux hommes, celui de l'entendement, mais de repérer les différences les plus générales que l'on retrouve chez les hommes, compris cette fois au sens générique. C'est ce qui lui permettra de distinguer, au chapitre VII, des « esprits efféminés » [2], à cause de la consistance des fibres de leur cerveau et non de leur appartenance au genre « féminin ». On pourra ainsi trouver des femmes « viriles », c'est-à-dire aptes à l'abstraction, et des hommes « efféminés », c'est-à-dire susceptibles de se laisser à tout moment détourner par les sollicitations sensorielles. Lorsque Malebranche affirme qu'« il n'y a pas de loi générale sans exception » et s'attache à mettre au jour des généralités et des mécanismes d'ensemble, sans descendre dans le détail des cas particuliers,

---

Maître intérieur est à proscrire. Ce sont ces excès qui l'intéressent ici. C'est pourquoi l'entreprise typologie s'avère très adaptée.

1. Certes les femmes n'avaient pas, à l'époque de Malebranche, la place qu'elles occupent aujourd'hui dans la société. Mais elles étaient représentées dans les cercles cartésiens (*cf.* la note 226 de l'édition d'A. Robinet) et certaines d'entre elles furent à l'origine de théories fructueuses. La correspondance entre la princesse Elisabeth de Bohème et Descartes, par exemple, a apporté des éclaircissements décisifs sur l'union de l'âme et du corps et a été le point de départ de la rédaction du traité des *Passions de l'âme*, auquel se réfère Malebranche dans le livre II.

2. Il sera aussi question de « discours efféminés » en II, III, V.

il ne faut donc pas conclure qu'une femme intelligente serait nécessairement une délinquante ou un miracle (hors-la-loi), ou bien encore le fruit d'une volonté particulière d'un Dieu ayant décidé de changer de régime de légalité pour cette femme là et non pour telle autre.

Car le texte permet en réalité de distinguer deux régimes de légalité : une légalité forte, d'ordre épistémologique, relevant de la raison et stipulant qu'un cerveau mou est plus aisé à transformer qu'un cerveau dur, et une légalité souple, d'ordre anthropologique, résultant de l'expérience et remarquant qu'en général, le cerveau féminin est plus mou que le cerveau masculin. Malebranche ne précise pas s'il s'agit d'une expérience personnelle, faite par exemple dans le commerce du monde, ou bien du résultat d'expérimentations scientifiques précises... C'est en tout cas la conjonction de ces deux régimes qui permet d'affirmer des généralités, bien distinctes de ce que seraient des lois universelles. Dans le cas de la loi universelle, l'exception revêt le statut d'un miracle ; dans le cas de la loi générale, elle sert à préciser voire à modifier le régime de légalité[1]. On retrouve la distinction, mise au jour plus haut, entre deux registres de vérités : les vérités de l'Ordre et celles de l'expérience (scientifique mais aussi populaire, ici), les secondes étant toujours à inscrire dans un processus fonctionnant par rectifications successives.

Ces premiers développements inscrivent donc la théorie de l'imagination dans le temps, en l'occurrence, dans l'histoire

---

1. Si Malebranche fait l'éloge des différences entre les hommes, ce n'est pas pour valoriser un principe d'harmonie comme cela est le cas chez Leibniz, mais parce que l'Ordre suppose que les choses et les hommes entretiennent des rapports. Or la notion de rapport n'a de sens que sur fond de dissemblance. Le statut réservé à l'exception dans le cas des lois générales conforte cette différenciation des individus.

personnelle de l'individu. Ils montrent que l'évolution de la composition de notre cerveau entraîne avec elle celle de la faculté imaginative, avec toutes les conséquences que cela peut avoir, notamment pour l'éducation des enfants[1]. Cependant cela n'est pas suffisant pour comprendre les causes de toutes les erreurs dans lesquelles l'imagination nous entraîne. On a bien insisté sur l'importance de la composition (des fibres) du cerveau, mais il manque un paramètre décisif : le lien entre les traces laissées par le cours des esprits animaux dans le cerveau et les idées qui en résultent. Or ce modèle de la trace va s'avérer d'une grande puissance explicative et permettra d'éclairer jusqu'au phénomène de la contagion.

TRACES ET IDÉES

Pour que se produise une pensée pouvant être qualifiée d'« imagination », il faut que l'esprit forme des images. Les images désignent les traces laissées par les esprits animaux lorsqu'ils labourent le cerveau. Nous imaginons donc une chose d'autant plus fortement, que ces traces sont plus profondes et mieux gravées et que les esprits animaux y sont passés plus souvent et plus violemment. C'est le principe du pliage : plus on plie, par exemple un papier, suivant le même dessin, plus la marque du pliage s'imprime au papier, au point de devenir sa configuration la plus naturelle.

Le corps conserve ainsi la mémoire de ces traces. Et de même que dans une forêt, un chemin plusieurs fois frayé est

---

1. Parce que le cerveau de l'enfant est plus mou et flexible que tous les autres, il est aussi plus facilement modelable. De là l'importance d'acquérir très tôt de bonnes habitudes. Car le cerveau durci du vieillard ne permettra pas de rattraper le temps perdu. On est bien loin du modèle du vénérable sage antique, que Malebranche critiquera précisément plus loin.

plus facile à emprunter, de même dans le corps, les traces les plus sollicitées s'offrent plus facilement et plus fréquemment que les autres (plus résistantes) au passage des esprits animaux.

Malebranche propose ainsi une explication scientifique des erreurs les plus fréquentes chez les hommes, en particulier lorsque ceux-ci se trouvent face à des phénomènes nouveaux ou inconnus. En ce cas en effet, les esprits animaux ont davantage de peine à se frayer un chemin et ont tendance à être déviés dans les sentiers déjà battus et familiers[1]. La super-position des traces entraîne alors une confusion des idées, donc une erreur. C'est ainsi qu'on voit par exemple un visage dans la Lune, au lieu des taches irrégulières qui y sont : « les traces du visage qui sont dans notre cerveau sont très profondes, à cause que nous regardons souvent des visages et avec beaucoup d'attention. De sorte que les esprits animaux trouvant de la résistance dans les autres endroits du cerveau ; ils se détournent facilement de la direction que la lumière de la Lune leur imprime quand on la regarde, pour entrer dans ces traces auxquelles les idées de visage sont attachées par la nature »[2].

Cette propension de l'esprit à ramener l'inconnu au connu est accentuée dans les cas de vigilance moindre, comme dans l'ébriété : les « esprits de vin » modifient la composition des esprits animaux et libèrent les traces les plus familières, en premier lieu celles de nos inhibitions[3]; dans la rêverie :

---

1. C'est une explication physiologique du préjugé. Malebranche nous fait comprendre que celui-ci s'enracine avant tout dans une mémoire corporelle. C'est un prolongement inédit (en tout cas de façon aussi systématique) du thème cartésien de la puissance de la prévention. Sur ce point, cf. *IXe Éclaircissement*, OC II, 120.

2. *RV* II, II, II, p. 154.

3. Plus que de ramener l'inconnu au connu, il s'agit ici de dévoiler ce que l'on souhaiterait garder caché : « les esprits de vin entrant sans direction de la

lorsqu'on regarde les nuages et que l'on croit y reconnaître des formes coutumières; et *a fortiori* dans le sommeil, dans lequel se réouvrent en premier lieu les traces frayées le jour. Il s'avère également opérant pour expliquer l'inspiration des artistes, par exemple de «ceux qui ont coutume de dessiner, [et] voient quelquefois des têtes d'hommes sur des murailles, où il y a plusieurs tâches irrégulières». Le modèle de la trace permet ainsi de rationaliser ce que la tradition médico-philosophique imputait bien souvent à l'intervention divine ou à la folie (la «manie»). Il permet de rendre raison des différents degrés de l'imagination ainsi que des domaines dans lesquels elle est susceptible de s'appliquer. On le retrouvera à la fin du livre II, à propos de la superstitition et des hallucinations, mais aussi pour expliquer la propagation, *in utero* puis dans la société, du péché originel.

Mais Malebranche ne s'arrête pas aux situations dans lesquelles la vigilance de la volonté est moindre. De façon très progressive en effet, il nous amène au cas des personnes réputées pour faire usage de leur esprit et donc pour être, en apparence, moins sujettes que les autres à la tyrannie des traces. L'exemple du scorbut constitue à ce titre un stade intermédiaire, puisqu'il inclut aussi bien l'homme du vulgaire que le savant.

Dans les deux cas en effet, quoique pour des raisons différentes (la peur chez le premier, la curiosité chez le second), la maladie nouvelle s'avère impressionnante au sens strict. Elle imprime des traces si profondes dans le cerveau, qu'elle reste toujours présente à l'esprit. Le moindre phénomène qui rappelle cette maladie lui est donc immédiatement

volonté dans les traces les plus familières, font découvrir les secrets de la plus grande importance ».

associé : « Le scorbut est nouveau, toutes les maladies seront le scorbut. Le scorbut est accompagné d'une douzaine de symptômes, dont il y en aura beaucoup de communs à d'autres maladies : cela n'importe. S'il arrive qu'un malade ait quelqu'un de ces symptômes, il sera malade du scorbut ; et on ne pensera pas seulement aux autres maladies, qui ont les mêmes symptômes », on fera les mêmes pronostics et on prescrira les mêmes médicaments.

Ce lien des traces entre elles, et entre les idées et les traces, peut certes avoir des effets bénéfiques, par exemple pour lutter contre les trous de mémoire, évoqués dans la première partie du livre II. Lorsque l'on recherche le nom de quelqu'un, on peut ainsi procéder par associations d'idées, lesquelles finiront peut-être par rouvrir les traces nous donnant *in fine* le nom recherché : il suffit que nous ayons eu certaines pensées dans le temps qu'il y avait dans notre cerveau quelques nouvelles traces, afin que ces traces ne puissent plus se produire sans que nous ayions de nouveau ces mêmes pensées ». Ce principe pourra être mis à profit par la volonté lorsqu'elle souhaitera contrebalancer de mauvaises pensées par de meilleures. Mais dans la deuxième partie, ce sont les effets pervers de ces liens qui intéressent Malebranche.

Le schème de la trace s'avère donc également opérant pour expliquer les phénomènes d'hystérie ou de psychose collective, dont le savant lui-même n'est pas exempt. Si Malebranche avait écrit aujourd'hui, il aurait pu expliquer pourquoi un cadavre de cygne au bord d'un étang évoque immédiatement, dans l'esprit de l'homme du commun comme dans celui du savant, la grippe aviaire. Il aurait peut-être montré qu'en raison de généralisations successives et indues ayant une cause physiologique assignable, certains hommes en viennent à ne plus consommer de poulet ou à se débarrasser de leurs animaux. L'obstacle physiologique fonctionne pour tout cerveau, même et peut-être surtout si celui-ci se montre soucieux de rechercher le vrai, puisque la précipitation dégénère aussitôt en aveuglement. Cet énorme paradoxe est développé par les quatre chapitres qui suivent et introduit ici par le cas des « personnes d'étude ».

Dans l'exemple du scorbut, le phénomène de généralisation ou d'analogie à l'origine de l'erreur s'enracine dans une fixation, qui ramène tout à elle. Il ne s'agit plus de problèmes de perception visuelle [1] (comme pour la Lune), mais bel et bien d'œillères, qui conditionnent notre vision globale du monde. Ce phénomène de la fixation, que la psychanalyse radicalisera sous le nom de névrose, culmine dans le cas des personnes d'étude. La fin du chapitre II montre ainsi comment Gilbert a cru que l'aimant possédait des qualités ou des vertus magnétiques et comment il s'est cru, par la suite, autorisé à rapporter bon nombre d'effets naturels à ces mêmes qualités magnétiques. Or ce procédé consistant à se tromper de cause pour expliquer un effet, puis à ramener tout effet analogue à la même cause, est aussi à l'origine (par réaction) du mécanisme cartésien. Car celui-ci s'oppose en premier lieu au qualitativisme et à l'animisme des Anciens, à la tendance, encore très répandue au moment où écrit Malebranche, à peupler l'univers de qualités et de « petites âmes » censées rendre compte de ce qui est constaté dans les faits. Pour expliquer la pesanteur ou le mouvement du cœur, point n'est ainsi besoin de recourir

---

1. La difficulté de percevoir (l'infiniment grand ou l'infiniment petit notamment) libère bien-sûr la voie à l'imagination. Malebranche est contemporain de l'invention du microscope et cite Hevelius et Riccioli, qui ont pu observer les taches sur la Lune grâce à la lunette découverte par Galilée. Une première approche du texte aurait donc pu laisser penser qu'il condamnait l'homme du commun, tandis que le savant, lui, saurait se prémunir des erreurs de l'imagination et les rectifier. La suite montre qu'il n'en est rien.

à quelque « vertu » inhérente au corps ou à une quelconque « faculté pulsifique » pour le cœur. Les lois de la nature matérielle suffisent.

On commence à comprendre ce qui se joue en réalité derrière ces développements plaisants du livre II. Lorsqu'elle pousse l'homme à l'erreur, l'imagination le détourne du vrai, donc de l'Ordre des choses tel qu'il a été institué et voulu par Dieu. Elle peut donc l'amener à se tromper de Dieu, en peuplant l'univers d'autres petits dieux. C'est ce que la fin de la *Recherche de la vérité* désigne comme « l'erreur la plus dangereuse de la philosophie des Anciens »[1]. Les « personnes d'étude » servent donc ici de miroir grossissant pour mettre au jour les erreurs les plus répandues chez tous les hommes et pour montrer les modalités du renversement opéré depuis la Chute entre les deux unions de notre âme : union à Dieu et union au corps. Elles servent à introduire la double idée du suivisme : lorsque l'esprit s'en remet à l'argument d'autorité (donc à d'autres hommes) au lieu d'exercer son attention pour écouter le seul maître digne d'être suivi : le Maître intérieur, et de la présomption : lorsque l'esprit se croit capable d'accéder seul au vrai, sans l'aide de Dieu. Ces deux défauts apparemment opposés sont en réalité les deux visages de la même erreur dont Malebranche valorise ici l'ancrage physiologique. Analysée à la lumière de sa finalité, la critique malebranchiste des « personnes d'étude » prend ainsi tout son sens et se singularise par rapport aux critiques antérieures de l'érudition (chez Montaigne par exemple, mais aussi chez Descartes, tous deux sujets, quoique pour des raisons différentes, à la présomption[2]).

---

1. *RV* VI, II, III, OC III, 309-320.
2. Malebranche va consacrer quelques belles pages à Montaigne. Mais Descartes est aussi visé puisqu'il a cru l'esprit capable d'accéder au vrai par

Les personnes d'étude

La caractéristique principale des personnes d'étude est de faire davantage usage de leur mémoire que de leur esprit. Or Malebranche vient d'expliquer que la mémoire consiste avant tout en des traces dans lesquelles les esprits animaux peuvent entrer facilement[1]. Et la mémoire est étroitement liée à l'imagination, puisqu'elle désigne la perception d'un objet « absent ». Plus que toutes les autres, les personnes d'étude sont donc sujettes à la tyrannie de l'imagination. Dans le cas du suivisme, la mémoire sert à se constituer un bagage qui se substitue à la pensée personnelle et vient même la brouiller; dans le cas de la présomption, elle joue le rôle de faire-valoir pour saturer son propre discours d'érudition et en aveugler l'entourage. On comprend en quoi le suivisme est lié à la présomption : celui qui s'en remet à l'autorité des autres hommes va croire trouver chez eux la vérité; cela va lui donner de l'assurance pour propager à son tour ces erreurs, amplifiées par le dérèglement de sa propre imagination; il va se constituer un auditoire, qui aura à son égard une attitude de vénération suiviste le confortant encore dans sa présomption; et l'erreur va circuler en s'amplifiant[2]. La progression adoptée par Malebranche dans ces pages est donc très cohérente : il

ses seules forces. C'est une autre forme de blasphème, qui revient à diviniser le *cogito*.

1. Il existe bien sûr des habitudes spirituelles, acquises notamment grâce au travail de l'attention. Mais Malebranche s'intéresse ici aux pensées mixtes, à celles dont le corps est l'occasion. Or « le corps n'est pas fait pour instruire l'esprit, et (…) il ne parle à l'âme que pour lui-même » (*RV* II, I, VII, § VI, p. 133).

2. « On regarde [les orgueilleux] avec admiration (…) l'air de ceux qu'ils ont étourdis, les étourdit eux-mêmes : la vue de tant d'approbateurs qu'ils ont convaincus par impression, les convainc par contrecoup » (*RV* IV, VII, OC II, 64).

commence par mettre au jour les caractéristiques du suivisme, à la fin du chapitre VIII il introduit le « type » des personnes d'autorité essentiellement caractérisées par leur présomption, pour envisager enfin, dans la troisième partie, le phénomène de contagion, à partir des orgueilleux Tertullien, Sénèque et Montaigne, puis chez les gens du commun. Ainsi, le texte met alternativement l'accent sur la prédominance de l'une ou l'autre des deux caractéristiques dégagées. Il décrit une boucle qui va du suivisme à la présomption, de la présomption aux suivistes qui en sont les victimes, puis engendreront à leur tour d'autres présomptueux.

Malebranche commence par reprendre une comparaison utilisée par Descartes dans le *Discours de la méthode* : celle de l'homme désireux de rechercher la vérité avec un voyageur égaré dans une forêt. Dans le *Discours*, la comparaison sert à introduire la nécessité et l'universalité de la méthode. Descartes veut montrer qu'on arrive plus sûrement à sortir d'une forêt inconnue lorsque l'on marche droit que lorsqu'on tourne et retourne sur ses pas. L'utilisation qu'en fait Malebranche est un peu différente. Car il part du postulat qu'il n'y a qu'un chemin pour sortir. On aura donc beau aller toujours tout droit : si on n'emprunte pas le bon chemin, on se perdra nécessairement. Chez les personnes d'étude, cet égarement est amplifié par leur précipitation, qui prend deux formes : elles se jettent dans la lecture des livres où elles croient trouver la vérité (défaut surtout marqué chez les suivistes), et elles se forment un système chimérique des choses qu'elles souhaitent savoir, puis s'entêtent dans ce système (on est ici plutôt du côté de la présomption, qui succède au suivisme). L'erreur circule ainsi du début du processus jusqu'à la fin, puisque la sage résolution de bien conduire son esprit dégénère en opiniâtreté névrotique. Au lieu de faire usage de la raison dont Dieu nous a dotés, nous nous en remettons à l'autorité d'autres hommes ; à la lumière du vrai nous préférons la pénombre de l'erreur : « Pourquoi le fou marche-t-il dans les ténèbres ? C'est qu'il ne voit que par les yeux d'autrui, et que ne voir que de cette manière, à proprement parler, c'est ne rien voir » [1].

Les causes principales des erreurs

Avant de détailler les modalités de l'erreur et de son extrême contagion, Malebranche s'attarde sur ses causes. Il en dénombre onze, dont on remarque qu'elles concernent tous les hommes (suivistes et présomptueux) et non les seules personnes d'étude. Les trois premières : la paresse naturelle des hommes, qui ne veulent pas se donner la peine de méditer, l'incapacité de méditer et le peu d'amour pour les vérités abstraites, vont ensemble. Car c'est parce que les hommes ne se sont pas donnés la peine de prendre de bonnes habitudes au moment où leur cerveau était encore suffisamment souple pour être modifié, qu'ils deviennent incapables de le faire et se détournent de l'abstraction en proportion inverse qu'ils se rapprochent de leur corps [2]. La quatrième : cette satisfaction que l'on reçoit dans la connaissance des vraisemblances, est la forme quotidienne que prend le renversement de l'union de l'âme et du corps en dépendance depuis la Chute. Car se complaire dans les vraisemblances revient à identifier la vérité avec ce qui nous touche sensiblement le plus, c'est-à-dire avec ce qui a le plus de rapport immédiat à nous. La cinquième intro-

---

1. Cette analogie entre lumière et vérité, vision sensible et vision intellectuelle, est un *topos* depuis le mythe de la caverne de Platon, en particulier dans les philosophies dites « idéalistes ». L'originalité de Malebranche est de la fonder par la théorie, absente dans ce texte mais développée notamment dans le livre III, de la vision des idées en Dieu.

2. Pour Malebranche, un homme ne peut être par nature inapte à la méditation. C'est pourquoi l'habitude joue un rôle si important.

duit la notion de rapport à l'autre, qui amène avec elle l'idée de présomption. Car l'estime qu'on a de soi est trop souvent dépendante de la manière dont les autres nous perçoivent. C'est une cause supplémentaire de la circulation de l'erreur puisque la bonne (mais fausse) image que nous renvoient les autres nous conforte dans notre amour-propre. Elle nous incite à nous répandre encore davantage dans le monde pour y paraître, au lieu de nous recentrer humblement sur nous-mêmes pour méditer. Les causes six à dix concernent le rapport complexe des hommes à l'antiquité et à la nouveauté. Car l'homme du commun, personne d'étude y compris, confond antiquité et vérité, nouveauté et erreur. Sur ce préjugé vient se greffer « un respect mêlé d'une sotte curiosité », qui fait qu'on admire davantage le lointain, le vieux et l'obscur.

On pourrait penser que ces nouvelles causes vont à rebours des précédentes. Ce qui est lointain n'est-il pas en effet ce qui nous touche le moins ? Et Malebranche n'insiste-t-il pas par ailleurs sur les effets impressionnants de la nouveauté ? Une nouvelle théorie aurait de ce point de vue les mêmes conséquences que la découverte du scorbut. Elle serait, pour les hommes, plus attirante qu'une ancienne théorie. Une des clefs de la réponse est fournie par la huitième cause, qui nous fait retrouver l'amour-propre. Révérer les Anciens, c'est en effet ne pas risquer la concurrence, l'évincement ou la honte. C'est nous préserver nous-mêmes puisque les Anciens, à l'inverse de nos contemporains, n'entreront jamais avec nous dans un rapport de rivalité.

Mais plus profondément, le respect et la curiosité pour les Anciens procèdent d'une confusion des registres. Les hommes posent une équivalence spontanée entre nouveauté et erreur, entre antiquité et vérité. Et ils ont tellement pris l'habitude de lier les traces de ces mots avec les idées auxquelles ils renvoient qu'ils n'arrivent plus à les séparer. Or une fois

encore, ces équivalences reposent sur une confusion : la confusion entre le registre de la vérité philosophique (dans lequel
sont comprises les vérités de science) et celui des vérités de la
foi. Dans le premier domaine, la vérité s'inscrit dans un progrès.
Il est de bon sens de penser que nous avons plus d'expérience
et de savoir qu'Aristote, Platon ou Epicure, puisque nous
avons pu profiter des succès et des erreurs de nombreuses
générations d'êtres humains depuis que ces auteurs ont écrit :
« c'est la vieillesse du monde, et l'expérience, qui font découvrir la vérité ». Dans le domaine théologique en revanche, « on
doit aimer l'antiquité, parce qu'on doit aimer la vérité, et que
la vérité se trouve dans l'antiquité »[1]. Les choses de la foi
s'apprennent par la tradition car elles sont immuables, et non
par la raison, qui s'inscrit au contraire dans une histoire non
seulement individuelle mais aussi collective : « Je ne sais par
quel renversement d'esprit certaines gens s'effarouchent,
si l'on parle en philosophie autrement qu'Aristote, et ne se
mettent point en peine, si l'on parle en théologie autrement que
l'Évangile, les Pères et les Conciles »[2]. Révérer les Anciens,
c'est donc se méprendre sur la nature de la vérité philosophique. Mais c'est de surcroît, pour Malebranche, vouer à
des auteurs païens une admiration qui ne devrait se tourner que
vers Dieu. La distinction entre les deux registres de vérités a
donc chez Malebranche un sens précis et original, que ces
pages n'explicitent pas mais que l'analyse peut retrouver : la
méthode et les concepts nouveaux, cartésiens en premier lieu,
participent en réalité d'une plus vaste entreprise apologétique.
Si les Anciens étaient dans le faux, ce n'est pas seulement
parce qu'ils étaient à l'égard de la vérité comme des enfants

1. Chap. v, p. 171.
2. *Ibid.*

par rapport à leur raison, mais parce que l'usage qu'ils en faisaient était de toute façon perverti par une religion impie. La finalité de ces développements sur antiquité et nouveauté n'est donc pas de valoriser la nouveauté pour la nouveauté (car celle-ci peut aussi impressionner les hommes à mauvais escient), mais de montrer en quoi l'honnête et humble souci de recher-cher le vrai doit être mis au service de la vraie philosophie, c'est-à-dire pour Malebranche, de la découverte des rapports entre les choses et les idées, tels que Dieu les a institués.

Mais bien peu d'hommes ont la force d'utiliser leur acti-vité rationnelle pour s'excepter de la foule. Car la vénération impie des Anciens circule dans cette foule. Elle y devient une habitude, qui revêt le visage social de la coutume. C'est la dixième cause des erreurs des hommes. La onzième et dernière cause synthétise les précédentes : « les hommes n'agissent que par intérêt ». Cela signifie qu'ils accordent d'autant plus d'importance à une chose, qu'elle les concerne et les touche davantage. Cela n'est pas un problème en soi, puisque Dieu a institué les choses et les hommes de telle sorte qu'ils entre-tiennent ce genre de liens : « nous tenons à toutes choses, et (…) nous avons des rapports naturels à tout ce qui nous envi-ronne, lesquels nous sont très utiles pour la conservation et pour la commodité de la vie. Mais tous ces rapports ne sont pas égaux. Nous tenons bien davantage à la France qu'à la Chine, au Soleil qu'à quelque étoile, à notre propre maison qu'à celle de nos voisins. Il y a des liens invisibles qui nous attachent bien plus étroitement aux hommes qu'aux bêtes, à nos parents et à nos amis qu'à des étrangers, à ceux de qui nous dépendons pour la conservation de notre être, qu'à ceux de qui nous ne craignons et l'espérons rien »[1]. Mais ces rapports naturels

---

1. *RV* II, I, VII, p. 112.

sont aujourd'hui pervertis par la puissance de l'amour-propre :
« il n'y a présentement qu'amour-propre dans le cœur de
l'homme. Je veux seulement dire que l'amour pour la vérité,
pour la justice, pour Dieu même, et tous les autres, qui sont
dans le cœur de l'homme pour sa première institution, sont
toujours depuis le péché la victime de l'amour-propre »[1].
Lorsque Malebranche affirme que les hommes n'agissent plus
désormais que par intérêt, il veut donc dire que nous ramenons
tout à nous, en nous éloignant des véritables rapports entre les
êtres. Ce défaut est tellement ancré dans la nature humaine
qu'il n'épargne personne[2] : les « personnes d'étude »
concentrent bien les défauts de tout homme.

C'est la raison pour laquelle Malebranche choisit d'aller
plus loin. Le chapitre IV va ainsi se focaliser sur le type de
rapport que nous entretenons aujourd'hui avec notre passé
philosophique : la lecture, dont Descartes affirmait, dans le
Discours de la méthode, qu'elle constituait une espèce de
« conversation » avec les auteurs des siècles passés. Mais
l'idée de conversation mettait au jour la nécessité d'avoir du
répondant, d'exercer sa propre raison au fur et à mesure de
cette lecture, afin que celle-ci puisse, éventuellement, initier
l'ouverture d'un chemin personnel. Or Malebranche va bien
montrer qu'il n'en est rien. Car dans la grande majorité des cas,
la lecture n'aide pas l'esprit à se convertir au vrai. Elle parti-
cipe au contraire à son appauvrissement et à sa perversion[3].

---

1. *RV* V, IX, OC II, 215.

2. « C'est ce qui fait que ceux mêmes qui se détrompent et qui reconnaissent la vanité de ces sortes d'études [des Anciens], ne laissent pas de s'y
appliquer ».

3. Malebranche veut ici souligner des excès. Mais la lecture n'a pas dans
tous les cas ces effets dévastateurs. La « conversation » peut être mise à profit
pour « convertir » l'esprit et le faire retrouver les rapports originels institués

En premier lieu, le défaut d'usage de son propre esprit dans la lecture risque de dégénérer, effets dévastateurs de l'habitude à l'appui, en incapacité totale de s'en servir. Descartes avait déjà souligné, dans la troisième des *Règles pour la direction de l'esprit*, qu'il ne suffisait pas d'apprendre son Platon ou son Aristote par cœur pour devenir philosophe, c'est-à-dire capable de penser de manière autonome. Malebranche va plus loin. Car il ne montre pas seulement que la lecture ne sert à rien dans cette entreprise. Il montre qu'elle l'empêche. La lecture agit ainsi sur l'esprit comme un obstacle. Elle ne sollicite que la mémoire, là où il faudrait stimuler la raison. Elle se range du côté de l'histoire et non de la philosophie proprement dite[1]. Elle profite aux hommes qui racontent les pensées des autres, mais non à ceux qui tentent de penser par eux-mêmes.

Il faut ainsi distinguer deux façons de lire[2] : lire en exerçant sa propre raison pour méditer ce qu'on lit et prendre du recul, et lire sans examiner pour finir par consentir sans réfléchir. La première est la bonne, bien-sûr. Pour Malebranche donc, il n'y a pas de bons ou de mauvais livres en soi, mais une bonne ou une mauvaise façon de les lire. Le problème est le suivant : « la plupart de ceux qui font gloire de savoir les

par Dieu. C'est ce qui se produit pour les protagonistes des *Conversations chrétiennes*.

1. Le simple apprentissage de l'histoire de la philosophie constitue donc une aberration. Malebranche est peut-être ici à l'origine de la célèbre distinction kantienne entre « apprendre la philosophie » et « apprendre à philosopher ».

2. Là encore, Malebranche radicalise les propos de Descartes, qui proposait plusieurs étapes pour lire le *Discours de la méthode* : le lire d'abord « comme un roman » puis, progressivement, s'acheminer vers l'appropriation personnelle de son contenu. Chez Malebranche, pas de progression : soit la méthode est bonne, soit elle est mauvaise.

opinions des autres, n'étudient que [de] la seconde manière.
Ainsi plus ils ont de lecture, plus leur esprit devient faible
et confus». Dans l'esprit du lettré ou de l'homme cultivé, au
sens d'érudit, les voix se mêlent et finissent par brouiller la
seule Voix digne d'être écoutée : la parole divine. Dissoudre
sa faculté rationnelle dans un suivisme aveugle, c'est se
détourner de Dieu.

Ainsi, même dans la lecture de l'auteur dont il est le plus
proche (son «moniteur») et même dans la lecture des
Évangiles qui ne mentent jamais, l'homme doit solliciter son
attention. Car il aurait tôt fait, sans cela, de mal interpréter le
sens de certains termes et de donner à la parole divine un sens
qu'elle n'a pas. Le quinzième *Éclaircissement* à la *Recherche
de la vérité* préconise ainsi d'être vigilant afin de bien distinguer lorsqu'un auteur parle «selon les lumières» et lorsqu'il
parle «selon l'opinion commune». Lorsque l'on trouve par
exemple l'expression «âme des bêtes» chez un Cartésien, il
faut la comprendre au sens métaphorique et donner au terme
«âme» une signification matérielle. De même lorsque l'on
trouve, dans les Écritures, des passages semblant accorder
quelque efficacité aux causes secondes. Car celles-ci ne sont,
en rigueur de termes, que des causes occasionnelles : «les
passages que l'on tire de l'Écriture ou des Pères pour l'efficace
des causes secondes ne peuvent pas plus, que ceux qu'un
ambitieux ou qu'un avare choisirait pour justifier sa conduite
(…) par la même raison, on doit croire que le sentiment d'un
Cartésien est que les bêtes ne sentent point, quoiqu'il ne l'ait
dit que deux ou trois fois»[1].

Mais la plupart des hommes se laissent aller à la facilité
et étudient de la mauvaise manière. Celle-ci finit par leur

1. *XVᵉ Éclaircissement*, OC III, 233.

devenir familière. Alors les traces du cerveau se brouillent et occasionnent une confusion dans les idées.

Commerce du monde et contagion

Mais paradoxalement, les connaissances uniquement fondées sur la mémoire sont valorisées dans la société[1]. Elles donnent de l'éclat et font passer celui qui les détient pour une personne savante. Il se produit alors un authentique renversement des valeurs, puisque le « bel esprit » devient le centre de toutes les attentions et se trouve conforté dans sa présomption. Pis encore, il entraîne dans sa chute tous les esprits aisément impressionnables, au premier rang desquels les jeunes[2]. Il devient l'objet de leur vénération et de leur adoration, tout ce qui sort de sa bouche est considéré comme « article de foi », bref, il est divinisé. Or il n'est pas de pire crime aux yeux de Malebranche : « Lorsqu'une personne se trouve en compagnie, il est, ce me semble, certain qu'il se produit machinalement dans son cerveau des traces, et qu'il s'excite dans ses esprits animaux des mouvements qui font naître en son âme des pensées et des inclinations mauvaises… Ainsi elles nous font perdre la présence de Dieu, et la pensée de notre devoir, et elles ne tendent qu'à nous faire considérer par les autres hommes, comme dignes de leur affection et de leur estime. Cet orgueil secret qui se réveille en nous dans ces occasions, est donc un vice spirituel, dont la rébellion du corps est le principe »[3].

---

1. Cf. *RV* V, XI, OC II, 231-232.

2. Rappelons que plus nous sommes jeunes, plus notre cerveau est mou, donc facile à impressionner.

3. *VIIIe Éclaircissement* à la *RV*, Objection contre les articles onzième et douzième. On est bien passé ici de la dimension physiologique de l'imagination à ses implications morales, la première étant la cause occasionnelle des secondes.

Le présomptueux parle « d'une manière si décisive, et d'un air si fier, si impérieux et si grave », que n'importe qui, un adulte sensé y compris, aurait peine à ne pas se laisser contaminer. Comment cela s'explique-t-il ? Pourquoi ne peut-on résister à la contagion de l'air et des manières ?

C'est qu'il s'agit d'un langage naturel, institué par Dieu. La série de rapports évoquée plus haut fait en effet état d'un lien entre notre âme et Dieu, entre notre âme et notre corps, mais aussi entre les âmes et les corps des hommes. Or cette union naturelle des hommes entre eux est « la plus forte » de toutes parce qu'elle s'enracine dans un mécanisme immuable que l'esprit de l'homme peut retrouver mais auquel il ne peut résister[1]. Ce jeu de machine fonctionne en l'homme, sans l'homme. C'est cette conception très personnelle de la « principialité » somatique de la relation d'imitation, amplifiée par les excès de l'imagination, qui singularise Malebranche.

Celui-ci a déjà évoqué, au chapitre IV de la première partie, la « correspondance qui est entre les nerfs qui excitent les passions au-dedans de nous, et ceux qui les témoignent au-dehors par l'air qu'ils impriment sur le visage ». Cette correspondance, déterminante dans l'expression des passions de l'âme, a été mise au jour par les travaux de Thomas Willis, dans les chapitres XXI à XXIV du *Cerebri anatome* (*Anatomie du cerveau*)[2]. Malebranche s'en sert pour montrer que l'air que

1. Voir sur ce point l'article de Ph. Drieux, « La communication des passions chez Malebranche ». Cette contribution met au jour les ressorts de la théorie malebranchiste de l'imitation.

2. T. Willis, dont les *Œuvres complètes* furent publiées en 1680, est un des rares médecins à être non seulement cité, mais aussi plusieurs fois utilisé dans la *Recherche de la vérité*. *Cf.* notamment *RV* II, I, IV, § II. Car ses travaux sur la neurologie du cerveau constituent une référence consensuelle au moment où écrit Malebranche. Ils présentent en outre de nombreuses planches donnant à voir les ramifications et le trajet complexe des nerfs.

nous prenons lorsque nous nous adressons aux autres « ne se fait que par machine [et] que tous les mouvements de ces nerfs dans toutes les passions différentes n'arrivent point par le commandement de la volonté, mais se font sans ses ordres et même contre ses ordres ». Bref, ces nerfs « agissent beaucoup plus sur l'âme, que l'âme n'agit sur eux »[1].

On peut ainsi reconstituer le chemin parcouru, du corps jusqu'à l'esprit, pour parvenir à l'explication de la contagion de l'air et des manières. Il existe une communication entre le cerveau et les autres parties du corps en chaque homme. Cette communication se double d'une autre avec cette fois l'extérieur de notre corps, plus précisément le visage. Enfin, Dieu a institué entre les cerveaux des hommes une telle ressemblance, qu'ils ne peuvent pas ne pas s'imiter mutuellement. On retrouve ainsi entre les hommes des liens naturels et indestructibles similaires à ceux qui unissent, dans le corps d'un même homme, le centre encéphalique à tout le reste du corps. De même que toute modification du centre cérébral occasionne, en un homme, une émotion de l'âme, de même l'ébranlement de ce centre par la « conversation » avec un autre homme occasionne, en l'âme, des modifications similaires (« les mêmes jugements », « les mêmes passions ») à celles qu'extériorise le corps entrechoqué. Les sympathisants forment bien entre eux un même corps, et à cette occasion une même âme.

La compassion est ainsi explicable en termes de communication de mouvements, de chocs et de contrechocs, de coups et de contrecoups, qu'illustre parfaitement le modèle de la transmission acoustique du son entre deux luths également accordés dans le deuxième livre du *Traité de morale*[2]. Elle a

---

1. Nous reprenons ici les expressions du chapitre IV de la première partie.
2. *Traité de morale*, II, VII, § IX, OC XI, 205 : « Notre machine est montée sur ce ton là. Deux luths d'accord rendent un même son. Lorsqu'ils sont en

des effets aussi nécessaires que ceux qui résultent des lois immuables du choc et de la communication des mouvements. Tout se passe donc comme si Malebranche étendait les effets du mécanisme cartésien à l'action à distance. Ce qui n'est pas le moindre des paradoxes dans cet univers occasionnaliste déniant toute efficacité aux créatures.

La fin de ce chapitre ajoute encore un élément. L'air et les manières ne sont pas uniquement le résultat du jeu de notre machine. Ils expriment aussi l'estime que nous nous portons à nous-mêmes : « tous les différents airs des personnes de différentes conditions, ne sont que des suites naturelles de l'estime que chacun a de soi-même par rapport aux autres ». En vertu des liens précédemment mis au jour, une personne imbue d'elle-même ou plus élevée que nous dans la hiérarchie sociale nous impose l'air qu'elle souhaite nous voir adopter en sa présence. L'air est donc l'occasion du jugement d'estime relative de soi et des autres [1]. Or cette estime, pervertie depuis le péché originel, se change en orgueil d'un côté et en humilité suiviste de l'autre. L'imagination greffe sur ce mécanisme sa logique propre et enchaîne l'homme, qui n'a plus le pouvoir de lutter contre.

Dans ce chapitre IV, Malebranche est donc passé des effets de la conversation lointaine avec les auteurs des siècles passés, sous la forme de la lecture, à ceux de la conversation en « face à face » avec nos contemporains dans la société, sous la forme

présence, on ne peut toucher l'un sans ébranler l'autre. Nos amis aussi sont d'accord avec nous ; qui touche l'un, ébranle l'autre, ceux dont nous avons intérêt de posséder les bonnes grâces ont toujours raison : ils nous ébranlent et nous les ébranlons. Ils nous trompent, et nous les trompons par une espèce de contrecoup, sans qu'ils y prennent garde, ni nous on plus. C'est la machine qui joue son jeu ».

1. Nous suivons ici les analyses de Ph. Drieux, art. cit., p. 53-54.

du discours. La seconde forme de conversation est sans doute plus « impressionnante » que la première, puisque la mise en présence accélère et amplifie le phénomène de contagion. Cependant, l'imagination en tant que telle a plus à faire dans le premier cas. Car pour pallier l'absence directe de l'interlocuteur, elle se dérègle et dégénère. Elle devient son propre principe de tromperie. Ce phénomène étonnant est analysé au chapitre v.

Vanité des études sans la raison

Ce passage traite de l'« entêtement » manifesté par les personnes d'étude pour leur auteur de prédilection. Il semble nous faire revenir, pour le disséquer, sur l'argument d'autorité. Mais là encore, Malebranche lie aussitôt suivisme et présomption : le suivisme, parce que la personne d'étude suit son auteur en tout point, croit le retrouver partout et devoir vénérer tout ce qu'il dit ; et la présomption, puisque les connaissances de cette personne lui donnent de l'orgueil et font rejaillir sur elle la gloire dont elle dit investir l'auteur prisé. L'étude de l'auteur n'est ainsi qu'un prétexte pour se valoriser soi-même en société, alors qu'elle ne devrait servir que l'humble quête du vrai. L'imagination vient se greffer sur une estime originellement bonne et la transforme en un orgueil vicieux et contagieux.

Pour montrer à quel point les études peuvent être vaines, au double sens d'inutiles et de source de vanité, Malebranche prend l'exemple de la question de l'immortalité de l'âme. Ce choix n'est bien sûr pas anodin. Car c'est un point crucial de philosophie et de théologie. Mais la méthode adoptée par Malebranche peut surprendre. Car il sature son discours de ces références et citations dont il vient précisément de critiquer l'inanité[1].

C'est qu'il entend bien distinguer, forme du discours à l'appui, la vérité sur cette question et tous les bruits, fausses idées et « guerres d'érudition » que l'on répand à son sujet. Pour savoir que l'âme est immortelle, à quoi sert-il d'aller chercher ce qu'Aristote en a pensé, sinon pour se tromper ? Cette question a été prouvée de manière décisive par les acquis du mécanisme cartésien, qui assure la distinction radicale des substances pensante et corporelle[2]. Aller chercher une autre réponse du côté de ceux qui peuplent l'univers de petites âmes est donc un non sens. C'est du temps perdu, et cela risque de nous faire finalement basculer dans l'erreur.

Dans le domaine des études donc, il faut se servir de sa raison, faute de quoi « non seulement les études ne perfectionnent point la raison, mais elles l'obscurcissent, la corrompent et la pervertissent entièrement ».

Dans le domaine de la foi en revanche, ce n'est pas la raison mais la tradition qu'il faut suivre, ce n'est pas de la nouveauté qu'il faut s'informer mais c'est l'antiquité qu'on doit aimer. C'est pourquoi il s'avère opportun d'aller consulter ce que les Pères de l'Église, en particulier saint Augustin (dont Malebranche est très proche) ont pu écrire : « les choses de la

---

1. Aristote, Pomponace, Tertullien, Plutarque, la Cerda, etc.

2. C'est une des raisons pour lesquelles Malebranche s'est converti à la philosophie, après avoir été ordonné prêtre, en lisant le traité de *L'Homme* de Descartes, publié en 1664. Ce lien direct entre mécanisme et préservation de l'immortalité de l'âme (elle-même réservée à l'homme seul) est toujours souligné par les auteurs désireux de montrer en quoi la philosophie cartésienne sert la foi catholique. C'est le cas notamment d'Antoine Arnauld, dans *L'Examen d'un écrit qui a pour titre : Traité de l'essence du corps, et de l'union de l'âme avec le corps, contre la philosophie de M. Descartes*, Paris, Fayard, 1999.

foi ne s'apprennent que par la tradition, et (…) la raison ne peut pas les découvrir. La croyance la plus ancienne étant la plus vraie, il faut tâcher de savoir quelle était celle des anciens ; et cela ne se peut qu'en examinant le sentiment de plusieurs personnes, qui se sont suivies en différents temps. Mais les choses qui dépendent de la raison sont toutes opposées, et il ne faut pas se mettre en peine de ce qu'en ont cru les anciens, pour savoir ce qu'il en faut croire » [1]. Comme les vérités rationnelles, les vérités de la foi s'inscrivent dans une histoire, mais en un sens opposé. Les premières se conçoivent par rectifications progressives et les secondes, d'une manière en quelque sorte rétrospective. Tout se passe comme si les personnes les plus éloignées du péché originel dans le temps étaient à la fois les plus proches du vrai dans le domaine de la raison et les plus loin du vrai dans le domaine de la foi. Le deuxième point s'explique, si l'on considère que pour Malebranche, le péché se propage en s'amplifiant avec le temps, par le lien entre le cerveau de l'enfant et le corps de la mère tout d'abord [2], par le commerce du monde ensuite, dont Malebranche qualifie la perversion de « double péché originel ». Mais alors pourquoi ne pas se référer à tous les anciens, donc aussi à Aristote, pour les choses de la foi ? Et pourquoi ne pas les condamner sans exception, donc aussi Augustin, pour les choses rationnelles [3] ?

---

1. *RV* II, V, p. 171.
2. Ce lien entre l'enfant et la mère a été mis au jour dans la première partie. Malebranche s'appuie sur le fait que les deux êtres n'en forment en réalité qu'un seul. Le cerveau du fœtus étant à la fois vierge de traces et extrêmement malléable, il reçoit avec force toutes les impressions que lui communique sa mère. C'est ce qui explique notamment le cas historique constaté aux Incurables (*RV* II, I, VII, § III).
3. On sait que dans d'autres pages, Malebranche loue la philosophie d'Augustin et condamne la religion impie d'Aristote.

Pourquoi Aristote semble-t-il avoir tort dans les deux registres et Augustin[1], raison à chaque fois ?

Le rapport entre antiquité et nouveauté n'est peut-être qu'un prétexte pour faire en réalité valoir un autre rapport : le rapport entre vraie philosophie et vraie religion d'un côté, philosophie fausse et religion impie de l'autre. C'est pourquoi certains philosophes « anciens » comme Augustin peuvent être utiles à notre raison tandis que des « nouveaux », comme par exemple Spinoza, risquent de faire verser certains hommes[2] dans une divinisation mal venue de la nature. De la même façon qu'il a affirmé, au tout début du livre II, qu'« il n'y a pas de loi générale sans exception », de même ici, Malebranche nous met en garde : « la raison ne veut pas qu'on croie encore ces nouveaux philosophes sur leur parole plustôt que les Anciens. Elle veut au contraire, qu'on examine avec attention leurs pensées, et qu'on ne s'y rende, que lorsqu'on ne pourra plus s'empêcher d'en douter, sans se préoccuper ridiculement de leur grande science, ni des autres qualités de leur esprit »[3].

Les commentateurs

Cependant, certains hommes cumulent tous les défauts et concentrent le ridicule sur leur seule personne. Il s'agit des « commentateurs ». Car ils vouent une admiration sans borne à l'auteur (généralement « ancien ») sur lequel ils ont jeté leur dévolu, et croient lui rendre hommage alors qu'ils déforment tout ce qu'il dit. Cette attitude fait l'objet du chapitre VI.

---

1. Souvent présenté comme un précurseur de Descartes, en particulier dans le courant janséniste.

2. Au premier rang desquels ceux qui lisent mal Spinoza. On en vient aux commentateurs.

3. *RV* II, V, p. 172.

Le travail du commentateur est tout d'abord qualifié de « peu digne d'un homme d'esprit ». Commenter, c'est en effet se contenter de mettre au jour un sens donné par d'autres. C'est s'effacer derrière ces autres pour ne plus penser par soi-même. Ce genre d'humilité est mauvais parce qu'il revient à perdre ce qui fait de nous des êtres humains, c'est-à-dire l'usage de notre esprit. Commenter, c'est ne plus penser et s'en remettre à l'argument d'autorité.

Malebranche va encore plus loin. Selon lui, celui qui commente se considère comme ne faisant plus qu'« une même personne » avec l'auteur choisi. Il ne perd donc pas seulement sa faculté de raisonner, mais également son identité et sa personnalité. On peut ainsi penser qu'il se produira, entre le commentateur et le commenté, les mêmes effets que ceux qui caractérisent le « corps à corps » entre la mère et l'enfant : les pensées de l'un (le commenté) imprimeront des traces indélébiles dans le cerveau de l'autre (le commentateur), et le passage souvent réitéré des esprits animaux dans ces traces entraînera le type de fixation ici décrit par Malebranche : la « préoccupation » déformante. Le commentateur en viendra alors à ne plus penser qu'à l'auteur commenté, et tout ce qui aura rapport à cet auteur prendra des proportions démesurées, qui nous éloigneront nécessairement de la vérité[1] : « Si l'on commente Aristote, c'est *le génie de la nature*. Si l'on écrit sur Platon, c'est *le divin Platon*. On ne commente guère les ouvrages des hommes tout court. Ce sont toujours les ouvrages d'hommes tout divins, d'hommes qui ont été l'admiration de leur siècle, et qui ont reçu de Dieu des lumières toutes particulières. Il en est de même de la matière que l'on traite : c'est toujours la plus

---

1. De la vérité en soi mais également de la vérité véhiculée par l'auteur étudié. Ce n'est donc même pas pour mettre au jour un sens authentiquement présent dans ses écrits de prédilection, que l'homme devient commentateur.

belle, la plus relevée, celle qu'il est nécessaire de savoir ». L'entêtement dégénère en extravagance et en folie, comme dans le cas d'Averroès commentant Aristote, parce que l'imagination fait déraper la raison en-dehors des bornes du sens commun et de la mesure.

On peut ici penser à Descartes. Lorsqu'il élabore sa morale par provision afin de libérer la voie au doute dans le domaine théorique, il nous conseille en effet de nous tenir le plus éloignés possible des opinions excessives, non parce qu'elles seraient nécessairement fausses, mais parce qu'on aura moins de mal à faire marche-arrière, si l'on s'est trompé, en ayant choisi au départ des thèses modérées. L'outrance et l'exagération sont finalement toujours suspectes, même si le juste-milieu n'est pas toujours vrai. À cela, Malebranche ajoute un élément : l'estime, dont on a vu comment l'imagination la transformait en amour-propre et en orgueil. Malebranche préfère ici le terme de « vanité »[1], parce celui-ci signifie aussi « inutilité », et que cette inutilité caractérise l'attitude des commentateurs, voire les commentateurs eux-mêmes. L'estime pour l'auteur commenté fait envisager tout ce qu'il dit sous de favorables auspices, nécessairement déformants. En vertu du principe selon lequel l'homme rapporte tout à lui, le commentateur étend son estime à tous ceux qui estiment l'auteur qu'il estime, sans s'apercevoir que l'ego flatté est en réalité le sien[2]. De la même manière qu'il ne sent pas cette chaleur cardiaque qui pourtant le maintient en vie, de même, l'homme ne sent pas toujours cet amour-propre qui depuis

---

1. C'est aussi celui que choisit Job pour qualifier sa condition.

2. « Ceux qui veulent pénétrer dans les desseins des autres, se forment souvent des fantômes qui ne ressemblent qu'à eux-mêmes (...) nous jugeons de tout par rapprot à nous » (*IXe Éclaircissement*, OC II, 122).

le péché guide toutes ses actions. On comprend maintenant pourquoi l'auteur commenté ne peut avoir tort, en particulier devant les autres. Car cela revient à être soi-même déconfit et à avouer en public que l'on s'est fourvoyé. On préfère donc faire circuler l'erreur, quitte à l'amplifier et à se tromper soi-même, ce qui constitue une bonne définition de la mauvaise foi[1] : « il faut donc pour conserver sa réputation, louer son auteur et le sujet de son livre, quand l'un et l'autre serait méprisable ; et que la faute qu'on a faite d'entreprendre un méchant ouvrage, soit réparée par une autre faute. C'est ce qui fait que des personnes doctes, qui commentent différents auteurs, disent souvent des choses qui se contredisent ».

En procédant de la sorte, les commenteurs contribuent largement à aggraver la dégradation amorcée depuis le péché. Car non seulement ils n'éclairent pas l'auteur choisi, mais en outre ils le déforment et vont jusqu'à lui prêter des thèses opposées à celles qu'il a effectivement soutenues. Cela est particulièrement préjudiciable dans le cas des auteurs pertinents, comme Euclide. Car ce dernier a réussi à concentrer les acquis de la géométrie moderne en huit propositions simples, accessibles même à « un esprit médiocre ». Il a parlé aux hommes le langage clair et univoque de la raison. Tenter de le commenter en des centaines de pages, comme l'a tenté Saville, ne peut qu'être source de confusion voire d'erreur. Plus que jamais, il faut se souvenir de « ne donner un consentement entier qu'à des choses entièrement évidentes », ce conseil étant valable pour la lecture d'Euclide lui-même puisqu'il sera lui aussi, un jour, rectifié voire contredit par d'autres progrès de la raison scientifique.

---

1. Au livre V de la *Recherche de la vérité*, Malebranche explique bien comment la passion se « justifie » en s'amplifiant.

Mais de même que la vénération de l'antiquité pour l'antiquité est stupide et contraire à la raison, de même, la volonté d'inventer à tout prix et de forger « de nouveaux systèmes » est une absurdité. Car contrairement à l'innovation, qui relève de l'activité rationnelle, l'invention est œuvre de l'imagination. Elle procède plus d'un attrait pour la nouveauté en tant que telle, donc d'une curiosité malsaine, que d'un authentique souci de rechercher la vérité. Le chapitre VII assigne à ce défaut une cause physiologique précise : « Ces sortes de gens ont d'ordinaire l'imagination assez forte : les fibres de leur cerveau sont de telle nature, qu'elles conservent longtemps les traces qui leur ont été imprimées. Ainsi lorsqu'ils ont une fois imaginé un système qui a quelque vraisemblance, on ne peut plus les en détromper ». Mais si on l'envisage seulement du côté du corps, ce genre d'imagination forte n'est pas un défaut en elle-même. Car elle donne à ceux qui la possèdent « la grandeur et l'étendue d'esprit » nécessaire pour envisager de nombreuses choses à la fois, donc pour construire un authentique « système » dans lequel chaque partie est liée aux autres. En un sens donc, l'imagination forte peut être une auxiliaire utile à l'innovation rationnelle. Le problème est que l'esprit n'est désormais plus exempt de passions et de préjugés. Or les préjugés font écran à la recherche authentique du vrai (puisque l'homme qui en est la victime croit déjà le détenir) et les passions ne nous font envisager les objets que par rapport à nous, en l'occurrence, à partir de ce que nous désirons y trouver. La passion de la vérité elle-même, pervertie par le désir de passer pour un érudit, devient une nuisance pour l'esprit. Dans ces conditions, l'imagination forte, à l'origine de la découverte de nouveaux systèmes, est dans la quasi totalité des cas un principe d'erreur.

Malebranche ajoute une précision étonnante au regard de ce qu'il a développé plus haut sur les rapports entre antiquité et nouveauté : trop peu d'hommes raisonnent selon les « notions communes ». Ce concept, hérité des stoïciens et largement utilisé par Descartes, renvoie aux notions présentes de façon innée dans l'esprit de l'homme. Ce sont en quelque sorte des semences de raison, que tout esprit attentif peut retrouver en lui s'il ne se laisse pas distraire par le monde extérieur. Dans le domaine rationnel ainsi, la véritable nouveauté serait un retour à l'antiquité, comprise au sens de vérité inscrite en l'esprit de l'homme depuis toujours, mais recouverte, au fil du temps, par le voile des préjugés et les déguisements des passions.

Dans la mesure où les imaginations fortes sont souvent des esprits aiguisés, elles s'aperçoivent en général de leurs erreurs. Mais au lieu d'en profiter pour se remettre en question, elles jettent le discrédit sur la notion de vérité elle-même. Elles soutiennent que si leur système est faux, alors aucun autre ne peut être vrai. Elles sombrent dans un scepticisme outré[1]. Malebranche semble se situer ici dans la lignée de Descartes. Selon Descartes en effet, le doute donne immédiatement à celui qui le pratique les moyens d'en sortir : le sceptique qui doute est au moins certain de douter. Toute supposition mettant en question l'existence même de la vérité est donc extravagante. Le sceptique doit abdiquer, ou bien accepter de se contredire jusqu'à l'inconséquence. Mais Malebranche montre ici qu'à l'origine de ce scepticisme dévastateur, on ne trouve qu'une blessure d'amour-propre : « lorsque cette ardeur qu'ils [les inventeurs de nouveaux systèmes] ont eue pour leur opinion s'est ralentie, ou que le dessein de la faire paraître en public les a obligés à l'examiner avec une attention plus exacte

---

1. On peut distinguer au moins trois degrés dans le scepticisme, allant de la conception outrée que Malebranche critique ici à une version plus « douce » : il n'y a pas de vérité ; il y a une vérité mais l'esprit humain ne peut pas la connaître ; il y a une vérité, l'esprit humain peut la connaître mais il ne peut la reconnaître.

et plus sérieuse, ils en découvrent la fausseté et la quittent : mais avec cette condition, qu'ils n'en prendront jamais d'autres, et qu'ils condamneront absolument tous ceux qui prétendront avoir découvert quelque vérité ». L'erreur sceptique procède ainsi d'une analogie fausse pervertie par le rapport à soi. Elle s'enracine dans le désappointement de s'être soi-même fourvoyé, en particulier si cela a eu lieu en public. Elle fait conclure à l'esprit qui s'en aperçoit que personne ne peut réussir là où il a échoué. La misologie (haine de la raison) a chez Malebranche un fondement anthropologique et même physiologique. Elle ne procède pas d'un rejet de la raison en tant que telle, mais du refus d'accepter sa propre incapacité à l'utiliser correctement. Elle ne s'accompagne pas, comme chez le personnage d'Alceste dans Molière, de misanthropie (haine des autres hommes), parce que le « bel esprit » dénoncé ici a bien trop besoin d'eux pour paraître.

Au terme de cette analyse des personnes d'étude, on peut donc distinguer trois sortes d'esprits : les suivistes opiniâtres, qui « s'entêtent mal à propos de quelque auteur, ou de quelque science inutile, ou fausse » ; les présomptueux, qui « se préoccupent de leurs propres fantaisies » et pensent avoir suffisamment de valeur pour forger de nouveaux systèmes plus valables que les précédents ; et ceux qui, ayant été tour à tour suivistes et présomptueux, finissent sceptiques en raison d'une blessure d'amour-propre : « les derniers, qui viennent d'ordinaire des deux autres, sont ceux qui s'imaginent connaître tout ce qui peut être connu et qui, persuadés qu'ils ne savent rien avec certitude, concluent généralement qu'on ne peut rien savoir avec évidence, et regardent toutes les choses qu'on leur dit comme de simples opinions ». La finalité de la critique malebranchiste des personnes d'étude est donc la lutte contre le scepticisme, parce que le scepticisme remet en question l'idée de vérité. Or la remise en question de la vérité n'est pas seulement une absurdité, comme le montre Descartes. C'est pour Malebranche une hérésie, car Dieu a bien institué « ces idées des objets toutes pures et sans mélange ». Si les hommes ne les trouvent pas, ce n'est donc pas parce qu'elles n'existent pas, mais parce qu'ils les ont recouvertes des séduisants mais dangereux atours de leurs préjugés et de leurs passions.

On a cheminé des causes physiques puis morales les plus générales du dérèglement de l'imagination des hommes, qui les empêchent de découvrir la vérité, jusqu'à leur plus extrême conséquence : le rejet de l'idée même de vérité. Il est temps de conclure. Malebranche va terminer cette deuxième partie comme il l'a commencée, par une typologie.

Typologie

La classification obtenue est une authentique conclusion, puisqu'elle combine les paramètres physiologiques (le rapport entre fibres et esprits animaux) et les critères moraux (notamment le jeu de l'amour-propre) distingués plus haut. Malebranche obtient quatre grandes catégories, qui ont chacune un contraire. Quel statut exact leur conférer ? Viennent-elles seulement s'ajouter au « type » des personnes d'étude[1] ? Mais alors pourquoi accorder tant d'importance aux premières et si peu aux dernières ? Là-encore, l'entreprise malebranchiste semble être moins simple et topique[2] qu'elle n'apparaît à première vue.

Seront tout d'abord qualifiés d'« efféminés » les esprits les plus à l'écoute de la concupiscence et de leurs sens. Contrai-

---

1. Malebranche commence par préciser qu'il va maintenant parler des « autres hommes ».

2. On a vu plus haut, avec l'exemple de Huarte, en quoi la première typologie se distinguait de la tradition antérieure.

rement aux esprits « fins », « qui remarquent par la raison
jusqu'aux moindres différences des choses »[1], les esprits efféminés se caractérisent par leur incapacité à relier les causes
aux effets et à pénétrer les sujets considérés. Leur « mollesse »
a une explication physiologique : un cerveau plus mou est plus
aisément impressionnable que les autres. Il se laissera donc
plus facilement divertir par l'extérieur et par l'accessoire :
« un mauvais mot, un accent de province, une petite grimace
[l']irrite infiniment plus qu'un amas confus de méchantes
raisons ». Néanmoins, comme il est entouré d'autres personnes
impressionnables et faciles à divertir, il passe dans la foule
pour « un bel esprit », « un esprit fin », « un esprit délié ».
Derrière ce qui ressemblait à une catégorie particulière
d'hommes se cache donc la propension de toute l'humanité à
se laisser aller à la mollesse des sens : « on ne nie pas que *tous*
les hommes ne se sentent de cette faiblesse, que l'on vient de
remarquer en quelques-uns d'entre'eux » (nous soulignons).
De même que la typologie d'ouverture ne visait pas à opposer
les hommes aux femmes, ou les plus vieux aux plus jeunes,
mais à distinguer des phases au sein de la vie de tout homme,
de même, cette dernière entreprise ne vise pas à opposer entre
eux des types d'hommes, mais à grossir les défauts présents
en chacun, du fait du dérèglement de son imagination. Elle
ne vient pas simplement s'ajouter aux considérations sur les
personnes d'étude, mais disséquer encore davantage les traits
universels mis au jour grâce à l'étude de ces dernières. C'est
parce que les esprits efféminés sont « à l'origine d'un nombre

---

1. Cette catégorie se retrouve chez Bacon dans le *Novum Organum* ou
encore chez Pascal dans les *Pensées*. L'originalité de la typologie malebranchiste est de choisir les défauts et non les qualités comme principe de classe-
ment. Si bien que les esprits « fins » apparaissent ici comme étant secondaires
par rapport aux esprits « efféminés ».

infini de maladies d'esprit» dont tous les hommes sont atteints, qu'ils intéressent Malebranche.

La particularité de ces esprits est de ne faire que très rarement usage de leur raison, tandis qu'ils font un usage continuel de leurs sens. Ce n'est pas par défaut de capacités qu'ils sont inaptes à la réflexion, mais parce qu'ils n'ont pas pris l'habitude de la solliciter et ne le souhaitent pas : leur réputation suffit à leur bonheur. Il existe pourtant des cas où l'esprit est «naturellement petit». Ce sont les «esprits super-ficiels», qui «n'approfondissent jamais rien, et qui n'aperçoi-vent que confusément les différences des choses». Faut-il pour autant en conclure que cette petitesse provient de la nature de leur âme? Alors il faudrait justifier que Dieu les ait lésés par rapport aux autres, et assumer l'idée que certains esprits soient par nature inaptes à la recherche de la vérité. C'est pourquoi Malebranche impute aussitôt cette petitesse d'esprit au corps et non à l'âme : «elle est causée quelquefois par une grande disette ou par une grande lenteur des esprits animaux, quelque-fois par l'inflexibilité des fibres du cerveau, quelquefois aussi par une abondance immodérée des esprits [animaux ici] et du sang, ou par quelqu'autre cause qu'il n'est pas nécessaire de savoir»[1]. Le corps étant la cause occasionnelle des dérègle-ments de l'imagination, la petitesse d'esprit doit elle aussi avoir des causes physiologiques. Or la première partie du livre II a montré que plusieurs facteurs : le chyle, le vin, l'air, etc., pouvaient modifier ces paramètres. Ceux qui ont l'esprit superficiel n'en sont donc pas responsables. La disette ou la lenteur des esprits animaux, conjuguées à l'inflexibilité des fibres du cerveau, entraînent nécessairement une grande

---

1. Il en va de même pour le péché originel, qui se propage *in utero* en s'amplifiant avec le temps. Tout homme venant au monde est donc déjà pécheur. Cf. *RV* II, VIII, § III, p. 190-192.

faiblesse et confusion dans les traces. La principale caractéristique des esprits superficiels est ainsi de confondre les choses et de les rapprocher indûment par des analogies hâtives : « ils ne les voient que comme en passant, de loin et fort confusément ; de sorte qu'elles leur paraissent semblables, comme les visages de ceux que l'on regarde de trop loin » ou comme ces visages que l'on croit parfois apercevoir dans la lune. Le type des esprits superficiels sert, lui aussi, à grossir un travers présent en tout homme : « l'esprit suppose *toujours* de la ressemblance et de l'égalité, où il n'est pas obligé de reconnaître de différence et d'inégalité » (nous soulignons). Cela explique que les hommes « qui méditent sérieusement » soient les premiers touchés par ce travers : on retrouve les personnes d'étude, et à travers elles toute l'humanité.

L'avant-dernier type : les « personnes d'autorité », concentre lui aussi des caractéristiques déjà mises au jour plus haut. Malebranche insiste surtout sur les effets en cascade du dérèglement de l'estime. On ne sait plus si c'est parce que ces personnes ont une haute estime d'elle-même, qu'elles contaminent leur entourage par leur air et leurs manières ; ou bien si c'est parce qu'on les écoute avec respect et vénération, qu'elles finissent par devenir imbues de leur propre personne. Malebranche veut rappeler que c'est la conjonction du suivisme et de la présomption qui forge ces « personnes d'autorité ». Mais il introduit également une idée nouvelle : parce qu'elles jouissent de la considération indue des autres hommes, certaines « personnes d'autorité » s'en prévalent pour pervertir jusqu'au sens des paroles de l'Écriture Sainte. Elles s'en servent comme d'une autorité supplémentaire pour valoriser leurs propres principes de physique et de métaphysique et induire les autres hommes en erreur. On assiste du coup à un double renversement. Non seulement certains hommes se trompent d'«autorité» en suivant aveuglément d'autres hommes, mais en outre les personnes d'autorité détournent à leur profit la parole du seul Auteur digne d'être suivi : Dieu. Le commun des hommes s'en trouve éloigné par deux fois de la parole divine : « La plupart des hommes sont si négligents et si déraisonnables, qu'ils ne font point de discernement entre la parole de Dieu et celle des hommes, lorsqu'elles sont jointes ensemble. De sorte qu'ils tombent dans l'erreur en les approuvant toutes deux, ou dans l'impiété en les méprisant indifféremment ». « Parler décisivement sur des matières qui ne sont point de la foi, comme si elles en étaient » c'est, comme l'a bien montré saint Augustin au livre cinq de ses *Confessions*, donner du grain à moudre aux Infidèles [1]. Il y a donc un défaut opposé au scepticisme, mais tout aussi dangereux : le dogmatisme. Dans le premier cas, on nie l'idée de vérité; dans le second, on se réclame de Dieu lui-même pour présenter ses propres thèses comme indubitables. On dénature le sens de la parole divine et on l'entraîne dans le discrédit qui atteint un jour ou l'autre nos propres théories.

Le dernier type distingué par Malebranche : « ceux qui font des expériences » achève de souligner l'importance de « s'élever (…) jusqu'au Métaphysique » lorsque l'on entreprend de rechercher la vérité, en particulier dans le domaine des sciences. Toute étude de l'expression de la causalité occasionnelle dans la nature doit se rappeler que Dieu est seule

---

1. Plusieurs auteurs contemporains de Malebranche tentent ainsi d'expliquer l'ouvrage de Dieu par des principes philosophiques censés être en retour garantis par cet ouvrage. C'est par exemple le cas de Gérauld de Cordemoy qui, dans *La lettre au révérend Père Cossart*, utilise les acquis du mécanisme cartésien pour rendre compte de la genèse du monde. Descartes, lui, avait été plus prudent. Au début de son *Monde*, il avait précisé proposer « une fable » et non une explication de la *Genèse* proprement dite.

cause efficace des effets constatés [1], bref, que la physique, dont la physiologie est une partie, a un fondement métaphysique. Faute de quoi le savant risque d'accorder aux causes occasionnelles une autonomie qu'elles n'ont pas et d'adhérer aux thèses matérialistes en se réclamant du mécanisme.

Ce point décisif étant rappelé, il est possible d'étudier pour lui-même le jeu de la causalité occasionnelle afin d'y repérer des lois. C'est le rôle des expériences, ici comprises au sens scientifique d'expérimentations. En s'inspirant du *Novum Organum* de Bacon, Malebranche recense sept défauts des expérimentateurs. Or on s'aperçoit que cette liste, non exhaustive, concentre tous les défauts repérés dans le livre II : le laxisme et la paresse, le goût prononcé pour l'extraordinaire au détriment du simple [2], l'intérêt (qui ramène tout à soi), la tendance aux analogies et aux conclusions hâtives, et la précipitation. Les expérimentateurs servent bien, eux aussi, à accentuer les défauts présents chez tout homme.

Cette deuxième partie du livre II a proposé un tableau général des dérèglements de l'imagination de tous les hommes. Elle n'en a pas isolé certains au détriment des autres, mais a repéré des constantes présentes chez chacun de nous, à des degrés divers. Il reste à analyser, de façon plus systématique, comment ce dérèglement a pu se propager et devenir une maladie universelle. On passe du point de vue du « contaminé » à celui du « contaminant ».

---

1. *Cf.* Descartes, *Principes de la Philosophie*, II e partie, art. 36 : « Que Dieu est la première cause du mouvement et qu'il en conserve toujours une égale quantité dans l'univers ». Malebranche se réfère fréquemment à cet article, qu'il utilise comme un fondement épistémologique de l'occasionnalisme.

2. Or Dieu a agi selon les voies les plus simples, et non par des miracles répétés.

LA COMMUNICATION CONTAGIEUSE
DES IMAGINATIONS FORTES

En expliquant pourquoi « certains esprits ont [de la force] sur les autres pour les engager dans l'erreur », la troisième partie du livre II nous fait cheminer de la dimension morale de la question à son aspect social voire politique. Or la société humaine se fonde sur des liens naturels instaurés par Dieu. À l'origine, c'était la charité, c'est-à-dire l'amour pour notre prochain, qui cimentait ces liens. Cette charité était « fondée sur la raison » puisqu'elle désignait en nous l'impression de l'amour naturel de Dieu pour son ouvrage. Mais elle s'est éteinte au fur et à mesure que l'amour-propre, compris cette fois comme passion, grandissait en l'homme. C'est pourquoi Dieu a recouru à d'autres liens naturels pour maintenir la société civile après la Chute. Et ces autres liens nous emmènent du côté du corps, puisque l'union s'est renversée en dépendance : « ces liens naturels, qui nous sont communs avec les bêtes, consistent dans une certaine disposition du cerveau qu'ont tous les hommes, pour imiter quelques-uns de ceux avec lesquels ils conversent, pour former les mêmes jugements qu'ils font, et pour entrer dans les mêmes passions dont ils sont agités »[1]. La machine unit aujourd'hui les hommes plus efficacement que la raison, car chacun éprouve en lui-même la nécessité de ces liens. Dieu n'a donc pas agi par défaut en les instituant. Il a utilisé ce à quoi les hommes tiennent le plus : leur corps, afin de les faire former ensemble un autre corps[2],

---

1. Cf. *Traité de morale*, I, XII, § X : « l'imagination (…) ne parle que pour le bien du corps : parce que naturellement, tout ce qui vient à l'esprit pour le corps n'est que pour le corps. C'est un grand principe ».

2. Malebranche insiste souvent sur l'utilisation du corps comme support pédagogique. En géométrie par exemple, l'esprit est grandement aidé par le tracé des figures. Mais la démarche va plus loin, puisque Malebranche va

et à cette occasion une même âme. Ne pas «entrer dans les sentiments» de son prochain serait de ce point de vue tout aussi absurde que de négliger les parties nécessaires au tout auquel nous appartenons également. Et ce serait «insulter» Dieu en négligeant son ouvrage.

À l'intérieur d'un même homme, les deux points de vue : celui de l'âme et celui du corps, se retrouvent pour augmenter la disposition à l'imitation. Du côté de l'âme, Malebranche souligne «l'inclination, qu'ont tous les hommes pour la grandeur et pour l'élévation, pour obtenir dans l'esprit des autres une place honorable». À l'origine, la société était certes égalitaire, parce qu'elle était fondée «sous une même loi de la Raison»[1]. Mais en introduisant la concupiscence, le péché a aussi engendré les différences des qualités et des conditions. L'homme, orgueilleux, a commencé à imiter ceux qu'il estime être «de qualité»; à s'identifier à eux, à vouloir prendre leur place pour finalement se perdre lui-même. Les relations sociales s'en sont trouvées totalement dés-ordonnées : Malebranche parle de «corruption» des mœurs.

Du côté du corps, la contagion fait appel au lien entre deux cerveaux.

Malebranche a déjà mis au jour ce lien à propos de la mère et de l'enfant. Mais il est ici question de corps distants et non, comme dans le cas de la grossesse, de deux corps en un seul. La force de l'argumentation consiste à montrer que la contagion agit de la même façon dans les deux cas, parce que la causalité

jusqu'à justifier l'Incarnation du Christ par ce souci de rendre la vérité sensible aux hommes.

1. Sur ce rapport entre égalité et différences, *cf.* le *Traité de Morale*, II, XI, en particulier le § IV. Malebranche y propose une conception originale de la politique. Il justifie notamment le recours à la force par le péché originel, qui a éloigné les hommes de la seule loi légitime : celle de la Raison.

occasionnelle du corps sur l'âme fonctionne à l'identique en l'homme seul et entre les hommes. La passion circule aussi facilement dans une foule qu'entre une mère et son enfant : elle passe d'un corps à un autre et, par l'intermédiaire des corps, atteint très vite les âmes, en vertu d'une institution naturelle dont l'intelligence peut décrire les effets et expliquer la finalité sans toutefois la comprendre intégralement. La contagion est donc bien nécessaire des deux côtés : d'une part, le grand imaginatif n'a aucun pouvoir sur la maladie qui l'affecte et sur l'outrance dans laquelle elle le fait sombrer ; d'autre part, celui qui l'écoute n'a aucun moyen d'éviter d'en être à son tour atteint, en particulier si son cerveau est mou. Trois réseaux de liens naturels se conjuguent ici : le lien entre le cerveau et les autres parties du corps, le lien entre l'intérieur et l'extérieur du corps, et le lien entre les cerveaux distants (eux-mêmes en rapport avec le reste du corps, et par le corps avec l'âme, etc.). L'originalité de Malebranche consiste à donner à la persuasion la forme d'une authentique impression, voire d'un coup. Le corps est bien au principe de l'échauffement mutuel des imaginations et de l'épidémie qui en résulte ; et le lexique de la maladie, très présent dans ce chapitre, n'est pas à comprendre en un sens métaphorique mais bien au propre. C'est dans son corps que l'homme est malade et c'est par son corps qu'il transmet des vices à l'âme. Malebranche renouvelle par là la conception, héritée de l'Antiquité, de la passion comme maladie de l'âme.

Après avoir posé les fondements de sa théorie de la contagion, Malebranche l'illustre par des exemples (chap. II), en élargissant petit à petit le cercle considéré, de la famille jusqu'à la société et, enfin, à toute l'humanité. Mais ne sombre-t-il pas ici dans ce qu'il dénonce chez les autres auteurs, c'est-à-dire dans la pure rhétorique ? Avait-on vraiment besoin de tous ces exemples? Leur rôle est en réalité de «frapper vivement»[1] le lecteur pour l'intéresser à ce qui est dit. La rhétorique n'est pas mauvaise lorsqu'elle est mise au service de la vérité. Elle permet d'atteindre les hommes par l'endroit où ils sont le plus sensibles. Si Malebranche utilise un procédé qu'il lui arrive de condamner chez d'autres, c'est donc à des fins opposées. C'est dans un but pédagogique : la persuasion par les manières sert la conviction par la raison.

Il commence par la relation la plus connue des hommes : le lien entre les parents et les enfants. Celle-ci est exemplaire, car parents et enfants sont du même sang. La disposition de leurs cerveaux est donc en général identique ou très proche, ce qui facilite la transmission des traces et des idées correspondantes. D'autre part, les enfants n'ont souvent aucun autre référent que les parents. Leur cerveau est toujours sollicité par ces derniers, et toujours de la même manière. Comme le cerveau de l'enfant est plus malléable que tout autre et qu'il est relié aux autres parties de son corps, la relation d'imitation s'étend à la totalité du corps, et par le corps à l'âme : «un jeune garçon marche, parle, et fait les mêmes gestes que son père. Une fille de même s'habille comme sa mère, marche comme elle, parle comme elle, (…) les enfants imitent leurs parents en toutes choses, jusques dans leurs défauts et dans leurs grimaces, aussi bien dans leurs erreurs et dans leurs vices».

Généralisée à la société, cette théorie permet de rationaliser des phénomènes étonnants comme la mode et d'assigner une cause physiologique à cette «bizarrerie incompréhensible» : le suivisme des peuples envers leur prince[2]. Ce qui

---

1. *IXe Éclaircissement*, OC II, 119.
2. E. de la Boétie et N. Machiavel ont analysé ce phénomène, chacun à leur manière. Dans le *Discours de la servitude volontaire*, La Boétie montre qu'il suffirait au peuple de ne plus vouloir servir le prince pour devenir libre. Dans *Le*

constitue la facette politique de l'argument d'autorité étudié plus haut, mais avec deux facteurs aggravants supplémentaires : la relation de pouvoir, qui est de tous les temps, et la corruption particulière dont Malebranche affuble son siècle, puisque la contagion de la concupiscence s'amplifie avec le temps. Que penserait-il alors du nôtre ? …

La majorité des esprits « beaux » ou « forts » le sont en raison d'une coutume. Celle-ci crée l'effet de mode et le suivisme qui l'accompagne. Comment persuader alors le lecteur d'aller contre la coutume ? Ne risque-t-il pas de perdre la face s'il critique les « autorités » les plus valorisées dans le monde ? C'est la raison des trois chapitres qui suivent. Malebranche s'y attaque aux trois esprits les plus en vue au moment où il écrit : Tertullien, Sénèque et Montaigne[1]. Tertullien et Sénèque ont été de nombreuses fois traduits et réédités aux XVIe et au XVIIe siècle, et Montaigne constitue une référence fréquente chez les meilleurs auteurs de l'époque, à commencer par Descartes. S'y reporter, en particulier pour les attaquer, ne peut donc qu'« exciter l'attention des lecteurs », voire aider à « convaincre sensiblement [ces derniers] de cette domination contagieuse de l'imagination sur la raison »[2]. L'ordre choisi n'est pas simplement énumératif, mais suit une gradation. On va de l'esprit le moins condamnable (celui de Tertullien) au plus pernicieux (Montaigne)[3]. En toile de fond

---

Prince, Machiavel explique comment la connaissance des passions du peuple peut aider le dirigeant à parvenir à ses fins. Le point de vue de Malebranche est autre, puisqu'il enracine le mimétisme du peuple dans le corps lui-même.

    1. *IXe Éclaircissement*, OC III, 119.

    2. *Ibid.*

    3. « j'ai beaucoup de respect pour quelques ouvrages de Tertullien (…) et pour quelques endroits des livres de Sénèque, quoique je n'aie pas beaucoup d'estime pour tout le livre de Montaigne » (p. 216).

de ces analyses, on retrouve bien sûr des thèses fondamentales du malebranchisme.

Tertullien (né vers 160 à Carthage) a les caractéristiques des « personnes d'étude » : l'érudition, fondée sur une grande mémoire mais non sur la raison, et la grande étendue d'imagination, au détriment de la pénétration d'esprit. La force de son imagination a pour corrollaire l'outrance de sa pensée ou, du moins, de la forme de cette dernière. Il préfère les hyperboles et l'obscurité à la mesure et à la clarté, il donne dans la hardiesse et l'extraordinaire au lieu de cultiver l'humilité et la simplicité. Il est donc contagieux parce que son air et ses manières sont toujours excessifs et qu'il cultive cet excès. Du côté des « contaminés », on reconnaît les causes mises au jour plus haut : l'attrait pour l'antiquité et l'obscurité, le poids de la coutume, etc. Mais l'exemple de Tertullien nous fait également retrouver le rapport ambigü entre philosophie fausse et impiété. Car à force de privilégier l'outrance, Tertullien a basculé, à la suite de Montanus, dans le monde fantômatique des visionnaire des sens. À force d'échauffer[1] son imagination, il en est venu à cautionner des extases impies. Et comme les hommes ont tendance à « recevoir des obscurités affectées comme des mystères sacrés »[2], la menace d'impiété a circulé des écrits de Tertullien aux esprits qui le lisent encore aujourd'hui. Si Tertullien semble n'être « pas tout à fait digne de la grande estime que bien des gens ont pour lui », ce n'est donc pas parce qu'il s'est exprimé de manière outrée. C'est parce que cette outrance a été mise au service d'une mauvaise cause. Tertullien a aveuglé les autres après s'être laissé aveu-

1. À la suite de Huarte, le *IXe Éclaircissement* souligne l'influence des « chaleurs de l'Afrique » sur l'imagination.
2. *IXe Éclaircissement*, OC III, 121.

gler lui-même : « principalement dans les discours de Religion et de Morale, on doit se servir d'ornements qui fassent rendre à la vérité tout le respect qui lui est dû, et de mouvements qui agitent l'âme et la portent à des actions vertueuses. Mais on ne doit pas couvrir d'ornements un fantôme sans corps et sans réalité ; on ne doit pas exciter des mouvements inutiles, et si on veut imprimer avec effort dans ceux qui nous écoutent la conviction et la certitude, il faut que cette conviction se rapporte à quelque chose de vrai et de solide » [1].

L'imagination de Sénèque n'est « pas mieux réglée que celle de Tertullien ». Sénèque aussi a joué sur la beauté des paroles, au détriment de la force et de l'évidence des raisons. Mais surtout, il a dépeint le sage comme une forteresse imprenable, jamais atteinte par les sollicitations de son corps et par les coups du sort [2]. Il nous a fait croire que Caton était heureux dans cette « fierté insupportable », et que la véritable « vertu » consistait dans cette incroyable « superbe », insensible au plaisir comme à la douleur. Sénèque était-il donc un insensé ou simplement un plaisantin ?

On peut déjà remarquer qu'il se contredit. Car comment expliquer que son Sage soit à la fois sourd aux sollicitations sensorielles et si doué pour en décrire les effets en lui ? Comment peut-on sentir à ce point la misère de sa condition et affirmer haut et fort tant de vanité ? Il n'y a que deux explications possibles. Soit Sénèque a été aveuglé par son propre orgueil ; son imagination s'est échauffée ; il a fini par croire à l'impossible et par recouvrir sa folle présomption sous les séduisants atours d'une courageuse sagesse. Soit il a consciemment menti pour mieux impressionner son auditoire et être

---

1. *IXe Éclaircissement*, OC III, 126.
2. Pour ce portrait, *cf.* aussi *RV* V, II, OC II, 133-134.

conforté dans ce qu'il prétendait pourtant combattre : la passion, de gloire ici. Car chez les Stoïciens, « on n'a pas de preuve sensible de ce qui se passe dans le fond de leur cœur ». Ils restent impassibles. Le langage naturel de l'air et des manières ne peut donc pas fonctionner correctement : au lieu de nous faire partager leur misère, ils nous impressionnent par laur fausse force.

Mais dans les deux cas, Sénèque reste un « criminel » qui joue le jeu du démon. La « superbe » de Caton est à mettre sur le même plan que le « péché de superbe » dénoncé par saint Paul. Car elle persuade tout homme « qu'il ne dépend que de lui de rompre tout d'un coup les liens qui le captivent »[1]. Or « nous tenons à notre corps, à nos parents, à nos amis, à notre Prince, à notre patrie, par des liens que nous ne pouvons rompre, et que même nous aurions honte de tâcher de rompre. Notre âme est unie à notre corps, et par notre corps à toutes les choses visibles par une main si puissante, qu'il est impossible par nous-mêmes de nous en détacher ». Affecter un tel « détachement » par rapport à ces liens revient donc à outrager l'ouvrage divin. Pis encore, cela finit par donner aux autres hommes l'illusion orgueilleuse qu'ils peuvent se passer de Dieu, être in-dépendants et même « monter sur le trône de Dieu ».

Mais alors pourquoi recourir à l'autorité d'Epicure contre Sénèque ? Epicure n'a-t-il pas lui-aussi affirmé vouloir se rendre « comme un Dieu parmi les hommes »[2] ?

Le procédé utilisé par Malebranche rappelle fortement les propos tenus par Descartes à Elisabeth dans la lettre du 18 août 1645. À la princesse l'interrogeant sur sa conception du souve-

---

1. *Traité de Morale* I, IV, § II.
2. Ce sont les derniers mots de la *Lettre à Ménécée*.

rain bien, Descartes répond en effet que Zénon s'est fourvoyé. Il a représenté la vertu « si sévère et si ennemie de la volupté (…) qu'il n'y a [que] des esprits entièrement détachés du corps, qui aient pu être de ses sectateurs ». En revanche, Epicure « n'a pas eu tort »[1] de la faire consister dans « la volupté en général, c'est-à-dire le contentement de l'esprit ». Mais Descartes valorise chez Zénon cette indépendance du libre-arbitre qui revêt tant d'importance dans sa propre philosophie. Ce faisant, il succombe au même « péché de superbe » que les Stoïciens.

Or selon Malebranche, il faut tenir ensemble les deux éléments : la recherche du plaisir[2], qui rend naturellement heureux, et l'humilité, « qui n'est injurieuse à personne ». La vertu stoïque de constance se transforme chez lui en une « patience avec espérance »[3] tenant compte de notre condition incarnée : « nous ne devons point espérer d'être heureux en cette vie, en nous imaginant que nous ne dépendons point de toutes les choses, desquelles nous sommes naturellement esclaves. Nous ne pouvons être heureux que par une foi vive et par une forte espérance, qui nous fait jouir par avance des biens futurs »[4]. La critique de la conception païenne de la vertu fait la place à une conception chrétienne dont Malebranche donne des exemples : saint Paul et les premiers Chrétiens, qui étaient à la fois humbles, compatissants et authentiquement courageux.

---

1. Malebranche affirme : « Epicure avait raison ».

2. Sur la valorisation malebranchiste du plaisir, *cf.* F. de Buzon, article « Malebranche ».

3. Nous plagions *a contrario* l'expression de Leibniz, qui définit la morale stoïcienne comme une « patience sans espérance ».

4. La foi et l'espérance sont deux vertus théologales, auxquelles il convient d'ajouter la charité, thématisée dans le chapitre II. Sur la transformation de la vertu stoïcienne de constance dans le néostoïcisme, notamment chez Juste Lipse (le *De constantia* paraît en 1584), *cf.* J. Lagrée, « La vertu stoïcienne de constance », dans *Le stoïcisme au XVIe et au XVIIe siècle*, p. 94-116.

Sénèque sert donc de prétexte pour stigmatiser les ravages de la tentation universelle pour la grandeur et pour l'indépendance, et pour présenter une autre conception de la vertu, cette vertu (« force ») étant elle-même la clef du bonheur, dès cette vie. Cette conception sera consolidée et systématisée dans le *Traité de Morale*. Malebranche y montrera notamment qu'un païen peut être vertueux, mais non en toutes les occasions, sauf s'il bénéficie de la grâce prévenante de Jésus-Christ[1]. Lire Sénèque, c'est donc s'exposer à être contaminé par de nombreux vices nous détournant de Dieu : « il n'y a rien de plus contagieux que cet aveuglement ; parce que la vanité et la sensibilité des hommes, la corruption de leurs sens et de leurs passions, les dispose à rechercher d'en être frappés et les excite à en frapper les autres ».

Mais il y a des lectures encore plus dangereuses : celles des *Essais* de Montaigne.

Montaigne y affiche en effet cet air du monde et cette attitude cavalière qui séduisent tant les hommes concupiscents. Il revendique de ne pas raisonner, de se divertir et de chercher à divertir[2], de persuader uniquement par la force de son imagination et non par la raison. S'imprégner de ses ouvrages n'est donc pas un amusement frivole sans conséquence. Ce plaisir naît de la concupiscence ; il entretient et fortifie les passions ; il est « criminel », comme l'était l'engouement pour Sénèque, mais pour des raisons opposées. Montaigne a cru bon d'écrire un gros livre dépeignant ses

---

1. Sur ce point, cf. *Traité de Morale*, I, IV. La question de savoir si les païens peuvent être vertueux sans la grâce est très débattue au moment où écrit Malebranche.

2. C'est un « pédant », c'est-à-dire un esprit vain, fier, doté d'une grande mémoire et fort en citations, mais faible en raisons. Son imagination est bien vigoureuse et spacieuse, mais volage et déréglée.

humeurs. Il s'est arrêté à lui, a voulu qu'on l'admire et qu'on l'aime. On comprend mieux en quoi il a été di-vertissant, et pourquoi ce di-vertissement s'est avéré criminel : il a voulu nous dé-tourner de Dieu pour centrer toute notre attention sur lui. Il est condamnable parce qu'il a péché contre l'humilité chrétienne : « vouloir que les autres hommes s'occupent de nous, c'est vouloir être adoré, comme Dieu veut être adoré, c'est-à-dire en esprit et en vérité ». En outre, Montaigne a affecté de se faire passer pour Pyrrhonnien. Or son mensonge n'a pas été sans conséquence. Il a contaminé d'autres hommes et leur a fait douter de la capacité de l'esprit à accéder au vrai, non par ses seules forces, mais par l'écoute du Maître intérieur. Enfin, Montaigne s'est mépris sur la nature de l'âme. Il a confondu l'esprit avec la matière ; il a effacé la distinction entre l'homme et l'animal ; il a mis en péril l'immortalité de l'âme, avec toutes les conséquences religieuses et philosophiques que cela entraîne.

Montaigne cumule donc à lui seul les pires défauts des personnes d'étude et des imaginations fortes. Son cas est pire que celui de Tertullien et même de Sénèque, puisque sa frivolité risque à tout moment de faire basculer ses lecteurs dans l'impiété. Afin que le dessein apologétique de la théorie malebranchiste soit complet, il reste à montrer que toutes les croyances démoniaques, ou presque, s'expliquent par la force de l'imagination. C'est l'objet du dernier chapitre, qui entend rationaliser la croyance aux sorciers et aux loups-garous afin de faire disparaître leur objet et leurs effets.

Malebranche n'est pas le seul à lutter contre la superstition à l'âge classique. C'est aussi le cas de Spinoza dans le *Traité théologico-politique*, ou encore de Bayle dans les *Pensées diverses sur la comète*. Mais là-encore, l'originalité de Malebranche réside dans la dimension physiologique de ses analyses. La superstition s'engendre bien sur le terreau des passions, notamment de la crainte. Mais elle est occasionnée par le jeu de la machine, parfois aidé par quelques vapeurs de vin. Le cas du pâtre impressionnant toute sa famille en lui racontant « les aventures du sabbat » est exemplaire, car il concentre tous les facteurs mis au jour dans le livre II : les paramètres physiologiques (fibres du cerveau et esprits animaux) ; les différents liens naturels (cerveau/intérieur du corps, cerveau/extérieur du corps, cerveau/cerveau pour deux êtres distants) ; le lien entre les traces et les idées ; l'union de l'âme et du corps et des hommes entre eux, en particulier lorsque ces hommes sont proches les uns des autres, etc. Malebranche montre qu'un peu de drogue suffit à transformer les esprits en visionnaires d'imagination et à faire circuler parmi les hommes les croyances démoniaques : « en punissant indifféremment tous ces criminels, la persuasion commune se fortifie, les sorciers par imagination se multiplient, et ainsi une infinité de gens se perdent et se damnent ». Certains hommes deviennent ainsi sorciers, non seulement par imagination, mais par une « disposition de cœur » sur laquelle il n'est plus possible d'agir.

Le dernier exemple permet de franchir le pas nous menant jusqu'aux visionnaires des sens. Car pour être persuadé d'être transformé en loup-garou, d'être sorti à minuit de sa maison et de s'être jeté sur un enfant pour le mordre, l'homme doit avoir subi un « bouleversement de cerveau bien plus difficile à produire, que celui d'un homme qui croit seulement aller au sabbat ». Le pâtre a cru assister à un sabbat parce qu'il en a rêvé. Le cerveau a conservé les traces laissées en lui pendant son sommeil et ces idées se sont ravivées pendant la veille. Mais la scène est bien restée cantonnée au domaine de la nuit, avec ses confusions et ses extravagances. À aucun moment le pâtre n'a prétendu la mettre en rapport avec la suite des événements diurnes[1]. Dans le cas de la croyance aux loups-garous en revanche, l'esprit est tellement renversé que ce critère distinctif disparaît : l'homme continue le jour de croire qu'il se transforme la nuit. Et quelle que soit l'explication qu'on en puisse apporter[2], « c'est (…) faire trop d'honneur au diable, que de rapporter ces histoires comme des marques de sa puissance (…) puisque ces histoires le rendent redoutable aux esprits faibles. Il faut mépriser les démons comme on méprise les bourreaux ; car c'est devant Dieu seul qu'il faut trembler. C'est sa seule puissance qu'il faut craindre ».

CONCLUSION

L'étude de l'imagination a permis d'analyser les modalités de l'attachement de notre âme à notre corps, depuis la Chute. Or « toutes les pensées que nous avons par dépendance du corps sont toutes fausses, et d'autant plus dangereuses pour notre âme, qu'elles sont plus utiles à notre corps »[3]. D'union en union, du ventre de sa mère aux entrailles de la société, l'homme perpétue le danger et accélère la contagion. Il faudra toute la force du livre III pour tenter un nouveau « renversement » vers l'union « avec le Verbe, ou la Sagesse et la Vérité éternelle », bref, vers « l'esprit pur »[4].

Cependant, l'homme ne pourra jamais faire en sorte de ne plus dépendre de toutes les choses dont il est devenu

---

1. Sur cette « liaison » de nos pensées, qui distingue la veille du rêve, *cf.* notamment la fin de la sixième *Méditation Métaphysique* de Descartes.
2. Par la médecine ou par les Écritures elles-mêmes, qui racontent comment Nabuchodonosor perdit ainsi l'esprit.
3. Page 252.
4. Pages 252-253.

naturellement esclave. Cela, Sénèque et les siens ne l'ont pas compris. C'est de l'homme réel, avec toutes ses claudications, qu'il faut se préoccuper, et non de ce Sage si pompeux et fardé qu'il n'a plus rien d'humain.

L'entreprise apologétique passe donc nécessairement par l'étude de la médecine et des maladies occasionnées par le corps en l'âme : les passions, individuelles et collectives, la superstition et les délires hallucinatoires. C'est bien l'homme concupiscent qui intéresse Malebranche, parce que c'est cet homme-là que Dieu a créé : « un homme dans cet état, et qui ne serait point rempli des préjugés de l'enfance ; qui dès sa jeunesse aurait acquis de la facilité pour la méditation ; qui ne voudrait s'arrêter qu'aux notions claires et distinctes de l'esprit ; qui rejetterait soigneusement toutes les idées confuses des sens, et qui aurait le temps et la volonté de méditer, ne tomberait que difficilement dans l'erreur. Mais ce n'est pas de cet homme là dont il faut parler : c'est des hommes du commun, qui n'ont pour l'ordinaire rien de celui-ci »[1].

Delphine KOLESNIK-ANTOINE

---

1. *RV* II, II, I, § II.

BIBLIOGRAPHIE

ALQUIÉ F., *Le Cartésianisme de Malebranche*, Paris, Vrin, 1974.

BARDOUT J. C., *La vertu de la philosophie. Essai sur la morale de Malebranche*, Hildesheim, Olms, 2000.

– « Y-a-t-il une théorie occasionnaliste des passions ? », *XVIIᵉ siècle*, journée du cinquantenaire de la société, *L'occasionnalisme de Malebranche*, Paris, PUF, 1999, n° 2, p. 147-167.

BUZON de F., *Malebranche. Les Conversations chrétiennes*, Paris, PUF, 2004.

– « Malebranche » *Dictionnaire d'éthique et de philosophie morale*, M. Canto (dir.), Paris, PUF, 1996, p. 911b-918a.

CHRÉTIEN J.-L., « L'obliquité humaine et l'obliquité divine dans les *Conversations chrétiennes* de Malebranche », *Les Études Philosophiques*, 1980, p. 339-413.

DESOCHE P., *Le vocabulaire de Malebranche*, Paris, Ellipses, 2001.

DRIEUX P., « La communication des passions chez Malebranche », *L'Enseignement Philosophique*, novembre-décembre 1998, p. 45-56.

KAMBOUCHNER D., *L'Homme des passions*, 2 tomes, Paris, Albin Michel, 1995.

KOLESNIK D., « Les occasionnalismes en France à l'âge classique. Le "cas" arnaldien », *Revue de métaphysique et de morale*, janvier 2006, p. 41-54.

– « Admiration et passions : une mise en rapport immédiate ? », *L'Enseignement Philosophique*, novembre-décembre 1998, p. 28-44.

– « La machine du corps et l'union », dans *Descartes*, F. de Buzon et D. Kambouchner (dir.), Paris, Ellipses, à paraître.

MOREAU D., *Malebranche. Une philosophie de l'expérience*, Paris, Vrin, 2004.

– *Deux cartésiens : la polémique Arnauld/Malebranche*, Paris, Vrin, 1999.

– « Vérité et rapport entre les idées », *L'Enseignement Philosophique*, novembre-décembre 1998, p. 7-19.

MOREAU P.-F. (dir.), *Le stoïcisme au XVIe et au XVIIe siècle. Le retour des philosophies antiques à l'âge classique*, t. I, Paris, Albin Michel, 1999; et *Le scepticisme au XVIe et au XVIIe siècle*, t. II, Paris, Albin Michel, 2001.

PELLEGRIN M.-F., *Le système de la loi de Nicolas Malebranche*, Paris, Vrin, 2006.

– « Comment naissent les monstres? Dieu et la question du mal chez Malebranche », dans *La vie et la mort des monstres*, J.-C. Beaune (dir.), Seyssel, Champ Vallon, 2004.

ROBINET A., *Malebranche, de l'Académie des sciences: l'œuvre scientifique, 1674-1715*, Paris, Vrin, 1970.

– *Système et existence dans l'œuvre de Malebranche*, Paris, Vrin, 1965.

– *Malebranche. Œuvres complètes*, 21 vols., Paris, Vrin, 1958-1970.

RODIS-LEWIS G., « L'âme et le corps chez Descartes et ses successeurs: la naissance de l'occasionnalisme », *Les Études Philosophiques*, 4, 1996, p. 437-452.

– *Le problème de l'inconscient et le cartésianisme*, Paris, PUF, 1990.

– *Malebranche. Œuvres*, Paris, Gallimard, 1979, t. I pour la *Recherche de la vérité*.

– *Malebranche*, Paris, PUF, 1963.

Note de l'éditeur

Le texte de Malebranche repris dans la présente édition est extrait des *Œuvres complètes* de Nicolas Malebranche, publiées sous la direction d'André Robinet, Paris, Vrin, 1958-1970. L'orthographe a été modernisée, la ponctuation a été discrètement amendée, les citations latines du texte original ont été traduites. Nous avons substitué le français au latin, en le signalant toujours.

Nicolas Malebranche

DE L'IMAGINATION

DE LA RECHERCHE DE LA VÉRITÉ

LIVRE II

PREMIÈRE PARTIE

CHAPITRE PREMIER

Dans le livre précédent nous avons traité des sens. Nous avons tâché d'en expliquer la nature et de marquer précisément l'usage que l'on en doit faire. Nous avons découvert les principales et les plus générales erreurs dans lesquelles ils nous jettent, et nous avons tâché de limiter de telle sorte leur puissance, qu'on doit beaucoup espérer d'eux et n'en rien craindre si on les retient toujours dans les bornes que nous leur avons prescrites. Dans ce deuxième livre nous traiterons de l'imagination : l'ordre naturel nous y oblige, car il y a un si grand rapport entre les sens et l'imagination qu'on ne doit pas les séparer. On verra même dans la suite que ces deux facultés ne diffèrent entre elles que du plus et du moins.

Voici l'ordre que nous gardons dans ce traité. Il est divisé en trois parties. Dans la première nous expliquons les causes physiques du dérèglement et des erreurs de l'imagination. Dans la deuxième nous faisons quelques applications de ces causes aux erreurs les plus générales de l'imagination, et nous parlons aussi des causes que l'on peut appeler morales de ces erreurs. Dans la troisième nous parlons de la communication contagieuse des imaginations fortes.

Si la plupart des choses que ce traité contient ne sont pas si nouvelles que celles que l'on a déjà dites en expliquant les erreurs des sens, elles ne seront pas toutefois moins utiles. Les personnes éclairées reconnaissent assez les erreurs et les causes mêmes des erreurs dont je traite, mais il y a très peu de personnes qui y fassent assez de réflexion. Je ne prétends pas instruire tout le monde; j'instruis les ignorants, et j'avertis seulement les autres, ou plutôt je tâche ici de m'instruire et de m'avertir moi-même.

I. *Idée générale de l'imagination*

Nous avons dit dans le premier livre que les organes de nos sens étaient composés de petits filets, qui d'un côté se terminent aux parties extérieures du corps et à la peau, et de l'autre aboutissent vers le milieu du cerveau. Or ces petits filets peuvent être remués en deux manières, ou en commençant par les bouts qui se terminent dans le cerveau, ou par ceux qui se terminent au dehors. L'agitation de ces petits filets ne pouvant se communiquer jusqu'au cerveau que l'âme n'aperçoive quelque chose, si l'agitation commence par l'impression que les objets font sur la surface extérieure des filets de nos nerfs, et qu'elle se communique jusqu'au cerveau, alors l'âme sent et juge* que ce qu'elle sent est au dehors, c'est-à-dire qu'elle aperçoit un objet comme présent. Mais s'il n'y a que les filets intérieurs qui soient légèrement ébranlés par le cours des esprits animaux, ou de quelque autre manière, l'âme imagine et juge que ce qu'elle imagine n'est point au dehors, mais au dedans du cerveau, c'est-à-dire qu'elle aperçoit un objet

---

* Par un jugement naturel, dont j'ai parlé en plusieurs endroits du livre précédent [chap. VII, § 4-5, IX, § 3, X, § 6].

comme absent. Voilà la différence qu'il y a entre sentir et imaginer.

Mais il faut remarquer que les fibres du cerveau sont beaucoup plus agitées par l'impression des objets que par le cours des esprits ; et que c'est pour cela que l'âme est beaucoup plus touchée par les objets extérieurs qu'elle juge comme présents et comme capables de lui faire sentir du plaisir ou de la douleur, que par le cours des esprits animaux. Cependant il arrive quelquefois dans les personnes qui ont les esprits animaux fort agités par des jeûnes, par des veilles, par quelque fièvre chaude ou par quelque passion violente, que ces esprits remuent les fibres intérieures de leur cerveau avec autant de force que les objets extérieurs ; de sorte que ces personnes sentent ce qu'ils ne devraient qu'imaginer, et croient voir devant leurs yeux des objets qui ne sont que dans leur imagination. Cela montre bien qu'à l'égard de ce qui se passe dans le corps, les sens et l'imagination ne diffèrent que du plus et du moins, ainsi que je viens de l'avancer.

Mais afin de donner une idée plus distincte et plus particulière de l'imagination, il faut savoir que toutes les fois qu'il y a du changement dans la partie du cerveau à laquelle les nerfs aboutissent, il arrive aussi du changement dans l'âme, c'est-à-dire, comme nous avons déjà expliqué, que s'il arrive dans cette partie quelque mouvement qui change quelque peu l'ordre de ses fibres, il arrive aussi quelque perception nouvelle dans l'âme ; elle sent nécessairement ou elle imagine quelque chose de nouveau ; et l'âme ne peut jamais rien sentir ni rien imaginer de nouveau, qu'il n'y ait du changement dans les fibres de cette même partie du cerveau.

De sorte que la faculté d'imaginer, ou l'imagination, ne consiste que dans la puissance qu'a l'âme de se former des images des objets, en produisant du changement dans les fibres de cette partie du cerveau que l'on peut appeler partie *principale,* parce qu'elle répond à toutes les parties de notre corps, et que c'est le lieu où notre âme réside immédiatement, s'il est permis de parler ainsi.

II. *Deux facultés dans l'imagination, l'une active et l'autre passive*

Cela fait voir clairement que cette puissance qu'a l'âme de former des images renferme deux choses : l'une qui dépend de l'âme même, et l'autre qui dépend du corps. La première est l'action et le commandement de la volonté; la seconde est l'obéissance que lui rendent les esprits animaux qui tracent ces images, et les fibres du cerveau sur lesquelles elles doivent être gravées. Dans cet ouvrage, on appelle indifféremment du nom d'*imagination* l'une et l'autre de ces deux choses; et on ne les distingue point par les mots d'*active* et de *passive* qu'on leur pourrait donner, parce que le sens de la chose dont on parle marque assez de laquelle des deux on entend parler, si c'est de l'*imagination active* de l'âme, ou de l'*imagination passive* du corps.

On ne détermine point encore en particulier quelle est cette partie *principale* dont on vient de parler. Premièrement, parce qu'on le croit assez inutile. Secondement, parce que cela est fort incertain. Et enfin parce que n'en pouvant convaincre les autres, à cause que c'est un fait qui ne se peut prouver ici, quand on serait très assuré quelle est cette partie principale, on croit qu'il serait mieux de n'en rien dire.

Que ce soit donc, selon le sentiment de Willis[1], dans les deux petits corps qu'il appelle *corpora striata* que réside le sens commun, que les sinuosités du cerveau conservent les

---

1. Thomas Willis, *Cerebri anatome, cui accessit nervorum descriptio usus,* Londres, 1664.

espèces de la mémoire, et que le corps *calleux* soit le siège de l'imagination; que ce soit, suivant le sentiment de Fernel[1], dans la *pie-mère*, qui enveloppe la substance du cerveau; que ce soit dans la glande *pinéale* de M. Descartes, ou enfin dans quelque autre partie inconnue jusqu'ici, que notre âme exerce ses principales fonctions, on ne s'en met pas fort en peine. Il suffit qu'il y ait une partie principale; et cela est même absolument nécessaire, comme aussi que le fond du système de M. Descartes subsiste. Car il faut remarquer que quand il se serait trompé comme il y a bien de l'apparence, lorsqu'il a assuré que c'est à la *glande pinéale* que l'âme est immédiatement unie, cela toutefois ne pourrait faire de tort au fond de son système, duquel on tirera toujours toute l'utilité qu'on peut attendre du véritable, pour avancer dans la connaissance de l'homme.

III. *Cause générale des changements qui arrivent à l'imagination des hommes, et le fondement de ce second livre*

Puis donc que l'imagination ne consiste que dans la force qu'a l'âme de se former des images des objets, en les imprimant pour ainsi dire dans son cerveau; plus les vestiges des esprits animaux, qui sont les traits de ces images, seront grands et distincts, plus l'âme imaginera fortement et distinctement ces objets. Or, de même que la largeur, la profondeur et la netteté de quelque gravure dépendent de la force dont le burin agit et de l'obéissance que rend le cuivre, ainsi la profondeur et la netteté des vestiges de l'imagination dépendent de la force des esprits animaux et de la constitution des fibres du cerveau; et c'est la variété qui se trouve dans ces deux choses qui fait

1. Jean Fernel, *Universa medicina*, 1656, liv. I, chap. IX.

presque toute cette grande différence que nous remarquons entre les esprits.

Car il est assez facile de rendre raison de tous les différents caractères qui se rencontrent dans les esprits des hommes : d'un côté par l'abondance et la disette, par l'agitation et la lenteur, par la grosseur et la petitesse des esprits animaux ; et de l'autre, par la délicatesse et la grossièreté, par l'humidité et la sécheresse, par la facilité et la difficulté de se ployer des fibres du cerveau, et enfin par le rapport que les esprits animaux peuvent avoir avec ces fibres. Et il serait fort à propos que d'abord chacun tâchât d'imaginer toutes les différentes combinaisons de ces choses, et qu'on les appliquât soi-même à toutes les différences qu'on a remarquées entre les esprits ; parce qu'il est toujours plus utile et même plus agréable de faire usage de son esprit, et de l'accoutumer ainsi à découvrir par lui-même la vérité, que de le laisser corrompre dans l'oisiveté, en ne l'appliquant qu'à des choses toutes digérées et toutes développées. Outre qu'il y a des choses si délicates et si fines dans la différence des esprits, qu'on peut bien quelquefois les découvrir et les sentir soi-même, mais on ne peut pas les représenter ni les faire sentir aux autres.

Mais afin d'expliquer autant qu'on le peut toutes ces différences qui se trouvent entre les esprits, et afin qu'un chacun remarque plus aisément dans le sien même la cause de tous les changements qu'il y sent en différents temps, il semble à propos d'examiner en général les causes des changements qui arrivent dans les esprits animaux et dans les fibres du cerveau, parce qu'ainsi on découvrira tous ceux qui se trouvent dans l'imagination.

L'homme ne demeure guère longtemps semblable à lui-même ; tout le monde a assez de preuves intérieures de son inconstance ; on juge tantôt d'une façon et tantôt d'une autre sur le même sujet ; en un mot, la vie de l'homme ne consiste que dans la circulation du sang, et dans une autre circulation de pensées et de désirs, et il semble qu'on ne puisse guère mieux employer son temps qu'à rechercher les causes de ces changements qui nous arrivent, et apprendre ainsi à nous connaître nous-mêmes.

Chapitre II

I. *Des esprits animaux, et des changements auxquels ils sont sujets en général*

Tout le monde convient assez que les esprits animaux ne sont que les parties les plus subtiles et les plus agitées du sang, qui se subtilise et s'agite principalement par la fermentation et par le mouvement violent des muscles dont le cœur est composé ; que ces esprits sont conduits avec le reste du sang par les artères jusque dans le cerveau, et que là ils en sont séparés par quelques parties destinées à cet usage, desquelles on ne convient pas encore.

Il faut conclure de là que si le sang est fort subtil, il y aura beaucoup d'esprits animaux ; et que s'il est grossier, il y en aura peu ; que si le sang est composé de parties fort faciles à s'embraser dans le cœur et ailleurs, ou fort propres au mouvement, les esprits qui seront dans le cerveau en seront extrêmement échauffés ou agités ; que si au contraire le sang ne se fermente pas assez, les esprits animaux seront languissants, sans action et sans force : enfin que, selon la solidité qui se trouvera dans les parties du sang, les esprits animaux auront plus ou moins de solidité, et par conséquent plus ou moins de force dans leur mouvement. Mais il faut expliquer plus au long toutes ces choses, et apporter des exemples et des expériences incontestables, pour en faire reconnaître plus sensiblement la vérité.

II. *Que le chyle va au cœur et qu'il cause du changement dans les esprits*

L'autorité des anciens n'a pas seulement aveuglé l'esprit de quelques gens, on peut même dire qu'elle leur a fermé les yeux. Car il y a encore quelques personnes si respectueuses à l'égard des anciennes opinions, ou peut-être si opiniâtres, qu'ils ne veulent pas voir des choses qu'ils ne pourraient plus contredire s'il leur plaisait seulement d'ouvrir les yeux. On voit tous les jours des personnes assez estimées par leur lecture et par leurs études qui font des livres et des conférences publiques contre les expériences visibles et sensibles de la circulation du sang, contre celles du poids et de la force élastique de l'air, et d'autres semblables. La découverte que M. Pecquet[1] a faite en nos jours, de laquelle on a besoin ici, est du nombre de celles qui ne sont malheureuses que parce qu'elles ne naissent pas toutes vieilles, et pour ainsi dire avec une barbe vénérable. On ne laissera pas cependant de s'en servir, et on ne craint pas que les personnes judicieuses y trouvent à redire.

Selon cette découverte, il est constant que le chyle ne va pas d'abord des viscères au foie par les veines *mésaraïques*, comme le croient les anciens; mais qu'il passe des boyaux dans les veines lactées, et ensuite dans certains réservoirs où elles aboutissent toutes; que de là il monte par le *canal thoracique* le long des vertèbres du dos, et se va mêler avec le sang dans la veine *axillaire*, laquelle entre dans le tronc supérieur de la veine cave; et qu'ainsi, étant mêlé avec le sang, il se va rendre dans le cœur.

Il faut conclure de cette expérience que le sang mêlé avec le chyle étant fort différent d'un autre sang qui aurait déjà circulé plusieurs fois par le cœur, les esprits animaux, qui n'en

---

1. Jean Pecquet, *Experimenta nova anatomica*, Paris, 1651.

sont que les plus subtiles parties, doivent être aussi fort différents dans les personnes qui sont à jeun et dans d'autres qui viendraient de manger. De plus, parce qu'entre les viandes et les breuvages dont on se sert, il y en a d'une infinité de sortes, et même que ceux qui s'en servent ont des corps diversement disposés; deux personnes qui viennent de dîner et qui sortent d'une même table, doivent sentir dans leur faculté d'imaginer une si grande variété de changements qu'il n'est pas possible de la décrire.

Il est vrai que ceux qui jouissent d'une santé parfaite font une digestion si achevée que le chyle entrant dans le cœur et de là dans le cerveau est aussi propre à former des esprits que le sang ordinaire; de sorte que leurs esprits animaux, et par conséquent leur faculté d'imaginer, n'en reçoivent presque pas de changement. Mais pour les vieillards et les infirmes, ils remarquent en eux-mêmes des changements fort sensibles après leurs repas. Ils s'assoupissent presque tous, ou pour le moins leur imagination devient toute languissante et n'a plus de vivacité ni de promptitude; ils ne conçoivent plus rien distinctement; ils ne peuvent s'appliquer à quoi que ce soit; en un mot, ils sont tout autres qu'ils n'étaient auparavant.

III. *Que le vin en fait autant*

Mais afin que les plus sains et les plus robustes aient aussi des preuves sensibles de ce que l'on vient de dire, ils n'ont qu'à faire réflexion sur ce qui leur est arrivé quand ils ont bu du vin bien plus qu'à l'ordinaire, ou bien sur ce qui leur arrivera quand ils ne boiront que du vin dans un repas et que de l'eau dans un autre. Car on est assuré que s'ils ne sont entièrement stupides ou si leur corps n'est composé d'une façon tout extraordinaire, ils sentiront aussitôt de la gaieté, ou quelque petit assoupissement, ou quelque autre accident semblable.

Le vin est si spiritueux que ce sont des esprits animaux presque tout formés ; mais des esprits libertins, qui ne se soumettent pas volontiers aux ordres de la volonté à cause apparemment de leur facilité à être mus. Ainsi, dans les hommes même les plus forts et les plus vigoureux, il produit de plus grands changements dans l'imagination et dans toutes les parties du corps que les viandes et les autres breuvages. Il donne du *croc-en-jambe*, pour parler comme Plaute*; et il produit dans l'esprit bien des effets qui ne sont pas si avantageux que ceux qu'Horace décrit en ces vers :

> Quelles merveilles n'opère pas l'ivresse ? Elle fraie le passage aux secrets, elle change les espérances en réalités, elle pousse le lâche aux combats, elle soulage les âmes du poids du souci, elle enseigne les arts. Qui n'a été rendu éloquent par une coupe bien pleine ? Qui, serré par la pauvreté, n'y a cherché la délivrance ? [1]

Il serait assez facile de trouver des raisons fort vraisemblables des principaux effets que le mélange du chyle avec le sang produit dans les esprits animaux, et ensuite dans le cerveau et dans l'âme même ; comme pourquoi le vin réjouit, pourquoi il donne une certaine vivacité à l'esprit quand on en prend avec modération, pourquoi il l'abrutit avec le temps quand on en fait excès, pourquoi on est assoupi après le repas, et de plusieurs autres choses, desquelles on donne ordinairement des raisons fort ridicules. Mais outre qu'on ne fait pas ici une physique, il faudrait donner quelque idée de l'anatomie du cerveau, ou faire quelques suppositions comme M. Descartes en fait dans le traité qu'il a fait *De l'homme*, sans lesquelles il

---

* Le vin est un lutteur fourbe [*Pseudolus*, V, 1, 5-6. En latin dans la note].

1. *Épîtres*, Liv. I, ép. V, 16-20 [en latin dans le texte].

n'est pas possible de s'expliquer. Mais enfin, si on lit avec attention ce traité de M. Descartes, on pourra peut-être se satisfaire sur toutes ces questions à cause des ouvertures qu'il donne pour les résoudre.

CHAPITRE III

Que l'air qu'on respire, cause aussi quelque changement dans les esprits

La seconde cause générale des changements qui arrivent dans les esprits animaux est l'air que nous respirons. Car quoiqu'il ne fasse pas d'abord des impressions si sensibles que le chyle, cependant il fait à la longue ce que les sucs des viandes font en peu de temps. Cet air entre des branches de la trachée-artère dans celles de l'artère *veineuse** : de là il se mêle et se fermente avec le reste du sang dans le cœur ; et selon sa disposition particulière et celle du sang, il produit de très grands changements dans les esprits animaux, et par conséquent dans la faculté d'imaginer.

Je sais qu'il y a quelques personnes qui ne croient pas que l'air se mêle avec le sang dans les poumons et dans le cœur, parce qu'ils ne peuvent découvrir avec leurs yeux, dans les branches de la trachée artère et dans celle de l'artère veineuse, les passages par où cet air se communique. Mais il ne faut pas que l'action de l'esprit s'arrête avec celle des sens ; il peut pénétrer ce qui leur est impénétrable et s'attacher à des choses qui n'ont point de prise pour eux. Il est indubitable qu'il passe continuellement quelques parties du sang des branches de la *veine artéreuse*** dans celles de la trachée-artère ; l'odeur et

---

* C'est la veine du poumon.
** C'est l'artère du poumon.

l'humidité de l'haleine le prouvent assez ; et cependant les passages de cette communication sont imperceptibles. Pourquoi donc les parties subtiles de l'air ne pourraient-elles pas passer des branches de la trachée-artère dans l'artère veineuse, quoique les passages de cette communication ne soient pas visibles ? Enfin il se transpire beaucoup plus d'humeurs par les pores imperceptibles des artères et de la peau qu'il n'en sort par les autres passages du corps, et les métaux même les plus solides n'ont point de pores si étroits qu'il ne se rencontre encore dans la nature des corps assez petits pour y trouver le passage libre, puisque autrement ces pores se fermeraient.

Il est vrai que les parties grossières et branchues de l'air ne peuvent point passer par les pores ordinaires des corps, et que l'eau même, quoique fort grossière, peut se glisser par des chemins où cet air est obligé de s'arrêter. Mais on ne parle pas ici de ces parties les plus grossières de l'air ; elles sont, ce semble, assez inutiles pour la fermentation. On ne parle que des plus petites, parties roides, piquantes, et qui n'ont que fort peu de branches qui les puissent arrêter, parce que ce sont apparemment les plus propres pour la fermentation du sang.

Je pourrais cependant assurer, sur le rapport de Silvius[1], que l'air même le plus grossier passe de la trachée-artère dans le cœur, puisqu'il assure lui-même qu'il l'y a vu passer par l'adresse de M. Swammerdam[2]. Car il est plus raisonnable de croire un homme qui dit avoir vu, qu'un million d'autres qui parlent en l'air. Il est donc certain que les parties les plus subtiles de l'air que nous respirons entrent dans notre cœur ; qu'elles y entretiennent avec le sang et le chyle la chaleur qui

---

1. Franz Le Boe, dit Sylvius, *Disputationum medicarum decas*, ..., s.d., chap. VII, § 79-86.

2. Jean Swammerdam, *Tractatus physico-anatomico-medicus, de respiratione usuque pulmonum*, Leyde, 1667, chap. III, § 9.

donne la vie et le mouvement à notre corps, et que, selon leurs différentes qualités, elles apportent de grands changements dans la fermentation du sang et dans les esprits animaux.

On reconnaît tous les jours la vérité de ceci par les diverses humeurs et les différents caractères d'esprit des personnes de différents pays. Les Gascons, par exemple, ont l'imagination bien plus vive que les Normands. Ceux de Rouen et de Dieppe et les Picards diffèrent tous entre eux, et encore bien plus des Bas-Normands, quoiqu'ils soient assez proches les uns des autres. Mais si on considère les hommes qui vivent dans des pays plus éloignés, on y rencontrera des différences encore bien plus étranges, comme entre un Italien et un Flamand ou un Hollandais. Enfin il y a des lieux renommés de tout temps par la sagesse de leurs habitants comme Theman et Athènes*; et d'autres pour leur stupidité, comme Thèbes, Abdère et quelques autres**.

CHAPITRE IV

La troisième cause des changements qui arrivent aux esprits animaux est la plus ordinaire et la plus agissante de toutes, parce que c'est elle qui produit, qui entretient et qui fortifie toutes les passions. Pour la bien comprendre, il faut savoir que la cinquième, la sixième et la huitième paire des nerfs envoient la plupart de leurs rameaux dans la poitrine et dans le ventre, où ils ont des usages bien utiles pour la conser-

---

    * « N'y a-t-il plus de sagesse à Theman? », *Jérémie* XLIX, 7 [en latin dans la note].

    ** « À Athènes, l'air est léger, ce qui cause, croit-on, la finesse des Athéniens; à Thèbes, l'air est épais », Cicéron, *De fato*, IV, § 7 ; « Tu as le cœur d'un plébéien d'Abdère », Martial, *Épigrammes* X, XXV, 4 ; « On jurerait qu'il était né dans l'air épais de la Béotie », Horace, *Épîtres* II, I, 244 [en latin dans la note].

vation du corps, mais extrêmement dangereux pour l'âme ;
parce que ces nerfs ne dépendent point dans leur action de la
volonté des hommes, comme ceux qui servent à remuer les bras,
les jambes et les autres parties extérieures du corps, et qu'ils
agissent beaucoup plus sur l'âme que l'âme n'agit sur eux.

I. *Du changement des esprits causé par les nerfs qui vont au cœur et au poumon*

Il faut donc savoir que plusieurs branches de la huitième
paire des nerfs se jettent entre les fibres du principal de tous les
muscles, qui est le cœur ; qu'ils environnent ses ouvertures, ses
oreillettes et ses artères ; qu'ils se répandent même dans la
substance du poumon, et qu'ainsi par leurs différents mouvements ils produisent des changements fort considérables dans
le sang. Car les nerfs qui sont répandus entre les fibres du cœur,
le faisant quelquefois étendre et raccourcir avec trop de force
et de promptitude, poussent avec une violence extraordinaire
quantité de sang vers la tête et vers toutes les parties extérieures du corps ; quelquefois aussi ces mêmes nerfs font un
effet tout contraire. Pour les nerfs qui environnent les ouvertures du cœur, ses oreillettes et ses artères, ils font à peu près
le même effet que les registres avec lesquels les chimistes
modèrent la chaleur de leurs fourneaux, et que les robinets
dont on se sert dans les fontaines pour régler le cours de leurs
eaux. Car l'usage de ces nerfs est de serrer et d'élargir diversement les ouvertures du cœur, de hâter et de retarder de cette
manière l'entrée et la sortie du sang, et d'en augmenter ainsi et
d'en diminuer la chaleur. Enfin, les nerfs qui sont répandus
dans le poumon ont aussi le même usage ; car le poumon n'étant
composé que des branches de la trachée-artère, de la veine
artérieuse et de l'artère veineuse entrelacées les unes dans les
autres, il est visible que les nerfs qui sont répandus dans sa

substance empêchent par leur contraction que l'air ne passe avec assez de liberté des branches de la trachée-artère, et le sang de celles de la veine artérieuse, dans l'artère veineuse pour se rendre dans le cœur. Ainsi ces nerfs, selon leur différente agitation, augmentent ou diminuent encore la chaleur et le mouvement du sang.

Nous avons dans toutes nos passions des expériences fort sensibles de ces différents degrés de chaleur de notre cœur. Nous l'y sentons manifestement diminuer et s'augmenter quelquefois tout d'un coup; et comme nous jugeons faussement que nos sensations sont dans les parties de notre corps à l'occasion desquelles elles s'excitent en notre âme, ainsi qu'il a été expliqué dans le premier livre, presque tous les philosophes se sont imaginé que le cœur était le siège principal des passions de l'âme, et c'est même encore aujourd'hui l'opinion la plus commune.

Or, parce que la faculté d'imaginer reçoit de grands changements par ceux qui arrivent aux esprits animaux, et que les esprits animaux sont fort différents selon la différente fermentation ou agitation du sang qui se fait dans le cœur, il est facile de reconnaître ce qui fait que les personnes passionnées imaginent les choses tout autrement que ceux qui les considèrent de sang-froid.

II. *Du changement des esprits causé par les nerfs qui vont au foie, à la rate et aux autres viscères*

L'autre cause, qui contribue fort à diminuer et à augmenter ces fermentations extraordinaires du sang, consiste dans l'action de plusieurs autres rameaux des nerfs, desquels nous venons de parler.

Ces rameaux se répandent dans le *foie,* qui contient la plus subtile partie du sang, ou ce qu'on appelle ordinairement la

bile; dans la *rate,* qui contient la plus grossière, ou la mélancolie; dans le *pancréas,* qui contient un suc acide très propre,
ce semble, pour la fermentation; dans l'estomac, les boyaux et
les autres parties qui contiennent le chyle; enfin ils se répandent dans tous les endroits qui peuvent contribuer quelque
chose pour varier la fermentation ou le mouvement du sang. Il
n'y a pas même jusqu'aux artères et aux veines qui ne soient
liées de ces nerfs, comme M. Willis l'a découvert du tronc
inférieur de la grande artère qui en est liée proche du cœur,
de l'artère *axillaire* du côté droit, de la veine *émulgente* et de
quelques autres.

Ainsi l'usage des nerfs étant d'agiter diversement les
parties auxquelles ils sont attachés, il est facile de concevoir
comment, par exemple, le nerf qui environne le foie peut en le
serrant faire couler grande quantité de bile dans les veines et
dans le canal de la bile, laquelle s'étant mêlée avec le sang
dans les veines, et avec le chyle par le canal de la bile, entre
dans le cœur et y produit une chaleur bien plus ardente qu'à
l'ordinaire. Ainsi lorsqu'on est ému de certaines passions, le
sang bout dans les artères et dans les veines; l'ardeur se répand
dans tout le corps; le feu monte à la tête, et elle se remplit d'un
si grand nombre d'esprits animaux trop vifs et trop agités, que
par leur cours impétueux ils empêchent l'imagination de se
représenter d'autres choses que celles dont ils forment des
images dans le cerveau, c'est-à-dire de penser à d'autres objets
qu'à ceux de la passion qui domine.

Il en est de même des petits nerfs qui vont à la rate ou à
d'autres parties qui contiennent une matière plus grossière et
moins susceptible de chaleur et de mouvement; ils rendent
l'imagination toute languissante et toute assoupie, en faisant
couler dans le sang quelque matière grossière et difficile à
mettre en mouvement.

Pour les nerfs qui environnent les artères et les veines, leur usage est d'empêcher le sang de passer, et de l'obliger en les serrant de s'écouler dans les lieux où il trouve le passage libre. Ainsi la partie de la grande artère qui fournit du sang à toutes les parties qui sont au-dessus du cœur, étant liée et serrée par ces nerfs, le sang doit nécessairement entrer dans la tête en plus grande abondance, et produire ainsi du changement dans les esprits animaux, et par conséquent dans l'imagination.

III. *Que ces changements arrivent contre notre volonté par l'ordre d'une providence*

Or il faut bien remarquer que tout cela ne se fait que par machine, je veux dire que tous les différents mouvements de ces nerfs dans toutes les passions différentes n'arrivent point par le commandement de la volonté, mais se font au contraire sans ses ordres, et même contre ses ordres; de sorte qu'un corps sans âme, disposé comme celui d'un homme sain, serait capable de tous les mouvements qui accompagnent nos passions. Ainsi les bêtes mêmes en peuvent avoir de semblables quand elles ne seraient que de pures machines.

C'est ce qui nous doit faire admirer la sagesse incompréhensible de celui qui a si bien rangé tous ces ressorts, qu'il suffit qu'un objet remue légèrement le nerf optique d'une telle ou telle manière pour produire tant de divers mouvements dans le cœur, dans les autres parties intérieures du corps et même sur le visage. Car on a découvert depuis peu que le même nerf qui répand quelques rameaux dans le cœur et dans les autres parties intérieures, communique aussi quelques-unes de ses branches aux yeux, à la bouche et aux autres parties du visage. De sorte qu'il ne peut s'élever aucune passion au dedans qui ne paraisse au dehors, parce qu'il ne peut y avoir de mouvement dans les branches qui vont au cœur, qu'il n'en arrive quelqu'un dans celles qui sont répandues sur le visage.

La correspondance et la sympathie qui se trouvent entre les nerfs du visage et quelques autres qui répondent à d'autres endroits du corps qu'on ne peut nommer, est encore bien plus remarquable; et ce qui fait cette grande sympathie, c'est comme dans les autres passions, que les petits nerfs qui vont au visage ne sont encore que des branches de celui qui descend plus bas.

Lorsqu'on est surpris de quelque passion violente, si l'on prend soin de faire réflexion sur ce que l'on sent dans les entrailles et dans les autres parties du corps où les nerfs s'insinuent, comme aussi aux changements de visage qui l'accompagnent; et si on considère que toutes ces diverses agitations de nos nerfs sont entièrement involontaires, et qu'elles arrivent même malgré toute la résistance que notre volonté y apporte, on n'aura pas grand'peine à se laisser persuader de la simple exposition que l'on vient de faire de tous ces rapports entre les nerfs.

Mais si l'on examine les raisons et la fin de toutes ces choses, on y trouvera tant d'ordre et de sagesse qu'une attention un peu sérieuse sera capable de convaincre les personnes les plus attachées à Épicure et à Lucrèce qu'il y a une providence qui régit le monde. Quand je vois une montre, j'ai raison de conclure qu'il y a une intelligence, puisqu'il est impossible que le hasard ait pu produire et arranger toutes ses roues. Comment donc serait-il possible que le hasard et la rencontre des atomes fût capable d'arranger dans tous les hommes et dans tous les animaux tant de ressorts divers, avec la justesse et la proportion que je viens d'expliquer, et que les hommes et les animaux en engendrassent d'autres qui leur fussent tout à fait semblables? Ainsi il est ridicule de penser ou de dire comme Lucrèce, que le hasard a formé toutes les parties qui composent l'homme; que les yeux n'ont point été faits pour voir, mais qu'on s'est avisé de voir parce qu'on avait des yeux; et ainsi des autres parties du corps. Voici ses paroles :

> Ne va point croire que la claire lumière des yeux ait été créée pour que nous puissions voir au loin, ni que ce soit pour nous permettre de marcher à grands pas que l'extrémité des jambes et des cuisses s'articule sur les pieds; ou encore que les bras qui sont attachés aux robustes épaules, et les mains qui sont d'égal service des deux côtés, nous aient été donnés pour subvenir aux nécessités de la vie. Toutes les interprétations de ce genre renversent le vrai rapport des choses. Dans notre corps, en effet, rien qui soit de naissance n'est en vue de l'usage; mais ce qui est de naissance, c'est cela qui suscite l'usage [1].

Ne faut-il pas avoir une étrange aversion d'une providence pour s'aveugler ainsi volontairement de peur de la reconnaître, et pour tâcher de se rendre insensible à des preuves aussi fortes et aussi convaincantes que celles que la nature nous en fournit ? Il est vrai que quand on affecte une fois de faire l'esprit fort, ou plutôt l'impie, ainsi que faisaient les épicuriens, on se trouve incontinent tout couvert de ténèbres, et on ne voit plus que de fausses lueurs; on nie hardiment les choses les plus claires, et on assure fièrement et magistralement les plus fausses et les plus obscures.

Le poète que je viens de citer peut servir de preuve de cet aveuglement des esprits forts. Car il prononce hardiment et contre toute apparence de vérité sur les questions les plus difficiles et les plus obscures, et il semble qu'il n'aperçoive pas les idées même les plus claires et les plus évidentes. Si je m'arrêtais à rapporter des passages de cet auteur pour justifier ce que je dis, je ferais une digression trop longue et trop ennuyeuse.

---

1. Lucrèce, *De la nature*, IV, 825-835 [en latin dans le texte].

S'il est permis de faire quelques réflexions qui arrêtent pour un moment l'esprit sur les vérités essentielles, il n'est jamais permis de faire des digressions qui détournent l'esprit pendant un temps considérable de l'attention à son principal sujet, pour l'appliquer à des choses de peu d'importance.

On vient d'expliquer les causes générales tant extérieures qu'intérieures qui produisent du changement dans les esprits animaux, et par conséquent dans la faculté d'imaginer. On a fait voir que les extérieures sont les viandes dont on se nourrit et l'air que l'on respire, et que l'intérieure consiste dans l'agitation involontaire de certains nerfs. On ne sait point d'autres causes générales et l'on assure même qu'il n'y en a point. De sorte que la faculté d'imaginer ne dépendant de la part du corps que de ces deux choses, savoir, des esprits animaux et de la disposition du cerveau sur lequel ils agissent, il ne reste plus ici pour donner connaissance de l'imagination que d'exposer les différents changements qui peuvent arriver dans la substance du cerveau. Mais avant que d'examiner ces changements, il est à propos d'expliquer et la liaison de nos pensées avec les traces du cerveau, et la liaison réciproque de ces traces. Il faudra aussi donner quelque idée de la mémoire et des habitudes, c'est-à-dire de cette facilité que nous avons de penser à des choses auxquelles nous avons déjà pensé, et de faire des choses que nous avons déjà faites.

CHAPITRE V

De toutes les choses matérielles, il n'y en a point de plus digne de l'application des hommes que la structure de leur corps et que la correspondance qui est entre toutes les parties qui le composent ; et de toutes les choses spirituelles, il n'y en a point dont la connaissance leur soit plus nécessaire que celle de leur âme, et de tous les rapports qu'elle a indispensablement avec Dieu, et naturellement avec le corps.

Il ne suffit pas de sentir ou de connaître confusément que les traces du cerveau sont liées les unes avec les autres; et qu'elles sont suivies du mouvement des esprits animaux; que les traces réveillées dans le cerveau réveillent des idées dans l'esprit, et que des mouvements excités dans les esprits animaux excitent des passions dans la volonté. Il faut, autant qu'on le peut, savoir distinctement la cause de toutes ces liaisons différentes, et principalement les effets qu'elles sont capables de produire.

Il en faut connaître la cause, parce qu'il faut connaître celui qui seul est capable d'agir en nous et de nous rendre heureux ou malheureux; et il en faut connaître les effets parce qu'il faut nous connaître nous-mêmes autant que nous le pouvons, et les autres hommes avec qui nous devons vivre. Alors nous saurons les moyens de nous conduire et de nous conserver nous-mêmes dans l'état le plus heureux et le plus parfait où l'on puisse parvenir, selon l'ordre de la nature et selon les règles de l'Évangile; et nous pourrons vivre avec les autres hommes, en connaissant exactement et les moyens de nous en servir dans nos besoins, et ceux de les aider dans leurs misères.

Je ne prétends pas expliquer dans ce chapitre un sujet si vaste et si étendu. Je ne prétends pas même de le faire entièrement dans tout cet ouvrage. Il y a beaucoup de choses que je ne connais pas encore et que je n'espère pas de bien connaître; et il y en a quelques-unes que je crois savoir et que je ne puis expliquer. Car il n'y a point d'esprit si petit qu'il soit qui ne puisse en méditant découvrir plus de vérités que l'homme du monde le plus éloquent n'en pourrait déduire.

I. *De l'union de l'âme et du corps*

Il ne faut pas s'imaginer, comme la plupart des philo-sophes, que l'esprit devient corps lorsqu'il s'unit au corps, et que le corps devient esprit lorsqu'il s'unit à l'esprit. L'âme n'est point répandue dans toutes les parties du corps afin de lui donner la vie et le mouvement, comme l'imagination se le figure ; et le corps ne devient point capable de sentiment par l'union qu'il a avec l'esprit, comme nos sens faux et trompeurs semblent nous en convaincre. Chaque substance demeure ce qu'elle est ; et comme l'âme n'est point capable d'étendue et de mouvements, le corps n'est point capable de sentiment et d'inclinations. Toute l'alliance de l'esprit et du corps qui nous est connue consiste dans une correspondance naturelle et mutuelle des pensées de l'âme avec les traces du cerveau, et des émotions de l'âme avec les mouvements des esprits animaux.

Dès que l'âme reçoit quelques nouvelles idées, il s'im-prime dans le cerveau de nouvelles traces ; et dès que les objets produisent de nouvelles traces, l'âme reçoit de nouvelles idées. Ce n'est pas qu'elle considère ces traces, puisqu'elle n'en a aucune connaissance, ni que ces traces renferment ces idées, puisqu'elles n'y ont aucun rapport ; ni enfin qu'elle reçoive ses idées de ces traces, car, comme nous expliquerons ailleurs, il n'est pas concevable que l'esprit reçoive quelque chose du corps, et qu'il devienne plus éclairé qu'il n'est en se tournant vers lui, ainsi que les philosophes le prétendent, qui veulent que ce soit par *conversion* aux fantômes ou aux traces du cerveau, *per conversionem ad phantasmata,* que l'esprit aperçoive toutes choses. Mais tout cela se fait en conséquence des lois générales de l'union de l'âme et du corps, ce que j'expliquerai au même endroit.

De même, dès que l'âme veut que le bras soit mû, le bras est mû, quoiqu'elle ne sache pas seulement ce qu'il faut faire pour le remuer; et dès que les esprits animaux sont agités, l'âme se trouve émue, quoiqu'elle ne sache pas seulement s'il y a dans son corps des esprits animaux.

Lorsque je traiterai des passions, je parlerai de la liaison qu'il y a entre les traces du cerveau et les mouvements des esprits, et de celle qui est entre les idées et les émotions de l'âme, car toutes les passions en dépendent. Je dois seulement parler ici de la liaison des idées avec les traces, et de la liaison des traces les unes avec les autres.

Trois causes de la liaison des idées et des traces

Il y a trois causes fort considérables de la liaison des idées avec les traces. La première, et que les autres supposent, la nature ou la volonté constante et immuable du Créateur. Il y a, par exemple, une liaison naturelle, et qui ne dépend point de notre volonté, entre les traces que produisent un arbre ou une montagne que nous voyons, et les idées d'arbres ou de montagnes; entre les traces que produisent dans notre cerveau le cri d'un homme, ou d'un animal qui souffre, et que nous entendons se plaindre, l'air du visage d'un homme qui nous menace ou qui nous craint, et les idées de douleur, de force, de faiblesse, et même entre les sentiments de compassion, de crainte et de courage qui se produisent en nous.

Ces liaisons naturelles sont les plus fortes de toutes; elles sont semblables généralement dans tous les hommes, et elles sont absolument nécessaires à la conservation de la vie. C'est pourquoi elles ne dépendent point de notre volonté. Car si la liaison des idées avec les sons et certains caractères est faible et fort différente dans différents pays, c'est qu'elle dépend de la volonté faible et changeante des hommes; et la raison pour laquelle elle en dépend, c'est parce que cette liaison n'est point absolument nécessaire pour vivre, mais seulement pour vivre comme des hommes qui doivent former entre eux une société raisonnable.

La seconde cause de la liaison des idées avec les traces, c'est *l'identité* du temps. Car il suffit souvent que nous ayons eu certaines pensées dans le temps qu'il y avait dans notre cerveau quelques nouvelles traces, afin que ces traces ne puissent plus se produire sans que nous ayons de nouveau ces mêmes pensées. Si l'idée de Dieu s'est présentée à mon esprit dans le même temps que mon cerveau a été frappé de la vue de ces trois caractères *Iah* ou du son de ce même mot, il suffira que les traces que ces caractères ou leur son auront produites se réveillent, afin que je pense à Dieu, et je ne pourrai penser à Dieu qu'il ne se produise dans mon cerveau quelques traces confuses des caractères ou des sons qui auront accompagné les pensées que j'aurai eues de Dieu; car, le cerveau n'étant jamais sans traces, il a toujours celles qui ont quelque rapport à ce que nous pensons, quoique souvent ces traces soient fort imparfaites et fort confuses.

La troisième cause de la liaison des idées avec les traces, et qui suppose toujours la première, c'est la volonté des hommes. Cette volonté est nécessaire, afin que cette liaison des idées avec les traces soit réglée et accommodée à l'usage. Car si les hommes n'avaient pas naturellement de l'inclination à convenir entre eux pour attacher leurs idées à des signes sensibles, non seulement cette liaison des idées serait entièrement inutile pour la société, mais elle serait encore fort déréglée et fort imparfaite.

Premièrement, parce que les idées ne se lient fortement avec les traces que lorsque les esprits étant agités, ils rendent ces traces profondes et durables. De sorte que les esprits n'étant agités que par les passions, si les hommes n'en avaient aucune pour communiquer leurs sentiments et pour entrer dans ceux des autres, il est évident que la liaison exacte de leurs idées à certaines traces serait bien faible ; puisqu'ils ne s'assujettissent à ces liaisons exactes et régulières que pour se communiquer leurs pensées.

Secondement, la répétition de la rencontre des mêmes idées avec les mêmes traces étant nécessaire pour former une liaison qui se puisse conserver longtemps, puisqu'une première rencontre, si elle n'est accompagnée d'un mouvement violent d'esprits animaux, ne peut faire de fortes liaisons, il est clair que si les hommes ne voulaient pas convenir, ce serait le plus grand hasard du monde, s'il arrivait de ces rencontres des mêmes idées et des mêmes traces. Ainsi la volonté des hommes est nécessaire pour régler la liaison des mêmes idées avec les mêmes traces, quoique cette volonté de convenir ne soit pas tant un effet de leur choix et de leur raison qu'une impression de l'auteur de la nature qui nous a tous faits les uns pour les autres, et avec une inclination très forte à nous unir par l'esprit autant que nous le sommes par le corps.

Il faut bien remarquer ici que la liaison des idées qui nous représentent des choses spirituelles distinguées de nous, avec les traces de notre cerveau, n'est point naturelle et ne le peut être ; et, par conséquent, qu'elle est ou qu'elle peut être différente dans tous les hommes, puisqu'elle n'a point d'autre cause que leur volonté et l'identité du temps dont j'ai parlé auparavant. Au contraire, la liaison des idées de toutes les choses matérielles avec certaines traces particulières est naturelle ; et par conséquent il y a certaines traces qui réveillent la même idée dans tous les hommes. On ne peut douter, par exemple, que tous les hommes n'aient l'idée d'un carré à la vue d'un carré, parce que cette liaison est naturelle ; mais on peut douter qu'ils aient tous l'idée d'un carré lorsqu'ils entendent prononcer ce mot *carré,* parce que cette liaison est entièrement volontaire. Il faut penser la même chose de toutes les traces qui sont liées avec les idées des choses spirituelles.

Mais, parce que les traces qui ont une liaison naturelle avec les idées touchent et appliquent l'esprit[1], et le rendent par conséquent attentif, la plupart des hommes ont assez de facilité pour comprendre et retenir les vérités sensibles et palpables, c'est-à-dire les rapports qui sont entre les corps; et, au contraire, parce que les traces qui n'ont point d'autre liaison avec les idées que celle que la volonté y a mise ne frappent point vivement l'esprit, tous les hommes ont assez de peine à comprendre et encore plus à retenir les vérités abstraites, c'est-à-dire les rapports qui sont entre les choses qui ne tombent point sous l'imagination. Mais lorsque ces rapports sont un peu composés, ils paraissent absolument incompréhensibles, principalement à ceux qui n'y sont point accoutumés, parce qu'ils n'ont point fortifié la liaison de ces idées abstraites avec leurs traces par une méditation continuelle; et quoique les autres les aient parfaitement comprises, ils les oublient en peu de temps, parce que cette liaison n'est presque jamais aussi forte que les naturelles.

Il est si vrai que toute la difficulté que l'on a à comprendre et à retenir les choses spirituelles et abstraites vient de la difficulté que l'on a à fortifier la liaison de leurs idées avec les traces du cerveau, que lorsqu'on trouve moyen d'expliquer par les rapports des choses matérielles ceux qui se trouvent entre les choses spirituelles, on les fait aisément comprendre, et on les imprime de telle sorte dans l'esprit que non seulement on en est fortement persuadé, mais encore qu'on les retient avec beaucoup de facilité. L'idée générale que l'on a donnée de

1. occupent l'esprit

l'esprit dans le premier chapitre de cet ouvrage, est peut-être une assez bonne preuve de ceci.

Au contraire, lorsqu'on exprime les rapports qui se trouvent entre les choses matérielles, de telle manière qu'il n'y a point de liaison nécessaire entre les idées de ces choses et les traces de leurs expressions, on a beaucoup de peine à les comprendre et on les oublie facilement.

Ceux, par exemple, qui commencent l'étude de l'algèbre ou de l'analyse ne peuvent comprendre les démonstrations algébriques qu'avec beaucoup de peine ; et, lorsqu'ils les ont une fois comprises, ils ne s'en souviennent pas longtemps, parce que les carrés, par exemple, les parallélogrammes, les cubes, les solides, etc., étant exprimés par aa, ab, a^3, abc, etc., dont les traces n'ont point de liaison naturelle avec leurs idées, l'esprit ne trouve point de prise pour s'en fixer les idées et pour en examiner les rapports.

Mais ceux qui commencent la géométrie commune, conçoivent très clairement et très promptement les petites démonstrations qu'on leur explique, pourvu qu'ils entendent très distinctement les termes dont on se sert, parce que les idées de carré, de cercle, etc., sont liées naturellement avec les traces des figures qu'ils voient devant leurs yeux. Il arrive même souvent que la seule exposition de la figure qui sert à la démonstration la leur fait plutôt comprendre que les discours qui l'expliquent, parce que les mots n'étant liés aux idées que par une institution arbitraire, ils ne réveillent pas ces idées avec assez de promptitude et de netteté pour en reconnaître facilement les rapports, car c'est principalement à cause de cela qu'il y a de la difficulté à apprendre les sciences.

On peut en passant reconnaître par ce que je viens de dire, que ces écrivains qui fabriquent un grand nombre de mots nouveaux et de caractères nouveaux pour expliquer leurs sentiments font souvent des ouvrages assez inutiles. Ils croient se rendre intelligibles, lorsqu'en effet ils se rendent incompréhensibles. Nous définissons tous nos termes et tous nos caractères, disent-ils, et les autres en doivent convenir. Il est vrai, les autres en conviennent de volonté, mais leur nature y répugne. Leurs idées ne sont point attachées à ces termes nouveaux, parce qu'il faut pour cela de l'usage et un grand usage. Les auteurs ont peut-être cet usage, mais les lecteurs ne l'ont pas. Lorsqu'on prétend instruire l'esprit, il est nécessaire de le connaître, parce qu'il faut suivre la nature et ne pas l'irriter ni la choquer.

On ne doit pas cependant condamner le soin que prennent les mathématiciens de définir leurs termes, car il est évident qu'il les faut définir pour ôter les équivoques ; mais, autant qu'on le peut, il faut se servir de termes qui soient reçus ou dont la signification ordinaire ne soit pas fort éloignée de celle qu'on prétend introduire, et c'est ce qu'on n'observe pas toujours dans les mathématiques.

On ne prétend pas aussi, par ce qu'on vient de dire, condamner l'algèbre, telle principalement que M. Descartes l'a rétablie ; car encore que la nouveauté de quelques expressions de cette science fasse d'abord quelque peine à l'esprit, il y a si peu de variété et de confusion dans ces expressions, et le secours que l'esprit en reçoit surpasse si fort la difficulté qu'il y a trouvée, qu'on ne croit pas qu'il se puisse inventer une manière de raisonner et d'exprimer ses raisonnements qui s'accommode mieux avec la nature de l'esprit et qui puisse le porter plus avant dans la découverte des vérités inconnues. Les expressions de cette science ne partagent point la capacité de l'esprit ; elles ne chargent point la mémoire ; elles abrègent d'une manière merveilleuse toutes nos idées et tous nos raisonnements, et elles les rendent même en quelque manière sensibles par l'usage. Enfin leur utilité est beaucoup plus grande que celle des expressions, quoique naturelles, des figures dessinées de triangles, de carrés et autres semblables qui ne peuvent servir à la recherche et à l'exposition des vérités un peu cachées. Mais c'est assez parler de la liaison des idées avec les traces du cerveau ; il est à propos de dire quelque chose de la liaison des traces les unes avec les autres, et par conséquent de celle qui est entre les idées qui répondent à ces traces.

II. De la liaison mutuelle des traces

Cette liaison consiste en ce que les traces du cerveau se lient si bien les unes avec les autres qu'elles ne peuvent plus se réveiller sans toutes celles qui ont été imprimées dans le même temps. Si un homme, par exemple, se trouve dans quelque cérémonie publique, s'il en remarque toutes les circonstances et toutes les principales personnes qui y assistent, le temps, le lieu, le jour et toutes les autres particularités, il suffira qu'il se souvienne du lieu, ou même d'une autre circonstance moins remarquable de la cérémonie, pour se représenter toutes les autres. C'est pour cela que quand nous ne nous souvenons pas du nom principal d'une chose, nous le désignons suffisamment en nous servant d'un nom qui signifie quelque circonstance de cette chose. Comme ne pouvant pas nous souvenir du nom propre d'une église, nous pouvons nous servir d'un autre nom qui signifie une chose qui y a quelque rapport. Nous pouvons dire : c'est cette église où il y avait tant de presse, où Monsieur... prêchait, où nous allâmes dimanche ; et ne pouvant trouver le nom propre d'une personne, ou étant plus à propos de le désigner d'une autre manière, on le peut marquer par ce visage picoté de vérole, ce grand homme bien fait, ce petit bossu, selon les inclinations qu'on a pour lui, quoiqu'on ait tort de se servir de paroles de mépris.

Or la liaison mutuelle des traces, et par conséquent des idées les unes avec les autres, n'est pas seulement le fondement de toutes les figures de la rhétorique, mais encore d'une infinité d'autres choses de plus grande conséquence dans la morale, dans la politique et généralement dans toutes les sciences qui ont quelque rapport à l'homme, et par conséquent de beaucoup de choses dont nous parlerons dans la suite.

La cause de cette liaison de plusieurs traces est l'*identité* du temps auquel elles ont été imprimées dans le cerveau, car il suffit que plusieurs traces aient été produites dans le même temps, afin qu'elles ne puissent plus se réveiller que toutes ensemble, parce que les esprits animaux trouvant le chemin de toutes les traces qui se sont faites dans le même temps, entr'ouvert, ils y continuent leur chemin à cause qu'ils y passent plus facilement que par les autres endroits du cerveau : c'est là la cause de la mémoire et des habitudes corporelles qui nous sont communes avec les bêtes.

Ces liaisons des traces ne sont pas toujours jointes avec les émotions des esprits, parce que toutes les choses que nous voyons ne nous paraissent pas toujours ou bonnes ou mauvaises. Ces liaisons peuvent aussi changer et se rompre, parce que, n'étant pas toujours nécessaires à la conservation de la vie, elles ne doivent pas toujours être les mêmes.

Mais il y a dans notre cerveau des traces qui sont liées naturellement les unes avec les autres, et encore avec certaines émotions des esprits ; parce que cela est nécessaire à la conservation de la vie ; et leur liaison ne peut se rompre, ou ne peut se rompre facilement, parce qu'il est bon qu'elle soit toujours la même. Par exemple, la trace d'une grande hauteur que l'on voit au-dessous de soi, et de laquelle on est en danger de tomber, ou la trace de quelque grand corps qui est prêt à tomber sur nous et à nous écraser, est naturellement liée avec celle qui nous représente la mort, et avec une émotion des esprits qui nous dispose à la fuite et au désir de fuir. Cette liaison ne change jamais, parce qu'il est nécessaire qu'elle soit toujours la même, et elle consiste dans une disposition des fibres du cerveau que nous avons dès notre naissance.

Toutes les liaisons qui ne sont point naturelles se peuvent et se doivent rompre, parce que les différentes circonstances des temps et des lieux les doivent changer afin qu'elles soient utiles à la conservation de la vie. Il est bon que les perdrix, par exemple, fuient les hommes qui ont des fusils, dans les lieux ou dans les temps où l'on leur fait la chasse ; mais il n'est pas nécessaire qu'elles les fuient en d'autres lieux et en d'autres temps. Ainsi, pour la conservation de tous les animaux, il est nécessaire qu'il y ait de certaines liaisons des traces qui se puissent former et détruire facilement ; qu'il y en ait d'autres enfin qui ne se puissent rompre que difficilement, et d'autres enfin qui ne se puissent jamais rompre.

Il est très utile de rechercher avec soin les différents effets que ces différentes liaisons sont capables de produire ; car ces effets sont en très grand nombre et de très grande conséquence pour la connaissance de l'homme.

III. *De la mémoire*

Pour l'explication de la *mémoire*, il suffit de bien comprendre cette vérité : que toutes nos différentes perceptions sont attachées aux changements qui arrivent aux fibres de la partie principale du cerveau dans laquelle l'âme réside plus particulièrement, parce que, ce seul principe supposé, la nature de la mémoire est expliquée. Car de même que les branches d'un arbre, qui ont demeuré quelque temps ployées d'une certaine façon, conservent quelque facilité pour être ployées de nouveau de la même manière, ainsi les fibres du cerveau, ayant une fois reçu certaines impressions par le cours des esprits animaux et par l'action des objets, gardent assez longtemps quelque facilité pour recevoir ces mêmes dispositions. Or la mémoire ne consiste que dans cette facilité, puisque l'on pense aux mêmes choses lorsque le cerveau reçoit les mêmes impressions.

Comme les esprits animaux agissent tantôt plus et tantôt moins fort sur la substance du cerveau, et que les objets sensibles font des impressions bien plus grandes que l'imagination toute seule, il est facile de là de reconnaître pourquoi on ne se souvient pas également de toutes les choses que l'on a aperçues; pourquoi, par exemple, ce que l'on a aperçu plusieurs fois se présente d'ordinaire à l'âme plus nettement que ce que l'on n'a aperçu qu'une ou deux fois; pourquoi on se souvient plus distinctement des choses qu'on a vues que de celles qu'on a seulement imaginées; et ainsi pourquoi on saura mieux, par exemple, la distribution des veines dans le foie après l'avoir vue une seule fois dans la dissection de cette partie qu'après l'avoir lue plusieurs fois dans un livre d'anatomie, et d'autres choses semblables.

Que si on veut faire réflexion sur ce qu'on a dit auparavant de l'imagination et sur le peu que l'on vient de dire de la mémoire, et si l'on est délivré de ce préjugé que notre cerveau est trop petit pour conserver des vestiges et des impressions en fort grand nombre, on aura le plaisir de découvrir la cause de tous ces effets surprenants de la mémoire, dont parle saint Augustin avec tant d'admiration, dans le dixième livre de ses *Confessions*. Et l'on ne veut pas expliquer ces choses plus au long, parce que l'on croit qu'il est plus à propos que chacun se les explique à soi-même par quelque effort d'esprit; à cause que les choses qu'on découvre par cette voie sont toujours plus agréables et font davantage d'impression sur nous que celles qu'on apprend des autres.

IV. *Des habitudes*

Pour l'explication des *habitudes,* il est nécessaire de savoir la manière dont on a sujet de penser que l'âme remue les parties du corps auquel elle est unie. La voici. Selon toutes les apparences du monde, il y a toujours dans quelques endroits du cerveau, quels qu'ils soient, un assez grand nombre d'esprits animaux très agités par la chaleur du cœur d'où ils sont sortis, et tous prêts de couler dans les lieux où ils trouvent le passage ouvert. Tous les nerfs aboutissent au réservoir de ces esprits, et l'âme a le pouvoir de déterminer leur mouvement et de les conduire par ces nerfs dans tous les muscles du corps*. Ces esprits y étant entrés, ils les enflent, et par conséquent ils les raccourcissent; ainsi ils remuent les parties auxquelles ces muscles sont attachés.

On n'aura pas de peine à se persuader que l'âme remue le corps de la manière qu'on vient d'expliquer, si on prend garde que, lorsqu'on a été longtemps sans manger, on a beau vouloir donner de certains mouvements à son corps, on n'en peut venir à bout, et même l'on a quelque peine à le soutenir sur ses pieds. Mais si on trouve moyen de faire couler dans son cœur quelque chose de fort spiritueux, comme du vin ou quelqu'autre pareille nourriture, on sent aussitôt que le corps obéit avec beaucoup plus de facilité, et l'on se remue en toutes les manières qu'on souhaite. Car cette seule expérience fait, ce me semble, assez voir que l'âme ne pouvait donner de mouvement à son corps faute d'esprits animaux, et que c'est par leur moyen qu'elle a recouvré son empire sur lui.

Or, les enflures des muscles sont si visibles et si sensibles dans les agitations de nos bras et de toutes les parties de notre

---

* J'expliquerai ailleurs en quoi consiste ce pouvoir [*Éclaircissements* 15, 6e preuve; *Recherche de la vérité*, liv. VI, 2e partie, chap. III].

corps, et il est si raisonnable de croire que ces muscles ne se peuvent enfler que parce qu'il y entre quelque corps, de même qu'un ballon ne peut se grossir ni s'enfler que parce qu'il y entre de l'air ou autre chose, qu'il semble qu'on ne puisse douter que les esprits animaux ne soient poussés du cerveau, par les nerfs, jusque dans les muscles, pour les enfler et pour y produire tous les mouvements que nous souhaitons ; car, un muscle étant plein, il est nécessairement plus court que s'il était vide. Ainsi il tire et remue la partie à laquelle il est attaché, comme on le peut voir expliqué plus au long dans les livres des *Passions* et de *l'Homme* de M. Descartes. On ne donne pas cependant cette explication comme parfaitement démontrée dans toutes ses parties. Pour la rendre entièrement évidente, il y a encore plusieurs choses à désirer, desquelles il est presque impossible de s'éclaircir. Mais il est aussi assez inutile de les savoir pour notre sujet ; car, que cette explication soit vraie ou fausse, elle ne laisse pas d'être également utile pour faire connaître la nature des habitudes, parce que si l'âme ne remue point le corps de cette manière, elle le remue nécessairement de quelque autre qui lui est assez semblable, pour en tirer les conséquences que nous en tirons.

Mais, afin de suivre notre explication, il faut remarquer que les esprits ne trouvent pas toujours les chemins par où ils doivent passer assez ouverts et assez libres, et que cela fait que nous avons, par exemple, de la difficulté à remuer les doigts avec la vitesse qui est nécessaire pour jouer des instruments de musique, ou les muscles qui servent à la prononciation pour prononcer les mots d'une langue étrangère ; mais que peu à peu les esprits animaux, par leur cours continuel, ouvrent et aplanissent ces chemins, en sorte qu'avec le temps ils n'y trouvent plus de résistance. Or, c'est dans cette facilité que les esprits animaux ont de passer dans les membres de notre corps que consistent les *habitudes*.

Il est très facile, selon cette explication, de résoudre une infinité de questions qui regardent les habitudes, comme, par exemple, pourquoi les enfants sont plus capables d'acquérir de nouvelles habitudes que les personnes plus âgées ; pourquoi il est très difficile de perdre de vieilles habitudes ; pourquoi les hommes, à force de parler, ont acquis une si grande facilité à cela, qu'ils prononcent leurs paroles avec une vitesse incroyable, et même sans y penser, comme il n'arrive que trop souvent à ceux qui disent des prières qu'ils ont accoutumé de faire depuis plusieurs années. Cependant, pour prononcer un seul mot, il faut remuer dans un certain temps et dans un certain ordre plusieurs muscles à la fois, comme ceux de la langue, des lèvres, du gosier et du diaphragme. Mais on pourra, avec un peu de méditation, se satisfaire sur ces questions et sur plusieurs autres très curieuses et assez utiles, et il n'est pas nécessaire de s'y arrêter.

Il est visible, par ce que l'on vient de dire, qu'il y a beaucoup de rapport entre la *mémoire* et les *habitudes*, et qu'en un sens la mémoire peut passer pour une espèce d'habitude. Car, de même que les habitudes corporelles consistent dans la facilité que les esprits ont acquise de passer par certains endroits de notre corps, ainsi la mémoire consiste dans les traces que les mêmes esprits ont imprimées dans le cerveau, lesquelles sont causes de la facilité que nous avons de nous souvenir des choses. De sorte que, s'il n'y avait point de perceptions attachées aux cours des esprits animaux ni à ces traces, il n'y aurait aucune différence entre la mémoire et les autres habitudes*. Il n'est pas aussi plus difficile de concevoir que les bêtes, quoique sans âme et incapables d'aucune perception, se

---

* Voyez les *Éclaircissements sur la mémoire et les habitudes spirituelles* [*Éclaircissement* 7].

souviennent en leur manière des choses qui ont fait impression dans leur cerveau que de concevoir qu'elles soient capables d'acquérir différentes habitudes ; et, après ce que je viens de dire des habitudes, je ne vois pas qu'il y ait beaucoup plus de difficulté à se représenter comment les membres de leur corps acquièrent peu à peu différentes habitudes, qu'à concevoir comment une machine nouvellement faite ne joue pas si facilement que lorsqu'on en a fait quelque usage.

Chapitre VI

I. *Que les fibres du cerveau ne sont pas sujettes à des changements si prompts que les esprits*

Toutes les parties des corps vivants sont dans un mouvement continuel, les parties solides et les fluides, la chair aussi bien que le sang ; il y a seulement cette différence entre le mouvement des unes et des autres, que celui des parties du sang est visible et sensible, et que celui des fibres de notre chair est tout à fait imperceptible. Il y a donc cette différence entre les esprits animaux et la substance du cerveau, que les esprits animaux sont très agités et très fluides, et que la substance du cerveau a quelque solidité et quelque consistance ; de sorte que les esprits se divisent en petites parties et se dissipent en peu d'heures, en transpirant, par les pores des vaisseaux qui les contiennent, et il en vient souvent d'autres en leur place qui ne leur sont point du tout semblables. Mais les fibres du cerveau ne sont pas si faciles à se dissiper ; il ne leur arrive pas souvent des changements considérables, et toute leur substance ne peut changer qu'après plusieurs années.

II. *Trois changements considérables qui arrivent dans les trois différents âges*

Les différences les plus considérables qui se trouvent dans le cerveau d'un même homme pendant toute sa vie, sont dans l'enfance, dans l'âge d'un homme fait, et dans la vieillesse.

Les fibres du cerveau dans l'enfance sont molles, flexibles et délicates. Avec l'âge elles deviennent plus sèches, plus dures et plus fortes. Mais, dans la vieillesse, elles sont tout à fait inflexibles ou n'obéissent que difficilement au cours des esprits animaux, et de plus elles sont grossières et mêlées quelquefois avec des humeurs superflues que la chaleur très faible de cet âge ne peut plus dissiper. Car, de même que nous voyons que les fibres qui composent la chair se durcissent avec le temps, et que la chair d'un perdreau est sans contestation plus tendre que celle d'une vieille perdrix, ainsi les fibres du cerveau d'un enfant ou d'un jeune homme doivent être beaucoup plus molles et plus délicates que celles des personnes plus avancées en âge.

L'on reconnaîtra la raison de ces changements si on considère que ces fibres sont continuellement agitées par les esprits animaux qui coulent à l'entour d'elles en plusieurs différentes manières; car, de même que les vents sèchent la terre sur laquelle ils soufflent, ainsi les esprits animaux, par leur agitation continuelle, rendent peu à peu la plupart des fibres du cerveau de l'homme plus sèches, plus comprimées et plus solides, en sorte que les personnes plus âgées les doivent avoir presque toujours plus inflexibles que ceux qui sont moins avancés en âge; et pour ceux qui sont de même âge, les ivrognes qui, pendant plusieurs années, ont fait excès de vin ou de semblables boissons capables d'enivrer, doivent les avoir aussi plus solides et plus inflexibles que ceux qui se sont privés de ces boissons pendant toute leur vie.

Or, les différentes constitutions du cerveau dans les enfants, dans les hommes faits et dans les vieillards, sont des causes fort considérables de la différence qui se remarque dans la faculté d'imaginer de ces trois âges, desquels nous allons parler dans la suite. Commençons par l'examen de ce qui arrive au cerveau d'un enfant lorsqu'il est dans le sein de sa mère.

CHAPITRE VII

Il est, ce me semble, assez évident que nous tenons à toutes choses et que nous avons des rapports naturels à tout ce qui nous environne, lesquels nous sont très utiles pour la conservation et pour la commodité de la vie. Mais tous ces rapports ne sont pas égaux. Nous tenons bien davantage à la France qu'à la Chine, au soleil qu'à quelque étoile, à notre propre maison qu'à celle de nos voisins. Il y a des liens invisibles qui nous attachent bien plus étroitement aux hommes qu'aux bêtes, à nos parents et à nos amis qu'à des étrangers, à ceux de qui nous dépendons pour la conservation de notre être qu'à ceux de qui nous ne craignons et n'espérons rien.

Ce qu'il y a principalement à remarquer dans cette union naturelle qui est entre nous et les autres hommes, c'est qu'elle est d'autant plus grande que nous avons davantage besoin d'eux. Les parents et les amis sont unis étroitement les uns aux autres : on peut dire que leurs douleurs et leurs misères sont communes, aussi bien que leurs plaisirs et leur félicité ; car toutes les passions et tous les sentiments de nos amis se communiquent à nous par l'impression de leur manière et par l'air de leur visage. Mais parce qu'absolument nous pouvons vivre sans eux, l'union naturelle qui est entre eux et nous n'est pas la plus grande qui puisse être.

I. *De la communication qui est entre le cerveau d'une mère et celui de son enfant*

Les enfants dans le sein de leurs mères, le corps desquels n'est point encore entièrement formé, et qui sont par eux-mêmes dans un état de faiblesse et de disette la plus grande qui se puisse concevoir, doivent aussi être unis avec leurs mères de la manière la plus étroite qui se puisse imaginer. Et quoique leur âme soit séparée de celle de leur mère, leur corps n'étant point détaché du sien, on doit penser qu'ils ont les mêmes sentiments et les mêmes passions, en un mot toutes les mêmes pensées qui s'excitent dans l'âme à l'occasion des mouvements qui se produisent dans le corps.

Ainsi les enfants voient ce que leurs mères voient, ils entendent les mêmes cris, ils reçoivent les mêmes impressions des objets et ils sont agités des mêmes passions. Car puisque l'air du visage d'un homme passionné pénètre ceux qui le regardent, et imprime naturellement en eux une passion semblable à celle qui l'agite, quoique l'union de cet homme avec ceux qui le considèrent ne soit pas fort grande, on a, ce me semble, raison de penser que les mères sont capables d'imprimer dans leurs enfants tous les mêmes sentiments dont elles sont touchées, et toutes les mêmes passions dont elles sont agitées. Car enfin le corps de l'enfant ne fait qu'un même corps avec celui de la mère, le sang et les esprits sont communs à l'un et à l'autre : les sentiments et les passions sont des suites naturelles des mouvements des esprits et du sang, et ces mouvements se communiquent nécessairement de la mère à l'enfant. Donc les passions et les sentiments et généralement toutes les pensées dont le corps est l'occasion sont communes à la mère et à l'enfant.

Ces choses me paraissent incontestables pour plusieurs raisons. Car si l'on considère seulement qu'une mère fort effrayée à la vue d'un chat, engendre un enfant que l'horreur surprend toutes les fois que cet animal se présente à lui, il est aisé d'en conclure qu'il faut donc que cet enfant ait vu avec horreur et avec émotion d'esprits ce que sa mère voyait, lorsqu'elle le portait dans son sein, puisque la vue d'un chat qui ne lui fait aucun mal produit encore en lui de si étranges effets. Cependant je n'avance tout ceci que comme une supposition, qui selon ma pensée se trouvera suffisamment démontrée par la suite. Car toute supposition qui peut satisfaire à la résolution de toutes les difficultés que l'on peut former, doit passer pour un principe incontestable.

II. *De la communication qui est entre notre cerveau et les autres parties de notre corps, laquelle nous porte à l'imitation et à la compassion*

Les liens invisibles par lesquels l'auteur de la nature unit tous ses ouvrages, sont dignes de la sagesse de Dieu et de l'admiration des hommes; il n'y a rien de plus surprenant ni de plus instructif tout ensemble : mais nous n'y pensons pas. Nous nous laissons conduire sans considérer celui qui nous conduit, ni comment il nous conduit : la nature nous est cachée aussi bien que son auteur; et nous sentons les mouvements qui se produisent en nous, sans en considérer les ressorts. Cependant il y a peu de choses qu'il nous soit plus nécessaire de connaître; car c'est de leur connaissance que dépend l'explication de toutes les choses qui ont rapport à l'homme.

Il y a certainement dans notre cerveau des ressorts qui nous portent naturellement à l'imitation, car cela est nécessaire à la société civile. Non seulement il est nécessaire que les enfants croient leurs pères; les disciples, leurs maîtres; et les inférieurs, ceux qui sont au-dessus d'eux : il faut encore que tous les hommes aient quelque disposition à prendre les mêmes manières et à faire les mêmes actions que ceux avec qui ils veulent vivre. Car afin que les hommes se lient, il est nécessaire qu'ils se ressemblent et par le corps et par l'esprit. Ceci est le principe d'une infinité de choses dont nous parlerons dans la suite. Mais, pour ce que nous avons à dire dans ce chapitre, il est encore nécessaire que l'on sache qu'il y a dans le cerveau des dispositions naturelles qui nous portent à la compassion aussi bien qu'à l'imitation.

Il faut donc savoir que non seulement les esprits animaux se portent naturellement dans les parties de notre corps pour faire les mêmes actions et les mêmes mouvements que nous voyons faire aux autres, mais encore pour recevoir en quelque manière leurs blessures et pour prendre part à leurs misères. Car l'expérience nous apprend que, lorsque nous considérons avec beaucoup d'attention quelqu'un que l'on frappe rudement, ou qui a quelque grande plaie, les esprits se transportent avec effort dans les parties de notre corps qui répondent à celles que l'on voit blesser dans un autre, pourvu que l'on ne détourne point ailleurs le cours de ces esprits en se chatouillant volontairement avec quelque force une autre partie que celle que l'on voit blesser ; ou que le cours naturel des esprits vers le cœur et les viscères, qui est ordinaire aux émotions subites, n'entraîne ou ne change point celui dont nous parlons ; ou enfin que quelque liaison extraordinaire des traces du cerveau et des mouvements des esprits ne fassent pas le même effet.

Ce transport des esprits dans les parties de notre corps, qui répondent à celles que l'on voit blesser dans les autres, se fait bien sentir dans les personnes délicates, qui ont l'imagination vive et les chairs fort tendres et fort molles. Car ils ressentent fort souvent comme une espèce de frémissement dans leurs jambes, par exemple, s'ils regardent attentivement quelqu'un qui y ait un ulcère, ou qui y reçoive actuellement quelque coup. Voici ce qu'un de mes amis m'écrit, qui pourra confirmer ma pensée : « Un homme d'âge, qui demeure chez une de mes sœurs, étant malade, une jeune servante de la maison tenait la chandelle, comme on le saignait au pied. Quand elle lui vit donner le coup de lancette, elle fut saisie d'une telle appréhension qu'elle sentit, trois ou quatre jours ensuite, une douleur si vive au même endroit du pied qu'elle fut obligée de garder le lit pendant ce temps ». La raison de cet accident est donc selon mon principe que les esprits se répandent avec force dans les parties de notre corps, qui répondent à celles que nous voyons blesser dans les autres ; et cela, afin que, les tenant plus bandées, ils les rendent plus sensibles à notre âme, et qu'elle soit sur ses gardes pour éviter les maux que nous voyons arriver aux autres.

Cette compassion dans les corps produit la compassion dans les esprits. Elle nous excite à soulager les autres, parce qu'en cela nous nous soulageons nous-mêmes. Enfin elle arrête notre malice et notre cruauté. Car l'horreur du sang, la frayeur de la mort, en un mot l'impression sensible de la compassion empêche souvent de massacrer des bêtes les personnes même les plus persuadées que ce ne sont que des machines ; parce que la plupart des hommes ne les peuvent tuer sans se blesser par le contre-coup de la compassion.

Ce qu'il faut principalement remarquer ici, c'est que la vue sensible de la blessure qu'une personne reçoit, produit dans ceux qui le voient une autre blessure d'autant plus grande, qu'ils sont plus faibles et plus délicats. Parce que cette vue sensible poussant avec effort les esprits animaux dans les parties du corps qui répondent à celles que l'on voit blesser, ils font une plus grande impression dans les fibres d'un corps délicat que dans celles d'un corps fort et robuste.

Ainsi les hommes qui sont pleins de force et de vigueur ne sont point blessés par la vue de quelque massacre, et ils ne sont pas tant portés à la compassion à cause que cette vue choque leur corps que parce qu'elle choque leur raison. Ces personnes n'ont point de compassion pour les criminels ; ils sont inflexibles et inexorables. Mais pour les femmes et les enfants, ils souffrent beaucoup de peine par les blessures qu'ils voient recevoir à d'autres. Ils ont machinalement beaucoup de compassion des misérables, et ils ne peuvent même voir battre ni entendre crier une bête sans quelque inquiétude d'esprit.

Pour les enfants qui sont encore dans le sein de leur mère, la délicatesse des fibres de leur chair étant infiniment plus grande que celle des femmes et des enfants, le cours des esprits y doit produire des changements plus considérables, comme on le verra dans la suite.

On regardera encore ce que je viens de dire comme une simple supposition si on le souhaite ainsi ; mais on doit tâcher de la bien comprendre, si on veut concevoir distinctement les choses que je prétends expliquer dans ce chapitre. Car les deux suppositions que je viens de faire sont les principes d'une infinité de choses que l'on croit ordinairement fort difficiles et fort cachées, et qu'il me paraît en effet impossible d'éclaircir sans recevoir ces suppositions. Voici des exemples qui pourront servir d'éclaircissement et même de preuve des deux suppositions que je viens de faire.

III. *Explication de la génération des enfants monstrueux et de la propagation de l'espèce*

Il y a environ sept ou huit ans, que l'on voyait aux Incurables un jeune homme qui était né fou et dont le corps était rompu dans les mêmes endroits, dans lesquels on rompt les criminels. Il a vécu près de vingt ans en cet état ; plusieurs personnes l'ont vu, et la feue Reine mère allant visiter cet hôpital eut la curiosité de le voir et même de toucher les bras et les jambes de ce jeune homme aux endroits où ils étaient rompus.

Selon les principes que je viens d'établir la cause de ce funeste accident fut que sa mère, ayant su qu'on allait rompre un criminel, l'alla voir exécuter. Tous les coups que l'on donna à ce misérable frappèrent avec force l'imagination de cette mère, et par une espèce de contre-coup* le cerveau tendre et délicat de son enfant. Les fibres du cerveau de cette femme furent étrangement ébranlées, et peut-être rompues en quelques endroits, par le cours violent des esprits produit à la vue d'une action si terrible, mais elles eurent assez de consistance pour empêcher leur bouleversement entier. Les fibres au contraire du cerveau de l'enfant ne pouvant résister au torrent de ces esprits furent entièrement dissipées, et le ravage fut assez grand pour lui faire perdre l'esprit pour toujours. C'est là la raison pour laquelle il vint au monde privé de sens. Voici celle pour laquelle il était rompu aux mêmes parties du corps que le criminel que sa mère avait vu mettre à mort.

À la vue de cette exécution si capable d'effrayer une femme, le cours violent des esprits animaux de la mère alla avec force de son cerveau vers tous les endroits de son corps qui répondaient à ceux du criminel**, et la même chose se passa dans l'enfant. Mais, parce que les os de la mère étaient capables de résister à la violence de ces esprits, ils n'en furent point blessés. Peut-être même qu'elle ne ressentit pas la moindre douleur, ni le moindre frémissement dans les bras ni dans les jambes, lorsqu'on les rompait au criminel. Mais ce cours rapide des esprits fut capable d'entraîner les parties molles et tendres des os de l'enfant. Car les os sont les dernières parties du corps qui se forment, et ils ont très peu de consistance dans les enfants qui sont encore dans le sein de leur

---

* Selon la première supposition.
** Selon la seconde supposition.

mère. Et il faut remarquer que si cette mère eût déterminé le mouvement de ces esprits vers quelque autre partie de son corps en se chatouillant avec force, son enfant n'aurait point eu les os rompus ; mais la partie qui eût répondu à celle vers laquelle la mère aurait déterminé ces esprits, eût été fort blessée, selon ce que j'ai déjà dit.

Les raisons de cet accident sont générales pour expliquer comment les femmes qui voient durant leur grossesse des personnes marquées en certaines parties du visage, impriment à leurs enfants les mêmes marques, et dans les mêmes parties du corps ; et l'on peut juger de là que c'est avec raison qu'on leur dit qu'elles se frottent à quelque partie cachée du corps, lorsqu'elles aperçoivent quelque chose qui les surprend, et qu'elles sont agitées de quelque passion violente, car cela peut faire que les marques se tracent plutôt sur ces parties cachées que sur le visage de leurs enfants.

Nous aurions souvent des exemples pareils à celui que nous venons de rapporter, si les enfants pouvaient vivre après avoir reçu de si grandes plaies ; mais d'ordinaire ce sont des avortons. Car on peut dire que presque tous les enfants qui meurent dans le ventre de leurs mères, sans qu'elles soient malades, n'ont point d'autre cause de leur malheur que l'épouvante, quelque désir ardent ou quelque autre passion violente de leurs mères. Voici un autre exemple assez particulier.

Il n'y a pas un an qu'une femme ayant considéré avec trop d'application le tableau de saint Pie dont on célébrait la fête de la canonisation, accoucha d'un enfant qui ressemblait parfaitement à la représentation de ce saint. Il avait le visage d'un vieillard, autant qu'en est capable un enfant qui n'a point de barbe. Ses bras étaient croisés sur sa poitrine, ses yeux tournés vers le ciel, et il avait très peu de front ; parce que l'image de ce saint, étant élevée vers la voûte de l'église en regardant le ciel, n'avait aussi presque point de front. Il avait une espèce de mitre renversée sur ses épaules avec plusieurs marques rondes aux endroits où les mitres sont couvertes de pierreries. Enfin cet enfant ressemblait fort au tableau, sur lequel sa mère l'avait formé par la force de son imagination. C'est une chose que tout Paris a pu voir aussi bien que moi, parce qu'on l'a conservé assez longtemps dans de l'esprit-de-vin.

Cet exemple a cela de particulier que ce ne fut pas la vue d'un homme vivant et agité de quelque passion qui émut les esprits et le sang de la mère pour produire un si étrange effet, mais seulement la vue d'un tableau : laquelle cependant fut fort sensible et accompagnée d'une grande émotion d'esprits, soit par l'ardeur et par l'application de la mère, soit par l'agitation que le bruit de la fête causait en elle.

Cette mère regardant donc avec application et avec émotion d'esprits ce tableau, l'enfant, selon la première supposition, le voyait comme elle avec application et avec émotion d'esprits. La mère en étant vivement frappée l'imitait au moins dans la posture, selon la deuxième supposition ; car son corps étant entièrement formé et les fibres de sa chair assez dures pour résister au cours des esprits, elle ne pouvait pas l'imiter ou se rendre semblable à lui en toutes choses. Mais les fibres de la chair de l'enfant étant extrêmement molles et par conséquent susceptibles de toutes sortes d'arrangements, le cours rapide des esprits produisit dans sa chair tout ce qui était nécessaire pour le rendre entièrement semblable à l'image qu'il voyait ; et l'imitation à laquelle les enfants sont les plus disposés fut presque aussi parfaite qu'elle le pouvait être. Mais cette imitation ayant donné au corps de cet enfant une figure trop extraordinaire, elle lui causa la mort.

Il y a bien d'autres exemples de la force de l'imagination des mères dans les auteurs, et il n'y a rien de si bizarre dont elles n'avortent quelquefois. Car non seulement elles font des enfants difformes, mais encore des fruits dont elles ont souhaité de manger, des pommes, des poires, des grappes de raisin et d'autres choses semblables. Les mères imaginant et désirant fortement de manger des poires, par exemple, les enfants, si le fœtus est animé, les imaginent et les désirent de même avec ardeur ; et (que le fœtus soit ou ne soit pas animé) le cours des esprits, excité par l'image du fruit désiré, se répandant dans un petit corps fort capable de changer de figure à cause de sa mollesse, ces pauvres enfants deviennent semblables aux choses qu'ils souhaitent avec trop d'ardeur. Mais les mères n'en souffrent point de mal, parce que leur corps n'est pas assez mou pour prendre la figure des corps qu'elles imaginent ; ainsi elles ne peuvent pas les imiter ou se rendre entièrement semblables à elles.

Or il ne faut pas s'imaginer que cette correspondance que je viens d'expliquer et qui est quelquefois cause de si grands désordres, soit une chose inutile ou mal ordonnée dans la nature. Au contraire, elle semble très utile à la propagation du corps humain ou à la formation du *fœtus,* et elle est absolument nécessaire à la transmission de certaines dispositions du cerveau qui doivent être différentes en différents temps et en différents pays ; car il est nécessaire par exemple que les agneaux aient dans de certains pays le cerveau tout à fait disposé à fuir les loups, à cause qu'il y en a beaucoup en ces lieux et qu'ils sont fort à craindre pour eux.

Il est vrai que cette communication du cerveau de la mère avec celui de son enfant a quelquefois de mauvaises suites, lorsque les mères se laissent surprendre par quelque passion violente. Cependant il me semble que sans cette communication les femmes et les animaux ne pourraient pas facilement engendrer des petits de même espèce. Car encore que l'on puisse donner quelque raison de la formation du fœtus en général, comme M. Descartes l'a tenté assez heureusement, cependant il est très difficile, sans cette communication du cerveau de la mère avec celui de l'enfant, d'expliquer comment une cavale n'engendre point un bœuf, et une poule un œuf qui contienne une petite perdrix ou quelque oiseau d'une nouvelle espèce, et je crois que ceux qui ont médité sur la formation du fœtus seront de ce sentiment.

Il est vrai que la pensée la plus raisonnable et la plus conforme à l'expérience sur cette question très difficile de la formation du fœtus, c'est que les enfants sont déjà presque tout formés avant même l'action par laquelle ils sont conçus, et que leurs mères ne font que leur donner l'accroissement ordinaire dans le temps de la grossesse. Cependant cette communication des esprits animaux et du cerveau de la mère avec les esprits et le cerveau de l'enfant semble encore servir à régler cet accroissement et à déterminer les parties qui servent à sa nourriture à se ranger à peu près de la même manière que dans le corps de la mère, c'est-à-dire à rendre l'enfant semblable à la mère ou de même espèce qu'elle. Cela paraît assez par les accidents qui arrivent lorsque l'imagination de la mère se dérègle et que quelque passion violente change la disposition naturelle de son cerveau ; car alors, comme nous venons d'expliquer, cette communication change la conformation du corps de l'enfant, et les mères avortent quelquefois des *fœtus* d'autant plus semblables aux fruits qu'elles ont désirés que les esprits trouvent moins de résistance dans les fibres du corps de l'enfant.

On ne nie pas cependant que Dieu, sans cette communication dont nous venons de parler, n'ait pu disposer d'une manière si exacte et si régulière toutes les choses qui sont nécessaires à la propagation de l'espèce pour des siècles infinis, que les mères n'eussent jamais avorté et même qu'elles eussent toujours eu des enfants de même grandeur et de même couleur, en un mot tels qu'on les eût pris l'un pour l'autre ; car nous ne devons pas mesurer la puissance de Dieu par notre faible imagination, et nous ne savons point les raisons qu'il a pu avoir dans la construction de son ouvrage.

Nous voyons tous les jours que sans le secours de cette communication, les plantes et les arbres produisent assez régulièrement leurs semblables et que les oiseaux et beaucoup d'autres animaux n'en ont pas besoin pour faire croître et éclore d'autres petits lorsqu'ils couvent des œufs de différente espèce : comme lorsqu'une poule couve des œufs de perdrix ; car quoique l'on ait raison de penser que les œufs contiennent déjà les plantes et les oiseaux qui en sortent, et qu'il se puisse faire que les petits corps de ces oiseaux aient reçu leur conformation par la communication dont on a parlé et les plantes la leur par le moyen d'une autre communication équivalente, cependant c'est peut-être deviner. Mais quand même on ne devinerait pas, on ne doit pas tout à fait juger par les choses que Dieu a faites, quelles sont celles qu'il peut faire.

Si on considère toutefois que les plantes qui reçoivent leur accroissement par l'action de leur mère lui ressemblent beaucoup plus que celles qui viennent de graine ; que les tulipes, par exemple, qui viennent de cayeux sont ordinairement de même couleur que leur mère, et que celles qui viennent de graine en sont presque toujours fort différentes ; on ne pourra douter que si la communication de la mère avec le fruit n'est pas absolument nécessaire afin qu'il soit de même espèce, elle est toujours nécessaire afin que ce fruit lui soit entièrement semblable.

De sorte qu'encore que Dieu ait prévu que cette communication du cerveau de la mère avec celui de son enfant ferait quelquefois mourir des *fœtus* et engendrer des monstres à cause du dérèglement de l'imagination de la mère, cependant cette communication est si admirable et si nécessaire par les raisons que je viens de dire, et pour plusieurs autres que je pourrais encore ajouter, que cette connaissance que Dieu a eue de ces inconvénients ne lui a pas dû empêcher d'exécuter son dessein. On peut dire en un sens que Dieu n'a pas eu dessein de faire des monstres, car il me paraît évident que si Dieu ne faisait qu'un animal, il ne le ferait jamais monstrueux. Mais ayant eu dessein de produire un ouvrage admirable par les voies les plus simples et de lier toutes ses créatures les unes avec les autres, il a prévu certains effets qui suivraient nécessairement de l'ordre et de la nature des choses ; et cela ne l'a pas détourné de son dessein. Car enfin, quoiqu'un monstre tout seul soit un ouvrage imparfait, toutefois, lorsqu'il est joint avec le reste des créatures, il ne rend point le monde imparfait ou indigne de la sagesse du Créateur, en comparant l'ouvrage avec la simplicité des voies par lesquelles il est produit.

Nous avons suffisamment expliqué ce que l'imagination d'une mère peut faire sur le corps de son enfant ; examinons présentement le pouvoir qu'elle a sur son esprit et tâchons ainsi de découvrir les premiers dérèglements de l'esprit et de la volonté des hommes dans leur origine, car c'est là notre principal dessein.

IV. *Explication de quelques dérèglements d'esprit et d'inclinations de la volonté*

Il est certain que les traces du cerveau sont accompagnées des sentiments et des idées de l'âme, et que les émotions des esprits animaux ne se font point dans le corps qu'il n'y ait dans l'âme des mouvements qui leur répondent ; en un mot, il est certain que toutes les passions et tous les sentiments corporels sont accompagnés de véritables sentiments et de véritables passions de l'âme. Or, selon notre première supposition, les mères communiquent à leurs enfants les traces de leur cerveau, et ensuite le mouvement de leurs esprits animaux. Donc elles font naître dans l'esprit de leurs enfants les mêmes passions et

les mêmes sentiments dont elles sont touchées, et par conséquent elles leur corrompent le cœur et la raison en plusieurs
manières.

S'il se trouve tant d'enfants qui portent sur leur visage des
marques ou des traces de l'idée qui a frappé leur mère, quoique
les fibres de la peau fassent beaucoup plus de résistance au
cours des esprits que les parties molles du cerveau, et que les
esprits soient beaucoup plus agités dans le cerveau que vers la
peau, on ne peut pas raisonnablement douter que les esprits
animaux de la mère ne produisent dans le cerveau de leurs
enfants beaucoup de traces de leurs émotions déréglées. Or les
grandes traces du cerveau et les émotions des esprits qui leur
répondent, se conservant longtemps et quelquefois toute la
vie, il est évident que, comme il n'y a guère de femmes qui
n'aient quelques faiblesses et qui n'aient été émues de quelque
passion pendant leur grossesse, il ne doit y avoir que très peu
d'enfants qui n'aient l'esprit mal tourné en quelque chose et
qui n'aient quelque passion dominante.

On n'a que trop d'expériences de ces choses, et tout le
monde sait assez qu'il y a des familles entières qui sont affli-
gées de grandes faiblesses d'imagination qu'elles ont héritées
de leurs parents; mais il n'est pas nécessaire d'en donner ici
des exemples particuliers. Au contraire il est plus à propos
d'assurer, pour la consolation de quelques personnes, que ces
faiblesses des parents n'étant point naturelles ou propres à la
nature de l'homme, les traces et les vestiges du cerveau qui en
sont cause se peuvent effacer avec le temps.

On peut toutefois rapporter ici l'exemple du roi Jacques
d'Angleterre, duquel parle le chevalier d'Igby dans le livre de

la *Poudre de sympathie* qu'il a donné au public[1]. Il assure dans ce livre que Marie Stuart étant grosse du roi Jacques, quelques seigneurs d'Écosse entrèrent dans sa chambre et tuèrent en sa présence son secrétaire, qui était Italien, quoiqu'elle se fût jetée au-devant d'eux pour les en empêcher; que cette princesse y reçut quelques légères blessures, et que la frayeur qu'elle eut fit de si grandes impressions dans son imagination qu'elles se communiquèrent à l'enfant qu'elle portait dans son sein : de sorte que le roi Jacques son fils demeura toute sa vie sans pouvoir regarder une épée nue. Il dit qu'il l'expérimenta lui-même lorsqu'il fut fait chevalier, car ce prince lui devant toucher l'épaule de l'épée, il la lui porta droit au visage, et l'en eût même blessé si quelqu'un ne l'eût conduite adroitement où il fallait. Il y a tant de semblables exemples qu'il est inutile d'en aller chercher dans les auteurs. On ne croit pas qu'il se trouve quelqu'un qui conteste ces choses; car enfin on voit un très grand nombre de personnes qui ne peuvent souffrir la vue d'un rat, d'une souris, d'un chat, d'une grenouille, et principalement des animaux qui rampent, comme les serpents et les couleuvres, et qui ne connaissent point d'autre cause de ces aversions extraordinaires que la peur que leurs mères ont eue de ces divers animaux pendant leur grossesse.

V. *Explication de la concupiscence, et du péché originel*

Mais ce que je souhaite principalement que l'on remarque, c'est qu'il y a toutes les apparences possibles que les hommes gardent encore aujourd'hui dans leur cerveau des traces et des impressions de leurs premiers parents. Car de même que les animaux produisent leurs semblables et avec des vestiges sem-

---

1. Kenelm Digby, *Discours touchant la guérison des plaies par la poudre de sympathie*, trad. de l'anglais, Paris, 1658, p. 139.

blables dans leur cerveau, lesquels sont cause que les animaux de même espèce ont les mêmes sympathies et antipathies, et qu'ils font les mêmes actions dans les mêmes rencontres : ainsi nos premiers parents, après leur péché, ont reçu dans leur cerveau de si grands vestiges et des traces si profondes par l'impression des objets sensibles, qu'ils pourraient bien les avoir communiqués à leurs enfants. De sorte que cette grande attache que nous avons déjà dès le ventre de nos mères à toutes les choses sensibles, et ce grand éloignement de Dieu où nous sommes en cet état, pourrait être expliqué en quelque manière par ce que nous venons de dire.

Car comme il est nécessaire, selon l'ordre établi de la nature, que les pensées de l'âme soient conformes aux traces qui sont dans le cerveau, on pourrait dire que dès que nous sommes formés dans le ventre de nos mères, nous sommes dans le péché et infectés de la corruption de nos parents, puisque dès ce temps-là nous sommes très fortement attachés aux plaisirs de nos sens. Ayant dans notre cerveau des traces semblables à celles des personnes qui nous donnent l'être, il est nécessaire que nous ayons aussi les mêmes pensées et les mêmes inclinations qui ont rapport aux objets sensibles.

Ainsi nous devons naître avec la concupiscence et avec le péché originel*. Nous devons naître avec la concupiscence, si la concupiscence n'est que l'effort naturel que les traces du cerveau font sur l'esprit pour l'attacher aux choses sensibles ; et nous devons naître dans le péché originel, si le péché originel n'est autre chose que le règne de la concupiscence et que ses efforts comme victorieux et comme maîtres de l'esprit et du cœur de l'enfant**. Or il y a grande apparence que le

* Voyez encore l'*Éclaircissement sur le péché originel* [*Éclaircissement* 8].

** Saint Paul *aux Romains*, chap. VI, XII, XIV, etc.

règne de la concupiscence ou la victoire de la concupiscence est ce qu'on appelle péché originel dans les enfants et péché actuel dans les hommes libres.

Si l'on fait une sérieuse attention à ces deux vérités : la première que c'est par le corps, par la génération, que le péché originel se transmet, et que l'âme ne s'engendre pas, la seconde que le corps ne peut agir sur l'âme et la corrompre que par les traces de la partie du cerveau dont ses pensées sont naturellement dépendantes ; j'espère qu'on demeurera convaincu que le péché originel se transmet de la manière que je viens d'expliquer.

VI. *Objections et réponses*

Il semble seulement qu'on pourrait conclure des principes que je viens d'établir une chose contraire à l'expérience, savoir que la mère devrait toujours communiquer à son enfant des habitudes et des inclinations semblables à celles qu'elle a, et la facilité d'imaginer et d'apprendre les mêmes choses qu'elle connaît ; car toutes ces choses ne dépendent, comme l'on a dit, que des traces et des vestiges du cerveau. Or, il est certain que les traces et les vestiges du cerveau des mères se communiquent aux enfants. On a prouvé ce fait par les exemples qu'on a rapportés touchant les hommes et il est encore confirmé par l'exemple des animaux, dont les petits ont le cerveau rempli des mêmes vestiges que ceux dont ils sont sortis ; ce qui fait que tous ceux qui sont d'une même espèce ont la même voie, la même manière de remuer leurs membres, et enfin les mêmes ruses pour prendre leur proie et pour se défendre de leurs ennemis. Il devrait donc suivre de là que, puisque toutes les traces des mères se gravent et s'impriment dans le cerveau des enfants, les enfants devraient naître avec les mêmes habitudes et les autres qualités qu'ont leurs mères, et même les conserver ordinairement toute leur vie, puisque les habitudes qu'on a dès sa plus tendre jeunesse sont celles qui se conservent plus longtemps ; ce qui néanmoins est contraire à l'expérience.

Pour répondre à cette objection, il faut savoir qu'il y a de deux sortes de traces dans le cerveau. Les unes sont naturelles ou propres à la nature de l'homme, les autres sont acquises. Les naturelles sont très profondes et il est impossible de les effacer tout à fait ; les acquises, au contraire, se peuvent perdre facilement, parce que d'ordinaire elles ne sont pas si profondes. Or, quoique les naturelles et les acquises ne diffèrent que du plus ou du moins, et que souvent les premières aient moins de force que les secondes, puisque l'on accoutume tous les jours des animaux à faire des choses tout à fait contraires à celles auxquelles ils sont portés par ces traces naturelles (on accoutume par exemple un chien à ne point toucher à du pain et à ne point courir après une perdrix qu'il voit et qu'il sent) ; cependant il y a cette différence entre ces traces, que les naturelles ont pour ainsi dire de secrètes alliances avec les autres parties du corps ; car tous les ressorts de notre machine s'aident les uns les autres pour se conserver dans leur état naturel. Toutes les parties de notre corps contribuent mutuellement à toutes les choses nécessaires pour la conservation ou pour le rétablissement des traces naturelles. Ainsi on ne les peut tout à fait effacer, et elles commencent à revivre lorsqu'on croit les avoir détruites.

Au contraire, les traces acquises, quoique plus grandes, plus profondes et plus fortes que les naturelles, se perdent peu à peu, si l'on n'a soin de les conserver par l'application continuelle des causes qui les ont produites, parce que les autres parties du corps ne contribuent point à leur conservation, et qu'au contraire elles travaillent continuellement à les effacer et à les perdre. On peut comparer ces traces aux plaies ordinaires du corps; ce sont des blessures que notre cerveau a reçues, lesquelles se referment d'elles-mêmes comme les autres plaies par la construction admirable de la machine. Si on faisait dans la joue une incision plus grande même que la bouche, cette ouverture se refermerait peu à peu. Mais l'ouverture de la bouche étant naturelle, elle ne se peut jamais rejoindre. Il en est de même des traces du cerveau; les naturelles ne s'effacent point, mais les autres se guérissent avec le temps. Vérité dont les conséquences sont infinies par rapport à la morale.

Comme donc il n'y a rien dans tout le corps qui ne soit conforme aux traces naturelles, elles se transmettent dans les enfants avec toute leur force. Ainsi, les perroquets font des petits qui ont les mêmes cris ou les mêmes chants naturels qu'ils ont eux-mêmes. Mais parce que les traces acquises ne sont que dans le cerveau et qu'elles ne rayonnent pas dans le reste du corps, si ce n'est quelque peu, comme lorsqu'elles ont été imprimées par les émotions qui accompagnent les passions violentes, elles ne doivent pas se transmettre dans les enfants. Ainsi, un perroquet qui donne le bonjour et le bonsoir à son maître, ne fera pas des petits aussi savants que lui, et des personnes doctes et habiles n'auront pas des enfants qui leur ressemblent.

Ainsi, quoiqu'il soit vrai que tout ce qui se passe dans le cerveau de la mère se passe aussi en même temps dans celui de son enfant, que la mère ne puisse rien voir, rien sentir, rien imaginer que l'enfant ne le voie, ne le sente et ne l'imagine, et enfin que toutes les fausses traces des mères corrompent l'imagination des enfants; néanmoins, ces traces n'étant pas naturelles dans le sens que nous venons d'expliquer, il ne faut pas s'étonner si elles se referment d'ordinaire aussitôt que les enfants sont sortis du sein de leur mère. Car alors, la cause qui formait ces traces et qui les entretenait, ne subsistant plus, la constitution naturelle de tout le corps contribue à leur destruction, et les objets sensibles en produisent d'autres toutes nouvelles, très profondes et en très grand nombre qui effacent presque toutes celles que les enfants ont eues dans le sein de leur mère. Car, puisqu'il arrive tous les jours qu'une grande douleur fait qu'on oublie celles qui ont précédé, il n'est pas possible que des sentiments aussi vifs que sont ceux des enfants, qui reçoivent pour la première fois l'impression des objets sur les organes délicats de leurs sens, n'effacent la plupart des traces qu'ils n'ont reçues des mêmes objets que par une espèce de contre-coup, lorsqu'ils en étaient comme à couvert dans le sein de leur mère.

Toutefois, lorsque ces traces sont formées par une forte passion et accompagnées d'une agitation très violente de sang et d'esprits dans la mère, elles agissent avec tant de force sur le cerveau de l'enfant et sur le reste de son corps, qu'elles y impriment des vestiges aussi profonds et aussi durables que les traces naturelles : comme dans l'exemple du chevalier d'Igby, dans celui de cet enfant né fou et tout brisé, dans le cerveau et dans tous les membres duquel l'imagination de la mère avait produit de si grands ravages, et enfin dans l'exemple de la corruption générale de la nature de l'homme.

Et il ne faut pas s'étonner si les enfants du roi d'Angleterre n'ont pas eu la même faiblesse que leur père. Premièrement, parce que ces sortes de traces ne s'impriment jamais si avant dans le reste du corps que les naturelles. Secondement, parce que la mère n'ayant pas la même faiblesse que le père, elle a empêché par sa bonne constitution que cela n'arrivât. Et enfin parce que la mère agit infiniment plus sur le cerveau de l'enfant que le père, comme il est évident par les choses que l'on a dites.

Mais il faut remarquer que toutes ces raisons qui montrent que les enfants du roi Jacques d'Angleterre ne pouvaient parti-

ciper à la faiblesse de leur père, ne font rien contre l'explication du péché originel ou de cette inclination dominante
pour les choses sensibles ni de ce grand éloignement de Dieu
que nous tenons de nos parents ; parce que les traces que les
objets sensibles ont imprimées dans le cerveau des premiers
hommes ont été très profondes, qu'elles ont été accompagnées
et augmentées par des passions violentes, qu'elles ont été forti-
fiées par l'usage continuel des choses sensibles et nécessaires
à la conservation de la vie, non seulement dans Adam et dans
Ève, mais même, ce qu'il faut bien remarquer, dans les plus
grands saints, dans tous les hommes et dans toutes les femmes
de qui nous descendons ; de sorte qu'il n'y a rien qui ait pu
arrêter cette corruption de la nature. Ainsi, tant s'en faut que
ces traces de nos premiers pères se doivent effacer peu à peu,
qu'au contraire elles doivent s'augmenter de jour en jour ; et
sans la grâce de Jésus-Christ, qui s'oppose continuellement à
ce torrent, il serait absolument vrai de dire ce qu'a dit un poète
païen :

> Pires que leurs aïeux, nos parents ont donné en nous des fils
> plus coupables qui, à leur tour, donneront bientôt le jour à une
> race plus détestable encore [1].

Car il faut bien prendre garde que les vestiges qui
réveillent des sentiments de piété dans les plus saintes mères,
ne communiquent point de piété aux enfants qu'elles ont
dans leur sein, et que les traces au contraire qui réveillent les
idées des choses sensibles et qui sont suivies de passions, ne
manquent point de communiquer aux enfants le sentiment et
l'amour des choses sensibles.

Une mère, par exemple, qui est excitée à l'amour de Dieu
par le mouvement des esprits qui accompagne la trace de

---

1. Horace, *Odes*, III, 6, 46-48 [en latin dans le texte].

l'image d'un vénérable vieillard, à cause que cette mère a attaché l'idée de Dieu à cette trace de vieillard : car, comme nous
avons vu dans le chapitre de la liaison des idées, cela se peut
facilement faire, quoiqu'il n'y ait point de rapport entre Dieu et
l'image d'un vieillard – cette mère, dis-je, ne peut produire
dans le cerveau de son enfant que la trace d'un vieillard et que
de l'inclination pour les vieillards, ce qui n'est point l'amour
de Dieu dont elle était touchée. Car enfin il n'y a point de traces
dans le cerveau qui puissent, par elles-mêmes, réveiller
d'autres idées que celle des choses sensibles; parce que le
corps n'est pas fait pour instruire l'esprit et qu'il ne parle à
l'âme que pour lui-même.

Ainsi une mère dont le cerveau est rempli de traces qui, par
leur nature, ont rapport aux choses sensibles, et qu'elle ne peut
effacer à cause que la concupiscence demeure en elle et que
son corps ne lui est point soumis, les communiquant nécessairement à son enfant, l'engendre pécheur quoiqu'elle soit juste.
Cette mère est juste, parce qu'aimant actuellement ou qu'ayant
aimé Dieu par un amour de choix, cette concupiscence ne la
rend point criminelle quoiqu'elle en suive les mouvements
dans le sommeil. Mais l'enfant qu'elle engendre n'ayant point
aimé Dieu par un amour de choix, et son cœur n'ayant point été
tourné vers Dieu, il est évident qu'il est dans le désordre et dans
le dérèglement et qu'il n'y a rien dans lui qui ne soit digne de la
colère de Dieu.

Mais lorsqu'ils ont été régénérés par le baptême et qu'ils
ont été justifiés, ou par une disposition du cœur semblable à
celle qui demeure dans les justes durant les illusions de la nuit,
ou peut-être par un acte libre d'amour de Dieu qu'ils ont fait
étant prévenus par un secours actuel et infaillible, et délivrés
pour quelques moments de la domination du corps par la force
du sacrement (car, comme Dieu les a faits pour l'aimer, on ne
peut concevoir qu'ils soient actuellement dans la justice et

dans l'ordre de Dieu s'ils ne l'aiment ou s'ils ne l'ont aimé, ou si leur cœur n'est disposé de la même manière qu'il serait s'ils l'avaient actuellement aimé), alors, quoiqu'ils obéissent à la concupiscence pendant leur enfance, leur concupiscence n'est plus péché ; elle ne les rend plus coupables et dignes de colère ; ils ne laissent pas d'être justes et agréables à Dieu par la même raison que l'on ne perd point la grâce, quoique l'on suive en dormant les mouvements de la concupiscence, car les enfants ont le cerveau si mou, et ils reçoivent de si vives et de si fortes impressions des objets les plus simples qu'ils n'ont pas assez de liberté d'esprit pour y résister. Mais je me suis arrêté trop longtemps à des choses qui ne sont pas tout à fait du sujet que je traite. C'est assez que je puisse conclure ici de ce que je viens d'expliquer dans ce chapitre que toutes ces fausses traces que les mères impriment dans le cerveau de leurs enfants leur rendent l'esprit faux, et leur corrompent l'imagination ; et qu'ainsi la plupart des hommes sont sujets à imaginer les choses autrement qu'elles ne sont, en donnant quelque fausse couleur et quelque trait irrégulier aux idées des choses qu'ils aperçoivent. Que si l'on veut s'éclaircir plus à fond de ce que je pense sur le péché originel et sur la manière dont je crois qu'il se transmet dans les enfants, on peut lire tout d'un temps l'*éclaircissement* qui répond à ce chapitre.

CHAPITRE VIII

Dans le chapitre précédent, nous avons considéré le cerveau d'un enfant dans le sein de sa mère ; examinons maintenant ce qui lui arrive dès qu'il en est sorti. En même temps qu'il quitte les ténèbres et qu'il voit pour la première fois la lumière, le froid de l'air extérieur le saisit ; les embrassements les plus caressants de la femme qui le reçoit offensent ses membres délicats; tous les objets extérieurs le surprennent; ils lui sont tous des sujets de crainte, parce qu'il ne les connaît pas encore et qu'il n'a de lui-même aucune force pour se défendre ou pour fuir. Les larmes et les cris par lesquels il se console, sont des marques infaillibles de ses peines et de ses frayeurs; car ce sont en effet des prières que la nature fait pour lui aux assistants, afin qu'ils le défendent des maux qu'il souffre et de ceux qu'il appréhende.

Pour bien concevoir l'embarras où se trouve son esprit en cet état, il faut se souvenir que les fibres de son cerveau sont très molles et très délicates, et par conséquent que tous les objets de dehors font sur elles des impressions très profondes. Car, puisque les plus petites choses se trouvent quelquefois capables de blesser une imagination faible, un si grand nombre d'objets surprenants ne peut manquer de blesser et de brouiller celle d'un enfant.

Mais afin d'imaginer encore plus vivement les agitations et les peines où sont les enfants dans le temps qu'ils viennent au monde, et les blessures que leur imagination doit recevoir, représentons-nous quel serait l'étonnement des hommes s'ils voyaient devant leurs yeux des géants cinq ou six fois plus hauts qu'eux, qui s'approcheraient sans leur rien faire connaître de leur dessein; ou s'ils voyaient quelque nouvelle espèce d'animaux qui n'eussent aucun rapport avec ceux qu'ils ont déjà vus, ou seulement si un cheval ailé ou quelque autre chimère de nos poètes descendait subitement des nues sur la terre. Que ces prodiges feraient de profondes traces dans les esprits, et que de cervelles se brouilleraient pour les avoir vus seulement une fois !

Tous les jours il arrive qu'un événement inopiné et qui a quelque chose de terrible, fait perdre l'esprit à des hommes faits, dont le cerveau n'est pas fort susceptible de nouvelles impressions, qui ont de l'expérience, qui peuvent se défendre, ou au moins qui peuvent prendre quelque résolution. Les enfants en venant au monde souffrent quelque chose de tous les objets qui frappent leurs sens, auxquels ils ne sont pas accoutumés. Tous les animaux qu'ils voient sont des animaux d'une nouvelle espèce pour eux, puisqu'ils n'ont rien vu au dehors de tout ce qu'ils voient pour lors; ils n'ont ni force ni expérience; les fibres de leur cerveau sont très délicates et très flexibles. Comment donc se pourrait-il faire que leur imagination ne demeurât point blessée par tant d'objets différents?

Il est vrai que les mères ont déjà un peu accoutumé leurs enfants aux impressions des objets, puisqu'elles les ont déjà tracés dans les fibres de leur cerveau quand ils étaient encore dans leur sein; et qu'ainsi ils en sont beaucoup moins blessés, lorsqu'ils voient de leurs propres yeux ce qu'ils avaient déjà aperçu en quelque manière par ceux de leurs mères. Il est encore vrai que les fausses traces et les blessures que leur imagination a ressenties à la vue de tant d'objets terribles pour eux, se ferment et se guérissent avec le temps; parce que, n'étant pas naturelles, tout le corps y est contraire et les efface comme nous avons vu dans le chapitre précédent; et c'est ce qui empêche que généralement tous les hommes ne soient fous dès leur enfance. Mais cela n'empêche pas qu'il n'y ait toujours quelques traces si fortes et si profondes, qu'elles ne se puissent effacer, de sorte qu'elles durent autant que la vie.

Si les hommes faisaient de fortes réflexions sur ce qui se passe au dedans d'eux-mêmes et sur leurs propres pensées, ils ne manqueraient pas d'expériences qui prouvent ce que l'on vient de dire. Ils reconnaîtraient ordinairement en eux-mêmes des inclinations et des aversions secrètes que les autres n'ont pas, desquelles il semble qu'on ne puisse donner d'autre cause que ces traces de nos premiers jours. Car puisque les causes de ces inclinations et aversions nous sont particulières, elles ne sont point fondées dans la nature de l'homme; et puisqu'elles nous sont inconnues, il faut qu'elles aient agi en un temps où notre mémoire n'était pas encore capable de retenir les circonstances des choses qui auraient pu nous en faire souvenir, et ce temps ne peut être que celui de notre plus tendre enfance.

Descartes a écrit dans une de ses lettres qu'il avait une amitié particulière pour toutes les personnes louches ; et qu'en ayant recherché la cause avec soin, il avait enfin reconnu que ce défaut se rencontrait en une jeune fille qu'il aimait lorsqu'il était encore enfant, l'affection qu'il avait pour elle se répandant à toutes les personnes qui lui ressemblaient en quelque chose.

Mais ce ne sont pas ces petits dérèglements de nos inclinations, lesquels nous jettent le plus dans l'erreur ; c'est que nous avons tous ou presque tous l'esprit faux en quelque chose, et que nous sommes presque tous sujets à quelque espèce de folie, quoique nous ne le pensions pas. Quand on examine avec soin le génie de ceux avec lesquels on converse, on se persuade facilement de ceci et quoiqu'on soit peut-être original soi-même et que les autres en jugent ainsi, on trouve que tous les autres sont aussi des originaux, et qu'il n'y a de différence entre eux que du plus ou du moins. Voilà donc une source assez ordinaire des erreurs des hommes, que ce bouleversement de leur cerveau causé par l'impression des objets extérieurs dans le temps qu'ils viennent au monde ; mais cette cause ne cesse pas sitôt qu'on pourrait s'imaginer.

I. *Changements qui arrivent à l'imagination d'un enfant qui sort du sein de sa mère, par la conversation qu'il a avec sa nourrice, sa mère et d'autres personnes*

La conversation ordinaire que les enfants sont obligés d'avoir avec leurs nourrices, ou même avec leurs mères, lesquelles n'ont souvent aucune éducation, achève de leur perdre et de leur corrompre entièrement l'esprit. Ces femmes ne les entretiennent que de niaiseries, que de contes ridicules ou capables de leur faire peur. Elles ne leur parlent que des choses sensibles, et d'une manière propre à les confirmer dans les faux jugements des sens. En un mot, elles jettent dans leurs esprits les semences de toutes les faiblesses qu'elles ont elles-mêmes, comme de leurs appréhensions extravagantes, de leurs superstitions ridicules et d'autres semblables faiblesses. Ce qui fait que, n'étant pas accoutumés à rechercher la vérité, ni à la goûter, ils deviennent enfin incapables de la discerner et de faire quelque usage de leur raison. De là leur vient une certaine timidité et bassesse d'esprit qui leur demeure fort longtemps ; car il y en a beaucoup qui, à l'âge de quinze et de vingt ans, ont encore tout l'esprit de leur nourrice.

Il est vrai que les enfants ne paraissent pas fort propres pour la méditation de la vérité et pour les sciences abstraites et relevées, parce que, les fibres de leur cerveau étant très délicates, elles sont très facilement agitées par les objets même les plus faibles et les moins sensibles ; et leur âme ayant nécessairement des sensations proportionnées à l'agitation de ces fibres, elle laisse là les pensées métaphysiques et de pure intellection, pour s'appliquer uniquement à ses sensations. Ainsi, il semble que les enfants ne peuvent pas considérer avec assez d'attention les idées pures de la vérité, étant si souvent et si facilement distraits par les idées confuses des sens.

Cependant on peut répondre, premièrement, qu'il est plus facile à un enfant de sept ans de se délivrer des erreurs où les sens le portent, qu'à une personne de soixante qui a suivi toute sa vie les préjugés de l'enfance. Secondement, que si un enfant n'est pas capable des idées claires et distinctes de la vérité, il est du moins capable d'être averti que ses sens le trompent en toutes sortes d'occasions ; et si on ne lui apprend pas la vérité, du moins ne doit-on pas l'entretenir ni le fortifier dans ses erreurs. Enfin, les plus jeunes enfants, tout accablés qu'ils sont de sentiments agréables et pénibles, ne laissent pas d'apprendre en peu de temps ce que des personnes avancées en âge ne peuvent faire en beaucoup davantage, comme la connaissance de l'ordre et des rapports qui se trouvent entre tous les mots et toutes les choses qu'ils voient et qu'ils entendent. Car quoique ces choses ne dépendent guère que de la mémoire, cependant il paraît assez qu'ils font beaucoup d'usage de leur raison dans la manière dont ils apprennent leur langue.

II. *Avis pour bien élever les enfants*

Mais puisque la facilité qu'ont les fibres du cerveau des enfants pour recevoir les impressions touchantes des objets sensibles, est la cause pour laquelle on les juge incapables des sciences abstraites, il est difficile d'y remédier. Car il faut qu'on avoue que si on tenait les enfants sans crainte, sans désirs et sans espérances, si on ne leur faisait point souffrir de douleur, si on les éloignait autant qu'il se peut de leurs petits plaisirs, on pourrait leur apprendre, dès qu'ils sauraient parler, les choses les plus difficiles et les plus abstraites, ou tout au moins les mathématiques sensibles, la mécanique et d'autres choses semblables qui sont nécessaires dans la suite de la vie. Mais ils n'ont garde d'appliquer leur esprit à des sciences abstraites lorsqu'on les agite par des désirs et qu'on les trouble par des frayeurs, ce qu'il est très nécessaire de bien considérer.

Car, comme un homme ambitieux qui viendrait de perdre son bien et son honneur, ou qui aurait été élevé tout d'un coup à une grande dignité qu'il n'espérait pas, ne serait point en état de résoudre des questions de métaphysique ou des *équations* d'algèbre, mais seulement de faire les choses que la passion présente lui inspirerait, ainsi les enfants, dans le cerveau desquels une pomme et des dragées font des impressions aussi profondes que les charges et les grandeurs en font dans celui d'un homme de quarante ans, ne sont pas en état d'écouter des vérités abstraites qu'on leur enseigne. De sorte qu'on peut dire qu'il n'y a rien si contraire à l'avancement des enfants dans les sciences, que les divertissements continuels dont on les récompense, et que les peines dont on les punit et dont on les menace sans cesse.

Mais ce qui est infiniment plus considérable, c'est que ces craintes de châtiments et ces désirs de récompenses sensibles, dont on remplit l'esprit des enfants, les éloignent entièrement de la piété. La dévotion est encore plus abstraite que la science, elle est encore moins du goût de la nature corrompue. L'esprit de l'homme est assez porté à l'étude, mais il n'est point porté à la piété. Si donc les grandes agitations ne nous permettent pas d'étudier, quoiqu'il y ait naturellement du plaisir, comment se pourrait-il faire que des enfants, qui sont tout occupés des plaisirs sensibles dont on les récompense et des peines dont on les effraie, se conservassent encore assez de liberté d'esprit pour goûter les choses de piété ?

La capacité de l'esprit est fort limitée, il ne faut pas beaucoup de choses pour la remplir ; et dans le temps que l'esprit est plein, il est incapable de nouvelles pensées s'il ne se vide auparavant. Mais lorsque l'esprit est rempli des idées sensibles, il ne se vide pas comme il lui plaît. Pour concevoir ceci, il faut considérer que nous sommes tous incessamment portés vers le bien par les inclinations de la nature ; et que le plaisir étant le caractère par lequel nous le distinguons du mal, il est nécessaire que le plaisir nous touche et nous occupe plus que tout le reste. Le plaisir étant donc attaché à l'usage des choses sensibles parce qu'elles sont le bien du corps de l'homme, il y a une espèce de nécessité que ces biens remplissent la capacité de notre esprit jusqu'à ce que Dieu répande sur eux une certaine amertume qui nous en donne du dégoût et de l'horreur ou en nous faisant sentir par sa grâce cette douceur du ciel qui efface toutes les douceurs de la terre : « en donnant à l'esprit la délectation céleste, qui surpasse toute délectation terrestre » [*].

Mais, parce que nous sommes autant portés à fuir le mal qu'à aimer le bien, et que la douleur est le caractère que la nature a attaché au mal, tout ce que nous venons de dire du plaisir se doit, dans un sens contraire, entendre de la douleur.

Puis donc que les choses qui nous font sentir du plaisir et de la douleur remplissent la capacité de l'esprit, et qu'il n'est pas en notre pouvoir de les quitter et de n'en être pas touché, quand nous le voulons, il est visible qu'on ne peut faire goûter la piété aux enfants non plus qu'au reste des hommes, si on ne commence, selon les préceptes de l'Évangile, par la privation de toutes les choses qui touchent les sens et qui excitent de grands désirs et de grandes craintes, puisque toutes les passions offusquent et éteignent la grâce ou cette délectation intérieure que Dieu nous fait sentir dans notre devoir.

Les plus petits enfants ont de la raison aussi bien que les hommes faits, quoiqu'ils n'aient pas d'expérience : ils ont aussi les mêmes inclinations naturelles, quoiqu'ils se portent à des objets bien différents. Il faut donc les accoutumer à se conduire par la raison, puisqu'ils en ont et il faut les exciter à leur devoir en ménageant adroitement leurs bonnes inclinations. C'est éteindre leur raison et corrompre leurs meilleures inclinations que de les tenir dans leur devoir par des impressions sensibles. Ils paraissent alors être dans leur devoir ; mais ils n'y sont qu'en apparence. La vertu n'est pas dans le fond de leur esprit, ni dans le fond de leur cœur ; ils ne la connaissent presque pas, et ils l'aiment encore beaucoup moins. Leur esprit

---

[*] Saint Augustin, *Homélie* 29 [en latin dans le texte].

n'est plein que de frayeurs et de désirs, d'aversions et d'amitiés sensibles, desquelles il ne se peut dégager pour se mettre en liberté et pour faire usage de sa raison. Ainsi les enfants qui sont élevés de cette manière basse et servile, s'accoutument peu à peu à une certaine insensibilité pour tous les sentiments d'un honnête homme et d'un chrétien, laquelle leur demeure toute leur vie; et quand ils espèrent se mettre à couvert des châtiments par leur autorité ou par leur adresse, ils s'abandonnent à tout ce qui flatte la concupiscence et les sens, parce qu'en effet ils ne connaissent point d'autres biens que les biens sensibles.

Il est vrai qu'il y a des rencontres où il est nécessaire d'instruire les enfants par leurs sens, mais il ne le faut faire que lorsque la raison ne suffit pas. Il faut d'abord les persuader par la raison de ce qu'ils doivent faire; s'ils n'ont pas assez de lumière pour reconnaître leurs obligations, il semble qu'il faille les laisser en repos pour quelque temps. Car ce ne serait pas les instruire que de les forcer de faire extérieurement ce qu'ils ne croient pas devoir faire, puisque c'est l'esprit qu'il faut instruire et non pas le corps. Mais s'ils refusent de faire ce que la raison leur montre qu'ils doivent faire, il ne le faut jamais souffrir; et il faut plutôt en venir à quelque sorte d'excès, car en ces rencontres celui qui épargne son fils a pour lui, selon le Sage, plus de haine que d'amour*.

Si les châtiments n'instruisent pas l'esprit, et s'ils ne font point aimer la vertu, ils instruisent au moins en quelque manière le corps et ils empêchent que l'on ne goûte le vice, et par conséquent que l'on ne s'en rende esclave. Mais ce qu'il faut principalement remarquer, c'est que les peines ne remplissent pas la capacité de l'esprit, comme les plaisirs. On

---

* « Qui épargne la baguette hait son fils », *Proverbes* XIII, 24 [en latin dans la note].

cesse facilement d'y penser, dès qu'on cesse de les souffrir et qu'il n'y a plus de sujet de les craindre. Car alors elles ne sollicitent point l'imagination; elles n'excitent point les passions; elles n'irritent point la concupiscence; enfin elles laissent à l'esprit toute liberté de penser à ce qu'il lui plaît. Ainsi on peut s'en servir envers les enfants pour les retenir dans leur devoir ou dans l'apparence de leur devoir.

Mais s'il est quelquefois utile d'effrayer et de punir les enfants par des châtiments sensibles, il ne faut pas conclure qu'on doive les attirer par des récompenses sensibles, il ne faut se servir de ce qui touche les sens avec quelque force que dans la dernière nécessité. Or, il n'y en a aucune de leur donner des récompenses sensibles et de leur représenter ces récompenses comme la fin de leurs occupations. Ce serait au contraire corrompre toutes leurs meilleures actions et les porter plutôt à la sensibilité qu'à la vertu. Les traces des plaisirs qu'on a une fois goûtés demeurent fortement imprimées dans l'imagination; elles réveillent continuellement les idées des biens sensibles; elles excitent toujours des désirs importuns, qui troublent la paix de l'esprit; enfin elles irritent la concupiscence en toutes rencontres, et c'est un levain qui corrompt tout; mais ce n'est pas ici le lieu d'expliquer ces choses comme elles le méritent.

DEUXIÈME PARTIE

Nous avons donné quelque idée des causes physiques du dérèglement de l'imagination des hommes dans l'autre partie ; nous tâcherons dans celle-ci de faire quelque application de ces causes aux erreurs les plus générales et nous parlerons encore des causes de nos erreurs que l'on peut appeler morales.

On a pu voir par les choses qu'on a dites dans le chapitre précédent que la délicatesse des fibres du cerveau est une des principales causes qui nous empêchent de pouvoir apporter assez d'application pour découvrir les vérités un peu cachées.

I. *De l'imagination des femmes*

Cette délicatesse des fibres se rencontre ordinairement dans les femmes, et c'est ce qui leur donne cette grande intelligence pour tout ce qui frappe les sens. C'est aux femmes à décider des modes, à juger de la langue, à discerner le bon air et les belles manières. Elles ont plus de science, d'habileté et de finesse que les hommes sur ces choses. Tout ce qui dépend du goût est de leur ressort, mais pour l'ordinaire elles sont incapables de pénétrer les vérités un peu difficiles à découvrir. Tout ce qui est abstrait leur est incompréhensible. Elles ne peuvent se servir de leur imagination pour développer des questions composées et embarrassées. Elles ne considèrent que l'écorce des choses, et leur imagination n'a point assez de force et d'étendue pour en percer le fond et pour en comparer toutes les parties sans se distraire. Une bagatelle est capable de les détourner ; le moindre cri les effraie ; le plus petit mouvement les occupe. Enfin la manière, et non la réalité des choses, suffit pour remplir toute la capacité de leur esprit : parce que les moindres objets produisent de grands mouvements dans les fibres délicates de leur cerveau, elles excitent par une suite nécessaire dans leur âme des sentiments assez vifs et assez grands pour l'occuper tout entière.

S'il est certain que cette délicatesse des fibres du cerveau est la principale cause de tous ces effets, il n'est pas de même certain qu'elle se rencontre généralement dans toutes les femmes. Ou si elle s'y rencontre, leurs esprits animaux ont quelquefois une telle proportion avec les fibres du cerveau, qu'il se trouve des femmes qui ont plus de solidité d'esprit que quelques hommes. C'est dans un certain tempérament de la grosseur et de l'agitation des esprits animaux avec les fibres du cerveau que consiste la force de l'esprit, et les femmes ont quelquefois ce juste tempérament. Il y a des femmes fortes et constantes, et il y a des hommes faibles et inconstants. Il y a des femmes savantes, des femmes courageuses, des femmes capables de tout, et il se trouve au contraire des hommes mous et efféminés, incapables de rien pénétrer et de rien exécuter. Enfin quand nous attribuons quelques défauts à un sexe, à certains âges, à certaines conditions, nous ne l'entendons que pour l'ordinaire, en supposant toujours qu'il n'y a point de règles sans exception.

Car il ne faut pas s'imaginer que tous les hommes ou toutes les femmes de même âge, ou de même pays, ou de même famille, aient le cerveau de même constitution. Il est plus à propos de croire que comme on ne peut trouver deux visages qui se ressemblent entièrement, on ne peut trouver deux imaginations tout à fait semblables ; et que tous les hommes, les femmes et les enfants ne diffèrent entre eux que du plus et du moins dans la délicatesse des fibres de leur cerveau. Car de même qu'il ne faut pas supposer trop vite une *identité* essentielle entre des choses entre lesquelles on ne voit point de différence, il ne faut pas mettre aussi des différences essentielles où on ne trouve pas de parfaite *identité*. Car ce sont là des défauts où l'on tombe ordinairement.

Ce qu'on peut donc dire des fibres du cerveau, c'est que d'ordinaire elles sont très molles et très délicates dans les enfants ; qu'avec l'âge elles se durcissent et se fortifient ; que cependant la plupart des femmes et quelques hommes les ont toute leur vie extrêmement délicates. On ne saurait rien déterminer davantage. Mais c'est assez parler des femmes et des enfants ; ils ne se mêlent pas de rechercher la vérité et d'en instruire les autres : ainsi leurs erreurs ne portent pas beaucoup de préjudice, car on ne les croit guère dans les choses qu'ils avancent. Parlons des hommes faits, de ceux dont l'esprit est dans sa force et dans sa vigueur, et que l'on pourrait croire capables de trouver la vérité et de l'enseigner aux autres.

II. *De l'imagination des hommes dans la perfection de leur âge*

Le temps ordinaire de la plus grande perfection de l'esprit est depuis trente jusqu'à cinquante ans. Les fibres du cerveau en cet âge ont acquis pour l'ordinaire une consistance médiocre. Les plaisirs et les douleurs des sens ne font plus sur nous tant d'impression. De sorte qu'on n'a plus à se défendre que des passions violentes qui arrivent rarement et desquelles on peut se mettre à couvert, si on en évite avec soin toutes les occasions. Ainsi l'âme n'étant plus divertie par les choses sensibles, elle peut contempler facilement la vérité.

Un homme dans cet état et qui ne serait point rempli des préjugés de l'enfance, qui dès sa jeunesse aurait acquis de la facilité pour la méditation, qui ne voudrait s'arrêter qu'aux notions claires et distinctes de l'esprit, qui rejetterait soigneusement toutes les idées confuses des sens et qui aurait le temps et la volonté de méditer, ne tomberait sans doute que difficilement dans l'erreur. Mais ce n'est pas de cet homme dont il faut parler, c'est des hommes du commun qui n'ont pour l'ordinaire rien de celui-ci.

Je dis donc que la solidité et la consistance qui se rencontre avec l'âge dans les fibres du cerveau des hommes, fait la solidité et la consistance de leurs erreurs, s'il est permis de parler ainsi. C'est le sceau qui scelle leurs préjugés et toutes leurs fausses opinions, et qui les met à couvert de la force de la raison. Enfin, autant que cette constitution des fibres du cerveau est avantageuse aux personnes bien élevées, autant elle est désavantageuse à la plus grande partie des hommes, puisqu'elle confirme les uns et les autres dans les pensées où ils sont.

Mais les hommes ne sont pas seulement confirmés dans leurs erreurs quand ils sont venus à l'âge de quarante ou de cinquante ans. Ils sont encore plus sujets à tomber dans de nouvelles, parce que se croyant alors capables de juger de tout, comme en effet ils le devraient être, ils décident avec présomption et ne consultent que leurs préjugés, car les hommes ne raisonnent des choses que par rapport aux idées qui leur sont les plus familières. Quand un chimiste veut raisonner de quelque corps naturel, ses trois principes [1] lui viennent d'abord

---

1. Il s'agit de la triade alchimique du mercure, du soufre et du sel, systématisée par Paracelse.

en l'esprit. Un péripatéticien pense d'abord aux quatre élé-ments et aux quatre premières qualités, et un autre philosophe rapporte tout à d'autres principes. Ainsi il ne peut entrer dans l'esprit d'un homme rien qui ne soit incontinent infecté des erreurs auxquelles il est sujet et qui n'en augmente le nombre.

Cette consistance des fibres du cerveau a encore un très mauvais effet, principalement dans les personnes plus âgées, qui est de les rendre incapables de méditation. Ils ne peuvent apporter d'attention à la plupart des choses qu'ils veulent savoir, et ainsi ils ne peuvent pénétrer les vérités un peu cachées. Ils ne peuvent goûter les sentiments les plus raison-nables lorsqu'ils sont appuyés sur des principes qui leur paraissent nouveaux, quoiqu'ils soient d'ailleurs fort intelli-gents dans les choses dont l'âge leur a donné beaucoup d'expé-rience. Mais tout ce que je dis ici ne s'entend que de ceux qui ont passé leur jeunesse sans faire usage de leur esprit et sans s'appliquer.

Pour éclaircir ces choses il faut savoir que nous ne pouvons apprendre quoi que ce soit si nous n'y apportons de l'attention, et que nous ne saurions guère être attentifs à quelque chose si nous ne l'imaginons et si nous ne nous la représentons vive-ment dans notre cerveau. Or afin que nous puissions imaginer quelques objets, il est nécessaire que nous fassions plier quelque partie de notre cerveau, ou que nous lui imprimions quelque autre mouvement pour pouvoir former les traces auxquelles sont attachées les idées qui nous représentent ces objets. De sorte que si les fibres du cerveau se sont un peu durcies, elles ne seront capables que de l'inclination et des mouvements qu'elles auront eus autrefois; et ainsi l'âme ne pourra imaginer ni par conséquent être attentive à ce qu'elle voulait, mais seulement aux choses qui lui sont familières.

De là il faut conclure qu'il est très avantageux de s'exercer à méditer sur toutes sortes de sujets afin d'acquérir une certaine facilité de penser à ce qu'on veut. Car de même que nous acquérons une grande facilité de remuer les doigts de nos mains en toute manière et avec une très grande vitesse par le fréquent usage que nous en faisons en usant des instruments : ainsi les parties de notre cerveau, dont le mouvement est nécessaire pour imaginer ce que nous voulons, acquièrent par l'usage une certaine facilité à se plier qui fait que l'on imagine les choses que l'on veut avec beaucoup de facilité, de promptitude et même de netteté.

Or, le meilleur moyen d'acquérir cette habitude qui fait la principale différence d'un homme d'esprit d'avec un autre, c'est de s'accoutumer dès sa jeunesse à chercher la vérité des choses même fort difficiles, parce qu'en cet âge les fibres du cerveau sont capables de toutes sortes d'inflexions.

Je ne prétends pas néanmoins que cette facilité se puisse acquérir par ceux qu'on appelle gens d'étude, qui ne s'appliquent qu'à lire sans méditer et sans rechercher par eux-mêmes la résolution des questions avant que de la lire dans les auteurs. Il est assez visible que par cette voie l'on n'acquiert que la facilité de se souvenir des choses qu'on a lues. On remarque tous les jours que ceux qui ont beaucoup de lecture ne peuvent apporter d'attention aux choses nouvelles dont on leur parle, et que la vanité de leur érudition, les portant à en vouloir juger avant que de les concevoir, les fait tomber dans des erreurs grossières dont les autres hommes ne sont pas capables.

Mais quoique le défaut d'attention soit la principale cause de leurs erreurs, il y en a encore une qui leur est particulière ; c'est que trouvant toujours dans leur mémoire une infinité d'espèces confuses, ils en prennent d'abord quelqu'une qu'ils considèrent comme celle dont il est question ; et parce que les choses qu'on dit ne lui conviennent pas, ils jugent ridiculement qu'on se trompe. Quand on veut leur représenter qu'ils se trompent eux-mêmes et qu'ils ne savent pas seulement l'état de la question, ils s'irritent et, ne pouvant concevoir ce qu'on leur dit, ils continuent de s'attacher à cette fausse espèce que leur mémoire leur a présentée. Si on leur en montre trop manifestement la fausseté, ils en substituent une seconde et une troisième qu'ils défendent quelquefois contre toute apparence de vérité et même contre leur propre conscience, parce qu'ils n'ont guère de respect ni d'amour pour la vérité et qu'ils ont beaucoup de confusion et de honte à reconnaître qu'il y a des choses qu'on sait mieux qu'eux.

III. *De l'imagination des vieillards*

Tout ce qu'on a dit des personnes de quarante et de cinquante ans, se doit encore entendre avec plus de raison des vieillards ; parce que les fibres de leur cerveau sont encore plus inflexibles et que, manquant d'esprits animaux pour y tracer de nouveaux vestiges, leur imagination est toute languissante. Et comme d'ordinaire les fibres de leur cerveau sont mêlées avec beaucoup d'humeurs superflues, ils perdent peu à peu la mémoire des choses passées, et tombent dans les faiblesses ordinaires aux enfants. Ainsi, dans l'âge décrépit, ils ont les défauts qui dépendent de la constitution des fibres du cerveau, lesquels se rencontrent dans les enfants et dans les hommes faits ; quoique l'on puisse dire qu'ils sont plus sages que les uns et les autres, à cause qu'ils ne sont plus si sujets à leurs passions, qui viennent de l'émotion des esprits animaux.

On n'expliquera pas ces choses davantage, parce qu'il est facile de juger de cet âge par les autres dont on a parlé auparavant, et de conclure que les vieillards ont encore plus de difficulté que tous les autres à concevoir ce qu'on leur dit ; qu'ils sont plus attachés à leurs préjugés et à leurs anciennes opinions ; et par conséquent qu'ils sont encore plus confirmés dans leurs erreurs et dans leurs mauvaises habitudes, et autres choses semblables. On avertit seulement que l'état du vieillard n'arrive pas précisément à soixante ou soixante-dix ans ; que tous les vieillards ne radotent pas ; que tous ceux qui ont passé soixante ans ne sont pas toujours délivrés des passions des jeunes gens, et qu'il ne faut pas tirer des conséquences trop générales des principes que l'on a établis.

CHAPITRE II

I. *Que les esprits animaux vont d'ordinaire dans les traces des idées qui nous sont les plus familières, ce qui fait qu'on ne juge point sainement des choses*

Je crois avoir suffisamment expliqué dans les chapitres précédents les divers changements qui se rencontrent dans les esprits animaux et dans la constitution des fibres du cerveau, selon les différents âges. Ainsi, pourvu qu'on médite un peu ce que j'en ai dit, on aura bientôt une connaissance assez distincte de l'imagination et des causes physiques les plus ordinaires des différences que l'on remarque entre les esprits ; puisque tous les changements qui arrivent à l'imagination et à l'esprit, ne sont que des suites de ceux qui se rencontrent dans les esprits animaux et dans les fibres dont le cerveau est composé.

Mais il y a plusieurs causes particulières, et qu'on pourrait appeler morales, des changements qui arrivent à l'imagination des hommes, savoir, leurs différentes conditions, leurs diffé-rents emplois, en un mot leur différente manière de vivre, à la considération desquelles il faut s'attacher ; parce que ces sortes de changements sont cause d'un nombre presque infini d'erreurs, chaque personne jugeant des choses par rapport à sa condition. On ne croit pas devoir s'arrêter à expliquer les effets de quelques causes moins ordinaires, comme des grandes mala-

dies, des malheurs surprenants et des autres accidents ino-
pinés, qui font des impressions très violentes dans le cerveau,
et même qui le bouleversent entièrement, parce que ces choses
arrivent rarement et que les erreurs où tombent ces sortes de
personnes sont si grossières qu'elles ne sont point contagieuses, puisque tout le monde les reconnaît sans peine.

Afin de comprendre parfaitement tous les changements
que les différentes conditions produisent dans l'imagination, il
est absolument nécessaire de se souvenir que nous n'imaginons les objets qu'en nous en formant des images; et que ces
images ne sont autre chose que les traces que les esprits animaux font dans le cerveau; que nous imaginons les choses
d'autant plus fortement que ces traces sont plus profondes et
mieux gravées, et que les esprits animaux y ont passé plus
souvent et avec plus de violence; et que lorsque les esprits
y ont passé plusieurs fois, ils y entrent avec plus de facilité
que dans d'autres endroits tout proches, par lesquels ils n'ont
jamais passé, ou par lesquels ils n'ont point passé si souvent.
Ceci est la cause la plus ordinaire de la confusion et de la fausseté de nos idées. Car les esprits animaux qui ont été dirigés par
l'action des objets extérieurs, ou même par les ordres de l'âme,
pour produire dans le cerveau de certaines traces, en produisent
souvent d'autres qui à la vérité leur ressemblent en quelque
chose, mais qui ne sont point tout à fait les traces de ces mêmes
objets, ni celles que l'âme désirait de se représenter; parce
que les esprits animaux trouvant quelque résistance dans les
endroits du cerveau par où il fallait passer, ils se détournent
facilement pour entrer en foule dans les traces profondes des
idées qui nous sont plus familières. Voici des exemples fort
grossiers et très sensibles de tout ceci.

Lorsque ceux qui ont la vue un peu courte regardent la
lune, ils y voient ordinairement deux yeux, un nez, une

bouche, en un mot il leur semble qu'ils y voient un visage. Cependant il n'y a rien dans la lune de ce qu'ils pensent y voir. Plusieurs personnes y voient tout autre chose. Et ceux qui croient que la lune est telle qu'elle leur paraît, se détromperont facilement s'ils la regardent avec des lunettes d'approche, si petites qu'elles soient ; ou s'ils consultent les descriptions qu'Hevelius [1], Riccioli [2], et d'autres, en ont données au public. Or, la raison pour laquelle on voit ordinairement un visage dans la lune, et non pas les taches irrégulières qui y sont, c'est que les traces de visage qui sont dans notre cerveau sont très profondes, à cause que nous regardons souvent des visages et avec beaucoup d'attention. De sorte que les esprits animaux trouvant de la résistance dans les autres endroits du cerveau, ils se détournent facilement de la direction que la lumière de la lune leur imprime quand on la regarde, pour entrer dans ces traces auxquelles les idées de visage sont attachées par la nature. Outre que la grandeur apparente de la lune n'étant pas fort différente de celle d'une tête ordinaire dans une certaine distance, elle forme par son impression des traces qui ont beaucoup de liaison avec celles qui représentent un nez, une bouche et des yeux, et ainsi elle détermine les esprits à prendre leur cours dans les traces d'un visage. Il y en a qui voient dans la lune un homme à cheval, ou quelque autre chose qu'un visage ; parce que leur imagination ayant été vivement frappée de certains objets, les traces de ces objets se rouvrent par la moindre chose qui y a rapport.

C'est aussi pour cette même raison que nous nous imaginons voir des chariots, des hommes, des lions ou d'autres

---

1. Johanns Höwelcke, dit Hevelius, *Selenographia sive lunæ descriptione*, Gedani, 1647.

2. Giovanni Battista Riccioli, *Almagestum novum astronomiam veterem novamque complectens*, Bononiae, 1651, liv. IV.

animaux dans les nues, quand il y a quelque peu de rapport entre leurs figures et ces animaux; et que tout le monde, et principalement ceux qui ont coutume de dessiner, voient quelquefois des têtes d'hommes sur des murailles où il y a plusieurs taches irrégulières.

C'est encore pour cette raison que les esprits de vin entrant sans direction de la volonté dans les traces les plus familières, font découvrir les secrets de la plus grande importance; et que quand on dort on songe ordinairement aux objets que l'on a vus pendant le jour, qui ont formé de plus grandes traces dans le cerveau: parce que l'âme se représente toujours les choses dont elle a des traces plus grandes et plus profondes. Voici d'autres exemples plus composés.

Une maladie est nouvelle; elle fait des ravages qui surprennent le monde. Cela imprime des traces si profondes dans le cerveau, que cette maladie est toujours présente à l'esprit. Si cette maladie est appelée par exemple le scorbut, toutes les maladies seront le scorbut. Le scorbut est nouveau, toutes les maladies nouvelles seront le scorbut. Le scorbut est accompagné d'une douzaine de symptômes, dont il y en aura beaucoup de communs à d'autres maladies; cela n'importe. S'il arrive qu'un malade ait quelqu'un de ces symptômes, il sera malade du scorbut; et on ne pensera pas seulement aux autres maladies qui ont les mêmes symptômes. On s'attendra que tous les accidents qui sont arrivés à ceux qu'on a vus malades du scorbut, lui arriveront aussi. On lui donnera les mêmes médecines, et on sera surpris de ce qu'elles n'auront pas le même effet qu'on a vu dans les autres.

Un auteur s'applique à un genre d'étude, les traces du sujet de son occupation s'impriment si profondément, et rayonnent si vivement dans tout son cerveau, qu'elles confondent et qu'elles effacent quelquefois les traces de choses même fort différentes. Il y en a eu un, par exemple, qui a fait plusieurs volumes sur la croix : cela lui a fait voir des croix partout ; et c'est avec raison que le Père Morin[1] le raille de ce qu'il croyait qu'une médaille représentait une croix, quoiqu'elle représentât tout autre chose. C'est par un semblable tour d'imagination que Gilbert[2], et plusieurs autres, après avoir étudié l'aimant et admiré ses propriétés, ont voulu rapporter à des qualités *magnétiques,* un très grand nombre d'effets naturels, qui n'y ont pas le moindre rapport.

Les exemples qu'on vient d'apporter suffisent pour prouver que cette grande facilité qu'a l'imagination à se représenter les objets qui lui sont familiers, et la difficulté qu'elle éprouve à imaginer ceux qui lui sont nouveaux, fait que les hommes se forment presque toujours des idées qu'on peut appeler mixtes et impures ; et que l'esprit ne juge des choses que par rapport à soi-même et à ses premières pensées. Ainsi, les différentes passions des hommes, leurs inclinations, leurs conditions, leurs emplois, leurs qualités, leurs études, enfin toutes leurs différentes manières de vivre, mettant de fort grandes différences dans leurs idées, cela fait tomber dans un nombre infini d'erreurs que nous expliquerons dans la suite. Et c'est ce qui a fait dire au chancelier Bacon ces paroles fort judicieuses : « Toutes les perceptions, des sens comme de l'esprit, ont proportion à l'homme et non à l'univers. Et l'entendement ressemble à un miroir déformant qui, exposé aux rayons des choses, mêle sa propre nature à la nature des choses, qu'il fausse et brouille »[3].

---

1. Jean Morin, *Diatribe elenctica de sinceritate hebrai graecique textus dignoscenda…*, Paris, 1639.
2. William Gilbert, *De magnete*, Londres, 1600.
3. Bacon, *Novum organum* I, 41 [en latin dans le texte].

CHAPITRE III

Les différences qui se trouvent dans les manières de vivre des hommes sont presque infinies. Il y a un très grand nombre de différentes conditions, de différents emplois, de différentes charges, de différentes communautés. Ces différences font que presque tous les hommes agissent pour des desseins tout différents, et qu'ils raisonnent sur de différents principes. Il serait même assez difficile de trouver plusieurs personnes qui eussent entièrement les mêmes vues dans une même communauté, dans laquelle les particuliers ne doivent avoir qu'un même esprit et que les mêmes desseins. Leurs différents emplois et leurs différentes liaisons mettent nécessairement quelque différence dans le tour et la manière qu'ils veulent prendre, pour exécuter les choses même dont ils conviennent. Cela fait bien voir que ce serait entreprendre l'impossible, que de vouloir expliquer en détail les causes morales de l'erreur ; mais aussi il serait assez inutile de le faire ici. On veut seulement parler des manières de vivre qui portent à un plus grand nombre d'erreurs, et à des erreurs de plus grande importance. Quand on les aura expliquées, on aura donné assez d'ouverture à l'esprit pour aller plus loin ; et chacun pourra voir tout d'une vue, et avec grande facilité, les causes très cachées de plusieurs erreurs particulières qu'on ne pourrait expliquer qu'avec beaucoup de temps et de peine. Quand l'esprit voit clair, il se plaît à courir à la vérité, et il y court d'une vitesse qui ne se peut exprimer.

I. *Que les personnes d'étude sont les plus sujettes à l'erreur*

L'emploi duquel il semble le plus nécessaire de parler ici, à cause qu'il produit dans l'imagination des hommes des changements plus considérables, et qui conduisent davantage à l'erreur, c'est l'emploi des personnes d'étude, qui font plus d'usage de leur mémoire que de leur esprit. Car l'expérience a toujours fait connaître que ceux qui se sont appliqués avec plus d'ardeur à la lecture des livres et à la recherche de la vérité, sont ceux-là mêmes qui nous ont jetés dans un plus grand nombre d'erreurs.

Il en est de même de ceux qui étudient, que de ceux qui voyagent. Quand un voyageur a pris par malheur un chemin pour un autre, plus il avance, plus il s'éloigne du lieu où il veut aller. Il s'égare d'autant plus qu'il est plus diligent et qu'il se hâte davantage d'arriver au lieu qu'il souhaite. Ainsi ces désirs ardents qu'ont les hommes pour la vérité, font qu'ils se jettent dans la lecture des livres où ils croient la trouver ; ou bien ils se forment un système chimérique des choses qu'ils souhaitent de savoir, duquel ils s'entêtent et qu'ils tâchent même par de vains efforts d'esprit de faire goûter aux autres, afin de recevoir l'honneur qu'on rend d'ordinaire aux inventeurs de systèmes. Expliquons ces deux défauts.

Il est assez difficile de comprendre comment il se peut faire que des gens qui ont de l'esprit, aiment mieux se servir de l'esprit des autres dans la recherche de la vérité, que de celui que Dieu leur a donné. Il y a sans doute infiniment plus de plaisir et plus d'honneur à se conduire par ses propres yeux que par ceux des autres ; et un homme qui a de bons yeux ne s'avisa jamais de se les fermer, ou de se les arracher, dans l'espérance d'avoir un conducteur. « Les yeux du sage sont dans sa tête, l'insensé marche dans les ténèbres »*. Pourquoi le fou marche-t-il dans les ténèbres ? C'est qu'il ne voit que par les yeux d'autrui, et que ne voir que de cette manière, à proprement parler, ce n'est rien voir. L'usage de l'esprit est à l'usage des yeux ce que l'esprit est aux yeux ; et de même que l'esprit est

_____

* *Ecclésiaste* II, 14 [en latin dans le texte].

infiniment au-dessus des yeux, l'usage de l'esprit est accompagné de satisfactions bien plus solides, et qui le contentent bien autrement que la lumière et les couleurs ne contentent la vue. Les hommes toutefois se servent toujours de leurs yeux pour se conduire, et ils ne se servent presque jamais de leur esprit pour découvrir la vérité.

II. *Raisons pour lesquelles on aime mieux suivre l'autorité que de faire usage de son esprit*

Mais il y a plusieurs causes qui contribuent à ce renversement d'esprit. Premièrement, la paresse naturelle des hommes qui ne veulent pas se donner la peine de méditer.

Secondement, l'incapacité de méditer dans laquelle on est tombé, pour ne s'être pas appliqué dans la jeunesse, lorsque les fibres du cerveau étaient capables de toutes sortes d'inflexions.

En troisième lieu, le peu d'amour qu'on a pour les vérités abstraites, qui sont le fondement de tout ce que l'on peut connaître ici-bas.

En quatrième lieu, la satisfaction qu'on reçoit dans la connaissance des vraisemblances, qui sont fort agréables et fort touchantes, parce qu'elles sont appuyées sur les notions sensibles.

En cinquième lieu, la sotte vanité qui nous fait souhaiter d'être estimés savants, car on appelle savants ceux qui ont le plus de lecture. La connaissance des opinions est bien plus d'usage pour la conversation, et pour étourdir les esprits du commun, que la connaissance de la véritable philosophie qu'on apprend en méditant.

En sixième lieu, parce qu'on s'imagine sans raison que les anciens ont été plus éclairés que nous ne pouvons l'être, et qu'il n'y a rien à faire où ils n'ont pas réussi.

En septième lieu, parce qu'un respect mêlé d'une sotte curiosité fait qu'on admire davantage les choses les plus éloignées de nous, les choses les plus vieilles, celles qui viennent de plus loin, ou de pays plus inconnus, et même les livres les plus obscurs. Ainsi on estimait autrefois Héraclite pour son obscurité*. On recherche les médailles anciennes quoique rongées de la rouille, et on garde avec grand soin la lanterne et la pantoufle de quelque ancien, quoique mangées de vers; leur antiquité fait leur prix. Des gens s'appliquent à la lecture des rabbins, parce qu'ils ont écrit dans une langue étrangère très corrompue et très obscure. On estime davantage les opinions les plus vieilles, parce qu'elles sont les plus éloignées de nous. Et sans doute, si Nembrot avait écrit l'histoire de son règne, toute la politique la plus fine, et même toutes les autres sciences y seraient contenues, de même que quelques-uns trouvent qu'Homère et Virgile avaient une connaissance parfaite de la nature. Il faut respecter l'antiquité, dit-on, Quoi! Aristote, Platon, Épicure, ces grands hommes se seraient trompés? On ne considère pas qu'Aristote, Platon, Épicure étaient hommes comme nous, et de même espèce que nous; et de plus, qu'au temps où nous sommes, le monde est plus âgé de deux mille ans; qu'il a plus d'expérience, qu'il doit être plus éclairé, et que c'est la vieillesse du monde et l'expérience qui font découvrir la vérité**.

En huitième lieu, parce que lorsqu'on estime une opinion nouvelle et un auteur du temps, il semble que leur gloire efface la nôtre, à cause qu'elle en est trop proche; mais on ne craint rien de pareil de l'honneur qu'on rend aux anciens.

---

* « Illustre à cause de sa langue obscure », Lucrèce, *De la nature* I, 639 [en latin dans la note].

** « La vérité est fille du temps, non de l'autorité », Bacon, *Novum organum* I, 84 [en latin dans la note].

En neuvième lieu, parce que la vérité et la nouveauté ne peuvent pas se trouver ensemble dans les choses de la foi; car les hommes ne voulant pas faire de discernement entre les vérités qui dépendent de la raison et celles qui dépendent de la tradition, ne considèrent pas qu'on doit les apprendre d'une manière toute différente : ils confondent la nouveauté avec l'erreur et l'antiquité avec la vérité. Luther, Calvin et les autres ont innové, et ils ont erré. Donc Galilée, Harvey, Descartes se trompent dans ce qu'ils disent de nouveau. L'impanation[1] de Luther est nouvelle, et elle est fausse : donc la circulation d'Harvey est fausse, puisqu'elle est nouvelle. C'est pour cela aussi qu'ils appellent indifféremment du nom odieux de novateurs les hérétiques et les nouveaux philosophes. Les idées et les mots de *vérité* et d'*antiquité*, de *fausseté* et de *nouveauté*, ont été liés les uns avec les autres : c'en est fait, le commun des hommes ne les sépare plus, et les gens d'esprit sentent même quelque peine à les bien séparer.

En dixième lieu, parce qu'on est dans un temps auquel la science des opinions anciennes est encore en vogue, et qu'il n'y a que ceux qui font usage de leur esprit qui puissent, par la force de leur raison, se mettre au-dessus des méchantes coutumes. Quand on est dans la presse et dans la foule, il est difficile de ne pas céder au torrent qui nous emporte.

En dernier lieu, parce que les hommes n'agissent que par intérêt; et c'est ce qui fait que ceux mêmes qui se détrompent et qui reconnaissent la vanité de ces sortes d'études ne laissent pas de s'y appliquer, parce que les honneurs, les dignités et même les bénéfices y sont attachés, et que ceux qui y excellent les ont toujours plutôt que ceux qui les ignorent.

---

1. Impanation : la coexistence du pain avec le corps du Christ, selon les Luthériens.

Toutes ces raisons font, ce me semble, assez comprendre pourquoi les hommes suivent aveuglément les opinions anciennes comme vraies, et pourquoi ils rejettent sans discernement toutes les nouvelles comme fausses ; enfin pourquoi ils ne font point, ou presque point d'usage de leur esprit. Il y a sans doute encore un fort grand nombre d'autres raisons plus particulières qui contribuent à cela ; mais si l'on considère avec attention celles que nous avons rapportées, on n'aura pas sujet d'être surpris de voir l'entêtement de certaines gens pour l'autorité des anciens.

CHAPITRE IV

Deux mauvais effets de la lecture sur l'imagination

Ce faux et lâche respect que les hommes portent aux anciens* produit un très grand nombre d'effets très pernicieux qu'il est à propos de remarquer.

Le premier est que les accoutumant à ne pas faire usage de leur esprit, il les met peu à peu dans une véritable impuissance d'en faire usage ; car il ne faut pas s'imaginer que ceux qui vieillissent sur les livres d'Aristote et de Platon fassent beaucoup d'usage de leur esprit. Ils n'emploient ordinairement tant de temps à la lecture de ces livres que pour tâcher d'entrer dans les sentiments de leurs auteurs, et leur but principal est de savoir au vrai les opinions qu'ils ont tenues, sans se mettre beaucoup en peine de ce qu'il en faut tenir, comme on le prouvera dans le chapitre suivant. Ainsi la science et la philosophie qu'ils apprennent est proprement une science de mémoire, et non pas une science d'esprit. Ils ne savent que des histoires et des faits, et non pas des vérités évidentes ; et ce sont

---

* Voyez le premier article du chapitre précédent.

plutôt des historiens que de véritables philosophes, des hommes qui ne pensent point, mais qui peuvent raconter les pensées des autres.

Le second effet que produit dans l'imagination la lecture des anciens, c'est qu'elle met une étrange confusion dans toutes les idées de la plupart de ceux qui s'y appliquent. Il y a deux différentes manières de lire les auteurs : l'une très bonne et très utile, et l'autre fort inutile et même dangereuse. Il est très utile de lire quand on médite ce qu'on lit ; quand on tâche de trouver par quelque effort d'esprit la résolution des questions que l'on voit dans les titres des chapitres, avant même que de commencer à les lire ; quand on arrange, et quand on confère [1] les idées des choses les unes avec les autres ; en un mot, quand on use de sa raison. Au contraire il est inutile de lire quand on n'entend pas ce qu'on lit ; mais il est dangereux de lire, et de concevoir ce qu'on lit, quand on ne l'examine pas assez pour en bien juger, principalement si l'on a assez de mémoire pour retenir ce qu'on a conçu, et assez d'imprudence pour y consentir. La première manière éclaire l'esprit, elle le fortifie et en augmente l'étendue ; la seconde en diminue l'étendue, et elle le rend peu à peu faible, obscur et confus.

Or la plupart de ceux qui font gloire de savoir les opinions des autres n'étudient que de la seconde manière. Aussi, plus ils ont de lecture, plus leur esprit devient faible et confus. La raison en est que les traces de leur cerveau se confondent les unes les autres, parce qu'elles sont en très grand nombre et que la raison ne les a pas rangées par ordre, ce qui empêche l'esprit d'imaginer et de se représenter nettement les choses dont il a besoin. Quand l'esprit veut ouvrir certaines traces, d'autres plus familières se rencontrant à la traverse, il prend le change ;

_____
1. quand on compare

car la capacité du cerveau n'étant pas infinie, il est presque impossible que ce grand nombre de traces formées sans ordre ne se brouillent et n'apportent de la confusion dans les idées. C'est pour cette même raison que les personnes de grande mémoire ne sont pas ordinairement capables de bien juger des choses où il faut apporter beaucoup d'attention.

Mais ce qu'il faut principalement remarquer, c'est que les connaissances qu'acquièrent ceux qui lisent sans méditer, et seulement pour retenir les opinions des autres, en un mot toutes les sciences qui dépendent de la mémoire, sont proprement de ces sciences qui *enflent**, à cause qu'elles ont de l'éclat et qu'elles donnent beaucoup de vanité à ceux qui les possèdent. Ainsi ceux qui sont savants en cette manière, étant d'ordinaire remplis d'orgueil et de présomption, prétendent avoir droit de juger tout, quoiqu'ils en soient très peu capables, ce qui les fait tomber dans un très grand nombre d'erreurs.

Mais cette fausse science fait encore un plus grand mal; car ces personnes ne tombent pas seules dans l'erreur; elles y entraînent avec elles presque tous les esprits du commun et un fort grand nombre de jeunes gens, qui croient comme des articles de foi toutes leurs décisions. Ces faux savants, les ayant souvent accablés par le poids de leur profonde érudition, et étourdis tant par des opinions extraordinaires que par des noms d'auteurs anciens et inconnus, se sont acquis une autorité si puissante sur leurs esprits, qu'ils respectent et qu'ils admirent comme des oracles tout ce qui sort de leur bouche, et qu'ils entrent aveuglément dans tous leurs sentiments. Des personnes même beaucoup plus spirituelles et plus judicieuses, qui ne les auraient jamais connus et qui ne sauraient point d'autre part ce qu'ils sont, les voyant parler d'une

---

* *Scientia inflat* (I *Corinthiens* VIII, 1).

manière si décisive et d'un air si fier, si impérieux et si grave, auraient quelque peine à manquer de respect et d'estime pour ce qu'ils disent, parce qu'il est très difficile de ne rien donner à l'air et aux manières. Car de même qu'il arrive souvent qu'un homme fier et hardi en maltraite d'autres plus forts, mais plus judicieux et plus retenus que lui, ainsi ceux qui soutiennent des opinions qui ne sont ni vraies, ni même vraisemblables, font souvent perdre la parole à leurs adversaires, en leur parlant d'une manière impérieuse, fière ou grave qui les surprend.

Or ceux de qui nous parlons ont assez d'estime d'eux-mêmes et de mépris des autres pour s'être fortifiés dans un certain air de fierté, mêlé de gravité et d'une feinte modestie, qui préoccupe et qui gagne ceux qui les écoutent.

Car il faut remarquer que tous les différents airs des personnes de différentes conditions ne sont que des suites naturelles de l'estime que chacun a de soi-même par rapport aux autres, comme il est facile de le reconnaître si l'on y fait un peu de réflexion. Ainsi, l'air de fierté et de brutalité est l'air d'un homme qui s'estime beaucoup et qui néglige assez l'estime des autres. L'air modeste est l'air d'un homme qui s'estime peu et qui estime assez les autres. L'air grave est l'air d'un homme qui s'estime beaucoup et qui désire fort d'être estimé, et l'air simple celui d'un homme qui ne s'occupe guère ni de soi ni des autres. Ainsi, tous les différents airs, qui sont presque infinis, ne sont que des effets que les différents degrés d'estime que l'on a de soi et de ceux avec qui l'on converse, produisent naturellement sur notre visage et sur toutes les parties extérieures de notre corps. Nous avons déjà parlé dans le chapitre IV[1] de cette correspondance qui est entre les nerfs

---

1. Le chapitre IV de la première partie.

qui excitent les passions au dedans de nous, et ceux qui les témoignent au dehors par l'air qu'ils impriment sur le visage.

CHAPITRE V

Que les personnes d'étude s'entêtent ordinairement de quelque auteur, de sorte que leur but principal est de savoir ce qu'il a cru, sans se soucier de ce qu'il faut croire

Il y a encore un défaut de très grande conséquence dans lequel les gens d'étude tombent ordinairement; c'est qu'ils s'entêtent de quelque auteur. S'il y a quelque chose de vrai et de bon dans un livre, ils se jettent aussitôt dans l'excès; tout en est vrai, tout en est bon, tout en est admirable. Ils se plaisent même à admirer ce qu'ils n'entendent pas, et ils veulent que tout le monde l'admire avec eux. Ils tirent gloire des louanges qu'ils donnent à ces auteurs obscurs, parce qu'ils persuadent par là aux autres qu'ils les entendent parfaitement, et cela leur est un sujet de vanité; ils s'estiment au-dessus des autres hommes, à cause qu'ils croient entendre une impertinence d'un ancien auteur, ou d'un homme qui ne s'entendait peut-être pas lui-même. Combien de savants ont sué pour éclaircir des passages obscurs des philosophes, et même de quelques poètes de l'antiquité! Et combien y a-t-il encore de beaux esprits qui font leurs délices de la critique d'un mot et du sentiment d'un auteur! Mais il est à propos d'apporter quelque preuve de ce que je dis.

La question de l'immortalité de l'âme est sans doute une question très importante. On ne peut trouver à redire que des philosophes fassent tous leurs efforts pour la résoudre; et quoiqu'ils composent de gros volumes pour prouver d'une manière assez faible une vérité qu'on peut démontrer en peu de mots ou en peu de pages, cependant ils sont excusables. Mais ils sont bien plaisants de se mettre fort en peine pour décider ce qu'Aristote en a cru. Il est, ce me semble, assez inutile à ceux qui vivent présentement de savoir s'il y a jamais eu un homme qui s'appelât Aristote; si cet homme a écrit les livres qui portent son nom; s'il entend une telle chose ou une autre dans un tel endroit de ses ouvrages; cela ne peut faire un homme ni plus sage ni plus heureux, mais il est très important de savoir si ce qu'il dit est vrai ou faux en soi.

Il est donc très inutile de savoir ce qu'Aristote a cru de l'immortalité de l'âme, quoiqu'il soit très utile de savoir que l'âme est immortelle. Cependant on ne craint point d'assurer qu'il y a plusieurs savants qui se sont mis plus en peine de savoir le sentiment d'Aristote sur ce sujet que la vérité de la chose en soi, puisqu'il y en a qui ont fait des ouvrages exprès pour expliquer ce que ce philosophe en a cru, et qu'ils n'en ont pas tant fait pour savoir ce qu'il en fallait croire.

Mais quoiqu'un très grand nombre de gens se soient fort fatigué l'esprit pour résoudre quel a été le sentiment d'Aristote, ils se le sont fatigué inutilement, puisqu'on n'est point encore d'accord sur cette question ridicule. Ce qui fait voir que les sectateurs d'Aristote sont bien malheureux d'avoir un homme si obscur pour les éclairer, et qui même affecte l'obscurité, comme il le témoigne dans une lettre qu'il a écrite à Alexandre.

Le sentiment d'Aristote sur l'immortalité de l'âme a donc été en divers temps une fort grande question, et fort considé-rable entre les personnes d'étude. Mais afin qu'on ne s'ima-gine pas que je le dise en l'air et sans fondement, je suis obligé de rapporter ici un passage de La Cerda, un peu long et un peu ennuyeux, dans lequel cet auteur a ramassé différentes auto-rités sur ce sujet, comme sur une question bien importante. Voici ses paroles sur le second chapitre *De resurrectione carnis* de Tertullien :

Cette question est agitée dans les écoles, avec de solides conjectures de part et d'autre : Aristote a-t-il fait l'âme immortelle ou non ? Et certes, des philosophes, et non des moindres, ont maintenu qu'Aristote pose que nos âmes sont étrangères à la mort. Ce sont, parmi les interprètes grecs et latins, les deux Ammonius, Olympiodore, Philopon, Simplicius, Avicenne, comme le rappelle La Mirandole (*Discussion sur la vanité* IV, chap. IX) ; Théodore, Métochyta, Themistius, saint Thomas (*Somme contre les Gentils* II, chap. LXXIX ; *Commentaire sur la physique*, lect. 12 ; et encore *sur la métaphysique*, lect. 3 ; et *Questions quodlibétiques* X, quest. 5, art. I) ; Albert (*De l'âme*, traité 2, chap. XX, et traité 3, chap. XIII) ; Egide (*De l'âme* III, sur le chap. IV) ; Durand (*Distinctions* II, 18, quest. 3) ; Sylvestre de Ferrare (*Commentaire*, à l'endroit cité, de la *Somme contre les Gentils*) ; et enfin Eugubin (*De la philosophie éternelle* IX, chap. XVIII), et, ce qui est d'un plus grand poids, le disciple d'Aristote, Théophraste, qui pouvait fort bien connaître l'esprit de son maître, soit de sa bouche soit par ses écrits.

Dans le parti contraire on compte quelques Pères et des philosophes qui ne sont pas négligeables : Justin, dans son *Exhortation*, Origène dans les *Propos philosophiques* et, comme le rapporte Grégoire de Naziance, dans sa discussion contre Eunome et Grégoire de Nysse (*De l'âme* II, chap. IV), Théodoret (*Des soins à donner aux maladies des Grecs* III), Galien (*Histoire de la philosophie*), Pomponace (*De l'immortalité de l'âme*), Simon Portius (*De l'esprit humain*), Cajetan (*De l'âme* III, chap. II). Qu'Aristote ait pensé notre âme périssable, c'est bien l'idée vers laquelle tire son disciple, Alexandre d'Aphrodise, qui avait coutume d'interpréter ainsi l'esprit d'Aristote ; bien qu'Eugubin (chap. XXI et XXII) l'en disculpe. Et certes, cette conclusion de la mortalité semble provenir, pour Alexandre, du même livre XII de la *Métaphysique*, d'où saint Thomas, Théodore et Métochyta ont conclu l'immortalité.

Au reste, je ne crois pas que Tertullien ait embrassé l'une ou l'autre opinion ; mais il pensait qu'Aristote est ambigu sur ce point. C'est pourquoi il le cite des deux côtés. Car, alors qu'ici il attribue à Aristote la mortalité de l'âme, cependant au chapitre VI du livre *De l'âme*, il le cite pour l'opinion contraire de l'immortalité. Du même esprit fut Plutarque, invoquant le même philosophe en faveur de l'une et l'autre opinions (au livre V, sur les *Opinions des philosophes*). Car le chapitre I lui attribue la mortalité, et le chapitre XXV l'immortalité. Parmi les scolastiques également, qui jugent qu'Aristote n'a tenu fermement aucun des deux partis, mais reste dans le doute et irrésolu, il y a Duns Scot (dans les *Distinctions* IV, 43, quest. 2, art. 2), Hervé (*Questions quodlibétiques* II, quest. 11, et *Sentences* I, dist. I, quest. I), Niphus (dans l'opuscule sur *L'Immortalité de l'âme*, chap. I) et d'autres interprètes récents : c'est cette position intermédiaire que je crois la plus vraie, mais la loi de l'école interdit de la recommander du poids équilibré des autorités[1].

On donne toutes ces citations pour vraies sur la foi de ce commentateur, parce qu'on croirait perdre son temps à les vérifier, et qu'on n'a pas tous ces beaux livres d'où elles sont tirées. On n'en ajoute point aussi de nouvelles parce qu'on ne lui envie point la gloire de les avoir bien recueillies, et que l'on perdrait encore bien plus de temps, si on le voulait faire, quand on ne feuilleterait pour cela que les tables de ceux qui ont commenté Aristote.

On voit donc, dans ce passage de La Cerda, que des personnes d'étude qui passent pour habiles, se sont bien donné de la peine pour savoir ce qu'Aristote croyait sur l'immortalité de l'âme ; et qu'il y en a qui ont été capables de faire des livres exprès sur ce sujet, comme Pomponace[2] : car le principal but

---

1. Juan Luis La Cerda, *De la résurrection de la chair*, commentaire au chap. II, dans son édition de Tertullien, *Opera*, Paris, 1624-1630, t. II, p. 530-531 [en latin dans le texte].

2. Pomponace, *Tractatus de immortalitate animae*, 1516, p. 292.

de cet auteur dans son livre est de montrer qu'Aristote a cru
que l'âme était mortelle. Et peut-être y a-t-il des gens qui ne se
mettent pas seulement en peine de savoir ce qu'Aristote a cru
sur ce sujet, mais qui regardent même, comme une question
qu'il est très important de savoir, si par exemple Tertullien,
Plutarque ou d'autres ont cru ou non que le sentiment d'Aristote
fût que l'âme était mortelle : comme on a grand sujet de le croire
de La Cerda même, si on fait réflexion sur la dernière partie du
passage qu'on vient de citer, *Porro Tertullianum* et le reste.

S'il n'est pas fort utile de savoir ce qu'Aristote a cru de
l'immortalité de l'âme, ni ce que Tertullien et Plutarque ont
pensé qu'Aristote en croyait, le fond de la question, l'immortalité de l'âme, est au moins une vérité qu'il est nécessaire de
savoir. Mais il y a une infinité de choses qu'il est fort inutile de
connaître, et desquelles par conséquent il est encore plus
inutile de savoir ce que les anciens en ont pensé, et cependant
on se met fort en peine pour deviner les sentiments des philosophes sur de semblables sujets. On trouve des livres pleins de
ces examens ridicules ; et ce sont ces bagatelles qui ont excité
tant de guerres d'érudition. Ces questions vaines et imperti-
nentes, ces généalogies ridicules d'opinion inutiles, sont des
sujets importants de critique aux savants. Ils croient avoir droit
de mépriser ceux qui méprisent ces sottises, et de traiter d'ignorants ceux qui font gloire de les ignorer. Ils s'imaginent posséder parfaitement l'histoire généalogique des formes substan-
tielles, et le siècle est ingrat s'il ne reconnaît leur mérite. Que
ces choses font bien voir la faiblesse et la vanité de l'esprit de
l'homme ; et que, lorsque ce n'est point la raison qui règle les
études, non seulement les études ne perfectionnent point la
raison, mais même qu'elles l'obscurcissent, la corrompent et
la pervertissent entièrement !

Il est à propos de remarquer ici que, dans les questions de
la foi, ce n'est pas un défaut de chercher ce qu'en a cru par

exemple saint Augustin ou un autre Père de l'Église, ni même de rechercher si saint Augustin a cru ce que croyaient ceux qui l'ont précédé, parce que les choses de la foi ne s'apprennent que par la tradition, et que la raison ne peut pas les découvrir. La croyance la plus ancienne étant la plus vraie, il faut tâcher de savoir quelle était celle des anciens ; et cela ne se peut qu'en examinant le sentiment de plusieurs personnes qui se sont suivies en différents temps. Mais les choses qui dépendent de la raison leur sont toutes opposées, et il ne faut pas se mettre en peine de ce qu'en ont cru les anciens pour savoir ce qu'il en faut croire. Cependant je ne sais par quel renversement d'esprit certaines gens s'effarouchent, si l'on parle en philosophie autrement qu'Aristote, et ne se mettent point en peine, si l'on parle en théologie autrement que l'Évangile, les Pères et les conciles. Il me semble que ce sont d'ordinaire ceux qui crient le plus contre les nouveautés de philosophie qu'on doit esti-mer, qui favorisent et qui défendent même avec plus d'opi-niâtre certaines nouveautés de théologie qu'on doit détester. Car ce n'est point leur langage que l'on n'approuve pas ; tout inconnu qu'il ait été à l'antiquité, l'usage l'autorise : ce sont les erreurs qu'ils répandent ou qu'ils soutiennent à la faveur de ce langage équivoque et confus.

En matière de théologie on doit aimer l'antiquité parce qu'on doit aimer la vérité, et que la vérité se trouve dans l'antiquité ; il faut que toute curiosité cesse, lorsqu'on tient une fois la vérité. Mais en matière de philosophie on doit au contraire aimer la nouveauté, par la même raison qu'il faut toujours aimer la vérité, qu'il faut la rechercher, et qu'il faut avoir sans cesse de la curiosité pour elle. Si l'on croyait qu'Aristote et Platon fussent infaillibles, il ne faudrait peut-être s'appliquer qu'à les entendre ; mais la raison ne permet pas qu'on le croie. La raison veut, au contraire, que nous les jugions plus ignorants que les nouveaux philosophes, puisque, dans le temps où nous vivons, le monde est plus vieux de deux mille ans, et qu'il a plus d'expérience que dans le temps d'Aristote et de Platon, comme on l'a déjà dit ; et que les nouveaux philosophes peuvent savoir toutes les vérités que les anciens nous ont laissées, et en trouver encore plusieurs autres. Toutefois la raison ne veut pas qu'on croie encore ces nouveaux philosophes sur leur parole plutôt que les anciens. Elle veut au contraire qu'on examine avec attention leurs pensées, et qu'on ne s'y rende que lorsqu'on ne pourra plus s'empêcher d'en douter, sans se préoccuper ridiculement de leur grande science ni des autres qualités de leur esprit.

CHAPITRE VI

De la préoccupation des commentateurs

Cet excès de préoccupation paraît bien plus étrange dans ceux qui commentent quelque auteur, parce que ceux qui entreprennent ce travail, qui semble de soi peu digne d'un homme d'esprit, s'imaginent que leurs auteurs méritent l'admiration de tous les hommes. Ils se regardent aussi comme ne faisant avec eux qu'une même personne et dans cette vue l'amour-propre joue admirablement bien son jeu. Ils donnent adroitement des louanges avec profusion à leurs auteurs, ils les environnent de clartés et de lumière, ils les comblent de gloire, sachant bien que cette gloire rejaillira sur eux-mêmes. Cette idée de grandeur n'élève pas seulement Aristote ou Platon dans l'esprit de beaucoup de gens, elle imprime aussi du respect pour tous ceux qui les ont commentés ; et tel n'aurait pas fait l'apothéose de son auteur, s'il ne s'était imaginé comme enveloppé dans la même gloire.

Je ne prétends pas toutefois que tous les commentateurs donnent des louanges à leurs auteurs dans l'espérance du retour ; plusieurs en auraient quelque horreur s'ils y faisaient réflexion : ils les louent de bonne foi, et sans y entendre finesse ; ils n'y pensent pas, mais l'amour-propre y pense pour eux et sans qu'ils s'en aperçoivent. Les hommes ne sentent pas la chaleur qui est dans leur cœur, quoiqu'elle donne la vie et le mouvement à toutes les autres parties de leur corps ; il faut qu'ils se touchent et qu'ils se manient pour s'en convaincre, parce que cette chaleur est naturelle. Il en est de même de la vanité, elle est si naturelle à l'homme qu'il ne la sent pas ; et quoique ce soit elle qui donne pour ainsi dire la vie et le mouvement à la plupart de ses pensées et de ses desseins, elle le fait souvent d'une manière qui lui est imperceptible. Il faut se tâter, se manier, se sonder, pour savoir qu'on est vain. On ne connaît point assez que c'est la vanité qui donne le branle à la plupart des actions ; et quoique l'amour-propre le sache, il ne le sait que pour le déguiser au reste de l'homme.

Un commentateur ayant donc quelque rapport et quelque liaison avec l'auteur qu'il commente, son amour-propre ne manque pas de lui découvrir de grands sujets de louange en cet auteur, afin d'en profiter lui-même. Et cela se fait d'une manière si adroite, si fine et si délicate qu'on ne s'en aperçoit point. Mais ce n'est pas ici le lieu de découvrir les souplesses de l'amour-propre.

Les commentateurs ne louent pas seulement leurs auteurs, parce qu'ils sont prévenus d'estime pour eux et qu'ils se font honneur à eux-mêmes en les louant ; mais encore parce que c'est la coutume et qu'il semble qu'il en faille ainsi user. Il se trouve des personnes qui, n'ayant pas beaucoup d'estime pour certaines sciences ni pour certains auteurs, ne laissent pas de commenter ces auteurs et de s'appliquer à ces sciences, parce que leur emploi, le hasard ou même leur caprice les a engagés à ce travail ; et ceux-ci se croient obligés de louer d'une manière hyperbolique les sciences et les auteurs sur lesquels ils travaillent, quand même ce seraient des auteurs impertinents et des sciences très basses et très inutiles.

En effet, il serait assez ridicule qu'un homme entreprît de commenter un auteur qu'il croirait être impertinent, et qu'il s'appliquât sérieusement à écrire d'une matière qu'il penserait être inutile. Il faut donc, pour conserver sa réputation, louer son auteur et le sujet de son livre, quand l'un et l'autre seraient méprisables, et que la faute qu'on a faite d'entreprendre un méchant ouvrage soit réparée par une autre faute. C'est ce qui fait que des personnes doctes, qui commentent différents auteurs, disent souvent des choses qui se contredisent.

C'est aussi pour cela que presque toutes les préfaces ne sont point conformes à la vérité ni au bon sens. Si l'on commente Aristote, c'est le *génie de la nature*. Si l'on écrit sur Platon, c'est le *divin Platon*. On ne commente guère les ouvrages des hommes tout court ; ce sont toujours les ouvrages d'hommes tout divins, d'hommes qui ont été l'admiration de leur siècle, et qui ont reçu de Dieu des lumières toutes particulières. Il en est de même de la matière que l'on traite : c'est toujours la plus belle, la plus relevée, celle qu'il est le plus nécessaire de savoir.

Mais afin qu'on ne me croie pas sur ma parole, voici la manière dont un commentateur fameux entre les savants parle de l'auteur qu'il commente. C'est Averroès qui parle d'Aristote. Il dit, dans sa préface sur la physique de ce philosophe, qu'il a été l'inventeur de la logique, de la morale et de la métaphysique, et qu'il les a mises dans leur perfection. « Il les a portées à la perfection », dit-il, « car nul de ceux qui l'ont suivi jusqu'à présent n'a rien ajouté ; et l'on ne trouvera pas la moindre erreur dans ses paroles. Qu'il y ait un tel mérite en un seul individu est un miracle qui n'arrive qu'exceptionnellement. Et lorsqu'on trouve cette disposition en un seul homme, il est digne d'être divin plutôt qu'humain ». En d'autres endroits il lui donne des louanges bien plus pompeuses et bien plus magnifiques, comme *De la génération des animaux*, I : « Louons Dieu qui a distingué cet homme des autres par sa perfection et lui a confié la plus haute dignité humaine, une dignité qu'aucun homme ne saurait atteindre en aucun temps ». Le même dit aussi, livre I des *Destructions*, 3 : « La doctrine d'Aristote est la SOUVERAINE VÉRITÉ, puisque son entendement marque le terme de tout entendement humain ; aussi dit-on justement qu'il fut créé et nous fut donné par la providence divine pour que nous n'ignorions pas ce qu'il est possible de savoir »[1].

En vérité, ne faut-il pas être fou pour parler ainsi ; et ne faut-il pas que l'entêtement de cet auteur soit dégénéré en extravagance et en folie ? « La doctrine d'Aristote est la SOUVERAINE VÉRITÉ. Personne ne peut avoir de science qui égale, ni même qui approche de la sienne. C'est lui qui nous est donné de Dieu pour apprendre tout ce qui peut être connu. C'est lui qui rend tous les hommes sages ; et ils sont d'autant plus savants qu'ils entrent mieux dans sa pensée », comme il le dit en un autre endroit. « Aristote fut le maître à qui l'on doit tous les sages qui vinrent après lui, même s'ils diffèrent entre eux dans l'interprétation de ses écrits et dans les conséquences qui en découlent »[2]. Cependant les ouvrages de ce commentateur se sont répandus dans toute l'Europe et même en d'autres pays plus éloignés. Ils ont été traduits d'arabe en hébreu et d'hébreu en latin, et peut-être encore en bien d'autres langues, ce qui montre assez l'estime que les savants en ont faite ; de sorte qu'on n'a pu donner d'exemple plus sensible que celui-ci, de la préoccupation des personnes d'étude. Car il fait assez voir que non

---

1. Ces trois citations sont données en latin dans le texte.
2. En latin dans le texte.

seulement ils s'entêtent souvent de quelque auteur, mais aussi que leur entêtement se communique à d'autres à proportion de l'estime qu'ils ont dans le monde ; et qu'ainsi les fausses louanges que les commentateurs lui donnent, sont souvent cause que des personnes peu éclairées, qui s'adonnent à la lecture, se préoccupent et tombent dans une infinité d'erreurs. Voici un autre exemple.

Un illustre entre les savants, qui a fondé des chaires de géométrie et d'astronomie dans l'université d'Oxford, commence un livre qu'il s'est avisé de faire sur les huit premières propositions d'Euclide par ces paroles : « Mon dessein, chers auditeurs, est, si mes forces et ma santé y suffisent, d'expliquer les définitions, les postulats, les sentences communes et les huit premières propositions des premiers livres des *Éléments*, et de laisser le reste à ceux qui viendront après moi » ; et il le finit par celles-ci : « Par la grâce de Dieu, Messieurs, j'ai exécuté ma promesse et j'ai rempli mon engagement ; j'ai expliqué selon mes forces les définitions, les postulats, les sentences communes et les huit premières propositions des *Éléments* d'Euclide. Fatigué par les ans, je quitte les cercles et la méthode. D'autres me succèderont à cette tâche, qui jouiront peut-être d'un corps plus vigoureux et d'un esprit plus vif, etc. » [*]. Il ne faut pas une heure, à un esprit médiocre, pour apprendre par lui-même, ou par le secours du plus petit géomètre qu'il y ait, les définitions, les demandes, les axiomes et les huit premières propositions d'Euclide : à peine ont-ils besoin de quelque explication et cependant voici un auteur qui parle de cette entreprise, comme si elle était fort grande et fort difficile. Il a peur *que les forces lui manquent … Il laisse à ses*

---

[*] *Praelectiones* 13, *in principium* Elementorum *Euclidis* [par Henry Savile, Oxford, 1621, en latin dans le texte].

successeurs à pousser ces choses… Il remercie Dieu de ce que, par une grâce particulière, il a exécuté ce qu'il avait promis : quoi ? la quadrature du cercle ? la duplication du cube ? Ce grand homme a expliqué *pro modulo suo* les définitions, les demandes, les axiomes et les huit premières propositions du premier livre des *Éléments* d'Euclide. *Peut-être qu'entre ceux qui lui succéderont, il s'en trouvera qui auront plus de santé et plus de force que lui pour continuer ce bel ouvrage… mais pour lui il est temps qu'il se repose.*

Euclide ne pensait pas être si obscur, ou dire des choses si extraordinaires en composant ses *Éléments*, qu'il fût nécessaire de faire un livre de près de trois cents pages [*] pour expliquer ses définitions, ses axiomes, ses demandes et ses huit premières propositions. Mais ce savant Anglais sait bien relever la science d'Euclide ; et si l'âge le lui eût permis, et qu'il eût continué de la même force, nous aurions présentement douze ou quinze gros volumes sur les seuls éléments de géométrie, qui seraient fort utiles à tous ceux qui veulent apprendre cette science, et qui feront bien de l'honneur à Euclide.

Voilà les desseins bizarres dont la fausse érudition nous rend capables. Cet homme savait du grec, car nous lui avons l'obligation de nous avoir donné en grec les ouvrages de saint Chrysostome. Il avait peut-être lu les anciens géomètres, il savait historiquement leurs propositions, aussi bien que leur généalogie ; il avait pour l'antiquité tout le respect que l'on doit avoir pour la vérité. Et que produit cette disposition d'esprit ? Un commentaire des définitions de nom, des demandes, des axiomes et des huit premières propositions d'Euclide, beaucoup plus difficile à entendre et à retenir, je ne dis pas que

[*] In-quarto.

ces propositions qu'il commente, mais que tout ce qu'Euclide a écrit de géométrie.

Il y a bien des gens que la vanité fait parler grec et même quelquefois d'une langue qu'ils n'entendent pas, car les dictionnaires, aussi bien que les tables et les lieux communs, sont d'un grand secours à bien des auteurs; mais il y a peu de gens qui s'avisent d'entasser leur grec sur un sujet où il est si mal à propos de s'en servir, et c'est ce qui me fait croire que c'est la préoccupation et une estime déréglée pour Euclide qui a formé le dessein de ce livre dans l'imagination de son auteur.

Si cet homme eût fait autant usage de sa raison que de sa mémoire dans une matière où la seule raison doit être employée, ou s'il eût autant de respect et d'amour pour la vérité que de vénération pour l'auteur qu'il a commenté, il y a grande apparence qu'ayant employé tant de temps sur un sujet si petit, il serait tombé d'accord que les définitions que donne Euclide de l'angle plan et des lignes parallèles sont défectueuses, et qu'elles n'en expliquent point assez la nature, et que la seconde proposition est impertinente, puisqu'elle ne se peut prouver que par la troisième demande, laquelle on ne devrait pas sitôt accorder que cette seconde proposition, puisqu'en accordant la troisième demande, qui est que l'on puisse décrire de chaque point un cercle de l'intervalle qu'on voudra, on n'accorde pas seulement que l'on tire d'un point une ligne égale à une autre, ce qu'Euclide exécute par de grands détours dans cette seconde proposition, mais on accorde que l'on tire de chaque point un nombre infini de lignes de la longueur que l'on veut.

Mais le dessein de la plupart des commentateurs n'est pas d'éclaircir leurs auteurs et de chercher la vérité; c'est de faire montre de leur érudition et de défendre aveuglément les défauts mêmes de ceux qu'ils commentent. Ils ne parlent pas tant pour se faire entendre ni pour faire entendre leur auteur, que pour le faire admirer et pour se faire admirer eux-mêmes avec lui. Si celui dont nous parlons n'avait rempli son livre de passages grecs, de plusieurs noms d'auteurs peu connus, et de semblables remarques, assez inutiles pour entendre des notions communes, des définitions de nom et des demandes de géométrie, qui aurait lu son livre ? Qui l'aurait admiré ? Et qui aurait donné à son auteur la qualité de savant homme et d'homme d'esprit ?

Je ne crois pas que l'on puisse douter, après ce que l'on a dit, que la lecture indiscrète des auteurs ne préoccupe souvent l'esprit. Or, aussitôt qu'un esprit est préoccupé, il n'a plus tout à fait ce qu'on appelle le sens commun ; il ne peut plus juger sainement de tout ce qui a quelque rapport au sujet de sa préoccupation ; il en infecte tout ce qu'il pense il ne peut même guère s'appliquer à des sujets entièrement éloignés de ceux dont il est préoccupé. Ainsi, un homme entêté d'Aristote, ne peut goûter qu'Aristote ; il veut juger de tout par rapport à Aristote ; ce qui est contraire à ce philosophe lui paraîtra faux ; il aura toujours quelque passage d'Aristote à la bouche ; il le citera en toutes sortes d'occasions et pour toutes sortes de sujets : pour prouver des choses obscures et que personne ne conçoit ; pour prouver aussi des choses très évidentes et desquelles des enfants mêmes ne pourraient pas douter ; parce qu'Aristote lui est ce que la raison et l'évidence sont aux autres.

De même, si un homme est entêté d'Euclide et de géométrie, il voudra rapporter à des lignes et à des propositions de son auteur tout ce que vous lui direz. Il ne vous parlera que par rapport à sa science : le tout ne sera plus grand que sa partie, que parce qu'Euclide l'a dit ; et il n'aura point de honte de le citer pour le prouver, comme je l'ai remarqué quelquefois. Mais cela est encore bien plus ordinaire, à ceux qui suivent d'autres auteurs que ceux de géométrie, et on trouve très fréquemment dans leurs livres de grands passages grecs, hébreux, arabes, pour prouver des choses qui sont dans la dernière évidence.

Tout cela leur arrive à cause que les traces que les objets de leur préoccupation ont imprimées dans les fibres de leur cerveau sont si profondes qu'elles demeurent toujours entr'ouvertes, et que les esprits animaux, y passant continuellement, les entretiennent toujours sans leur permettre de se fermer ; de sorte que, l'âme étant contrainte d'avoir toujours les pensées qui sont liées avec ces traces, elle en devient comme esclave, et elle est toujours troublée et inquiétée, lors même que, connaissant son égarement, elle veut tâcher d'y remédier. Ainsi, elle est continuellement en danger de tomber dans un très grand nombre d'erreurs, si elle ne demeure toujours en garde et dans une résolution inébranlable d'observer la règle dont on a parlé au commencement de cet ouvrage, c'est-à-dire de ne donner un consentement entier qu'à des choses entièrement évidentes.

Je ne parle point ici du mauvais choix que font la plupart du genre d'étude auquel ils s'appliquent. Cela se doit traiter dans la morale, quoique cela se puisse aussi rapporter à ce qu'on vient de dire de la préoccupation. Car, lorsqu'un homme se jette à corps perdu dans la lecture des rabbins et des livres de toutes sortes de langues les plus inconnues et par conséquent les plus inutiles, et qu'il y consume toute sa vie, il le fait sans doute par préoccupation et sur une espérance imaginaire de devenir savant, quoiqu'il ne puisse jamais acquérir par cette voie aucune véritable science. Mais comme cette application à une étude inutile ne nous jette pas tant dans l'erreur qu'elle nous fait perdre notre temps, le plus précieux de nos biens, pour nous remplir d'une sotte vanité, on ne parlera point ici de ceux qui se mettent en tête de devenir savants dans toutes ces sortes de sciences basses ou inutiles, desquelles le nombre est fort grand et que l'on étudie d'ordinaire avec trop de passion.

Chapitre VII

I. *Des inventeurs de nouveaux systèmes*

Nous venons de faire voir l'état de l'imagination des personnes d'étude qui donnent tout à l'autorité de certains auteurs ; il y en a encore d'autres qui leur sont bien opposés. Ceux-ci ne respectent jamais les auteurs, quelque estime qu'ils aient parmi les savants. S'ils les ont estimés, ils ont bien changé depuis ; ils s'érigent eux-mêmes en auteurs. Ils veulent être les inventeurs de quelque opinion nouvelle, afin d'acquérir par là quelque réputation dans le monde ; et ils assurent qu'en disant quelque chose qui n'ait point encore été dit, ils ne manqueront pas d'admirateurs.

Ces sortes de gens ont d'ordinaire l'imagination assez forte ; les fibres de leur cerveau sont de telle nature qu'elles conservent longtemps les traces qui leur ont été imprimées. Ainsi, lorsqu'ils ont une fois imaginé un système qui a quelque vraisemblance, on ne peut plus les en détromper. Ils retiennent et conservent très chèrement toutes les choses qui peuvent servir en quelque manière à le confirmer, et au contraire ils n'aperçoivent presque pas toutes les objections qui lui sont opposées ou bien ils s'en défont par quelque distinction frivole. Ils se plaisent intérieurement dans la vue de leur ouvrage et de l'estime qu'ils espèrent en recevoir. Ils ne s'appliquent qu'à considérer l'image de la vérité que portent leurs opinions vraisemblables ; ils arrêtent cette image fixe devant leurs yeux, mais ils ne regardent jamais d'une vue arrêtée les autres faces de leurs sentiments, lesquelles leur en découvriraient la fausseté.

Il faut de grandes qualités pour trouver quelque véritable système ; car il ne suffit pas d'avoir beaucoup de vivacité et de pénétration, il faut outre cela une certaine grandeur et une certaine étendue d'esprit qui puisse envisager un très grand nombre de choses à la fois. Les petits esprits, avec toute leur vivacité et toute leur délicatesse, ont la vue trop courte pour voir tout ce qui est nécessaire à l'établissement de quelque système. Ils s'arrêtent à de petites difficultés qui les rebutent ou à quelques lueurs qui les éblouissent ; ils n'ont pas la vue assez étendue pour voir tout le corps d'un grand sujet en même temps.

Mais quelque étendue et quelque pénétration qu'ait l'esprit, si avec cela il n'est exempt de passion et de préjugé, il n'y a rien à espérer. Les préjugés occupent une partie de l'esprit et en infectent tout le reste. Les passions confondent toutes les idées en mille manières et nous font presque toujours voir dans les objets tout ce que nous désirons d'y trouver. La passion même que nous avons pour la vérité nous trompe quelquefois lorsqu'elle est trop ardente, mais le désir de paraître savant est ce qui nous empêche le plus d'acquérir une science véritable.

Il n'y a donc rien de plus rare que de trouver des personnes capables de faire de nouveaux systèmes ; cependant il n'est pas fort rare de trouver des gens qui s'en soient formé quelqu'un à leur fantaisie. On ne voit que fort peu de ceux qui étudient beaucoup raisonner selon les notions communes ; il y a toujours quelque irrégularité dans leurs idées, et cela marque assez qu'ils ont quelque système particulier qui ne nous est pas connu. Il est vrai que tous les livres qu'ils composent ne s'en sentent pas ; car, quand il est question d'écrire pour le public, on prend garde de plus près à ce qu'on dit, et l'attention toute seule suffit assez souvent pour nous détromper. On voit toutefois de temps en temps quelques livres qui prouvent assez ce que l'on vient de dire ; car il y a même des personnes qui font gloire de marquer dès le commencement de leur livre qu'ils ont inventé quelque nouveau système.

Le nombre des inventeurs de nouveaux systèmes s'augmente encore beaucoup par ceux qui s'étaient préoccupés de quelque auteur; parce qu'il arrive souvent que, n'ayant rencontré rien de vrai ni de solide dans les opinions des auteurs qu'ils ont lus, ils entrent premièrement dans un grand dégoût et un grand mépris de toutes sortes de livres, et ensuite ils imaginent une opinion vraisemblable qu'ils embrassent de tout leur cœur et dans laquelle ils se fortifient de la manière qu'on vient d'expliquer.

Mais lorsque cette grande ardeur qu'ils ont eue pour leur opinion s'est ralentie ou que le dessein de la faire paraître en public les a obligés à l'examiner avec une attention plus exacte et plus sérieuse, ils en découvrent la fausseté et ils la quittent, mais avec cette condition qu'ils n'en prendront jamais d'autres, et qu'ils condamneront absolument tous ceux qui prétendront avoir découvert quelque vérité.

II. *Erreur considérable des personnes d'étude*

De sorte que la dernière et la plus dangereuse erreur où tombent plusieurs personnes d'étude, c'est qu'ils prétendent qu'on ne peut rien savoir. Ils ont lu beaucoup de livres anciens et nouveaux où ils n'ont point trouvé la vérité; ils ont eu plusieurs belles pensées qu'ils ont trouvées fausses après les avoir examinées avec plus d'attention. De là ils concluent que tous les hommes leur ressemblent et que, si ceux qui croient avoir découvert quelques vérités y faisaient une réflexion plus sérieuse, ils se détromperaient aussi bien qu'eux. Cela leur suffit pour les condamner sans entrer dans un examen plus particulier, parce que, s'ils ne les condamnaient pas, ce serait en quelque manière tomber d'accord qu'ils ont plus d'esprit qu'eux, et cela ne leur paraît pas vraisemblable.

Ils regardent donc comme opiniâtres tous ceux qui assurent quelque chose comme certain, et ils ne veulent pas qu'on parle des sciences comme des vérités évidentes desquelles on ne peut pas raisonnablement douter, mais seulement comme des opinions qu'il est bon de ne pas ignorer. Cependant ces personnes devraient considérer que s'ils ont lu un fort grand nombre de livres, ils ne les ont pas néanmoins lus tous, ou qu'ils ne les ont pas lus avec toute l'attention nécessaire pour les bien comprendre, et que s'ils ont eu beaucoup de belles pensées qu'ils ont trouvées fausses dans la suite, néanmoins ils n'ont pas eu toutes celles qu'on peut avoir. Et qu'ainsi il se peut bien faire que d'autres auront mieux rencontré qu'eux, et il n'est pas nécessaire, absolument parlant, que ces autres aient plus d'esprit qu'eux, si cela les choque, car il suffit qu'ils aient été plus heureux. On ne leur fait point de tort quand on dit qu'on sait avec évidence ce qu'ils ignorent, puisqu'on dit en même temps que plusieurs siècles ont ignoré les mêmes vérités, non pas faute de bons esprits, mais parce que ces bons esprits n'ont pas bien rencontré d'abord.

Qu'ils ne se choquent donc point si on voit clair et si on parle comme l'on voit. Qu'ils s'appliquent à ce qu'on leur dit, si leur esprit est encore capable d'application après tous leurs égarements, et qu'ils jugent ensuite, il leur est permis; mais qu'ils se taisent s'ils ne veulent rien examiner. Qu'ils fassent un peu quelque réflexion, si cette réponse qu'ils font d'ordinaire sur la plupart des choses qu'on leur demande : *On ne sait pas cela, personne ne sait comment cela se fait,* n'est pas une réponse peu judicieuse, puisque, pour la faire, il faut de nécessité qu'ils croient savoir tout ce que les hommes savent ou tout ce que les hommes peuvent savoir. Car s'ils n'avaient pas cette pensée-là d'eux-mêmes, leur réponse serait encore plus impertinente. Et pourquoi trouvent-ils tant de difficulté à dire : *Je n'en sais rien,* puisqu'en certaines rencontres ils tombent d'accord qu'ils ne savent rien; et pourquoi faut-il conclure que tous les hommes sont ignorants à cause qu'ils sont intérieurement convaincus qu'ils sont eux-mêmes des ignorants?

Il y a donc trois sortes de personnes qui s'appliquent à l'étude. Les uns s'entêtent mal à propos de quelque auteur ou de quelque science inutile ou fausse. Les autres se préoccupent de leurs propres fantaisies. Enfin les derniers, qui viennent d'ordinaire des deux autres, sont ceux qui s'imaginent connaître tout ce qui peut être connu, et qui, persuadés qu'ils ne savent rien avec certitude, concluent généralement qu'on ne peut rien savoir avec évidence, et regardent toutes les choses qu'on leur dit comme de simples opinions.

Il est facile de voir que tous les défauts de ces trois sortes de personnes dépendent des propriétés de l'imagination qu'on a expliquées dans les chapitres précédents, et que tout cela ne leur arrive que par des préjugés qui leur bouchent l'esprit et qui ne leur permettent pas d'apercevoir d'autres objets que ceux de leur préoccupation. On peut dire que leurs préjugés font dans leur esprit ce que les ministres des princes font à l'égard de leurs maîtres. Car, de même que ces personnes ne permettent autant qu'ils peuvent qu'à ceux qui sont dans leurs intérêts ou qui ne peuvent les déposséder de leur faveur de parler à leurs maîtres : ainsi les préjugés de ceux-ci ne permettent pas que leur esprit regarde fixement les idées des objets toutes pures et sans mélange; mais ils les déguisent, ils les couvrent de leurs livrées, et ils les lui présentent ainsi toutes masquées, de sorte qu'il est très difficile qu'il se détrompe et reconnaisse ses erreurs.

CHAPITRE VIII

Ce que nous venons de dire suffit, ce me semble, pour reconnaître en général quels sont les défauts d'imagination des personnes d'étude et les erreurs auxquelles ils sont le plus sujets. Or, comme il n'y a guère que ces personnes-là qui se mettent en peine de chercher la vérité et même que tout le monde s'en rapporte à eux, il semble qu'on pourrait finir ici cette seconde partie. Cependant, il est à propos de dire encore quelque chose des erreurs des autres hommes parce qu'il ne sera pas inutile d'en être averti.

I. Des esprits efféminés

Tout ce qui flatte les sens nous touche extrêmement, et tout ce qui nous touche nous applique[1] à proportion qu'il nous touche. Ainsi ceux qui s'abandonnent à toutes sortes de divertissements très sensibles et très agréables ne sont pas capables de pénétrer des vérités qui renferment quelque difficulté considérable, parce que la capacité de leur esprit, qui n'est pas infinie, est toute remplie de leurs plaisirs, ou du moins elle en est fort partagée.

La plupart des grands, des gens de cour, des personnes riches, des jeunes gens et de ceux qu'on appelle beaux esprits, étant dans des divertissements continuels et n'étudiant que l'art de plaire par tout ce qui flatte la concupiscence et les sens, ils acquièrent peu à peu une telle délicatesse dans ces choses ou une telle mollesse qu'on peut dire fort souvent que ce sont plutôt des esprits efféminés que des esprits fins, comme ils le prétendent; car il y a bien de la différence entre la véritable finesse de l'esprit et la mollesse, quoique l'on confonde ordinairement ces deux choses.

Les esprits fins sont ceux qui remarquent par la raison jusques aux moindres différences des choses; qui prévoient les effets qui dépendent des causes cachées, peu ordinaires et peu visibles; enfin ce sont ceux qui pénètrent davantage les sujets qu'ils considèrent. Mais les esprits mous n'ont qu'une fausse délicatesse; ils ne sont ni vifs ni perçants; ils ne voient pas les

1. nous occupe

effets des causes même les plus grossières et les plus palpa-bles; enfin ils ne peuvent rien embrasser ni rien pénétrer, mais ils sont extrêmement délicats pour les manières. Un mauvais mot, un accent de province, une petite grimace les irrite infi-niment plus qu'un amas confus de méchantes raisons; ils ne peuvent reconnaître le défaut d'un raisonnement, mais ils sentent parfaitement bien une fausse mesure et un geste mal réglé. En un mot, ils ont une parfaite intelligence des choses sensibles, parce qu'ils ont fait un usage continuel de leurs sens; mais ils n'ont point la véritable intelligence des choses qui dépendent de la raison, parce qu'ils n'ont presque jamais fait usage de la leur.

Cependant ce sont ces sortes de gens qui ont le plus d'estime dans le monde et qui acquièrent plus facilement la réputation de bel esprit; car, lorsqu'un homme parle avec un air libre et dégagé, que ses expressions sont pures et bien choisies, qu'il se sert de figures qui flattent les sens et qui excitent les passions d'une manière imperceptible, quoiqu'il ne dise que des sottises et qu'il n'y ait rien de bon ni rien de vrai sous ces belles paroles, c'est suivant l'opinion commune, un bel esprit, c'est un esprit fin, c'est un esprit délié. On ne s'aperçoit pas que c'est seulement un esprit mou et efféminé, qui ne brille que par de fausses lueurs et qui n'éclaire jamais, qui ne persuade que parce que nous avons des oreilles et des yeux, et non point parce que nous avons de la raison.

Au reste, l'on ne nie pas que tous les hommes ne se sentent de cette faiblesse que l'on vient de remarquer en quelques-uns d'entre eux. Il n'y en a point dont l'esprit ne soit touché par les impressions de leurs sens et de leurs passions, et, par conséquent, qui ne s'arrête quelque peu aux manières : tous les hommes ne diffèrent en cela que du plus ou du moins. Mais la raison pour laquelle on a attribué ce défaut à quelques-uns en particulier, c'est qu'il y en a qui voient bien que c'est un défaut et qui s'appliquent à s'en corriger, au lieu que ceux dont on vient de parler le regardent comme une qualité fort avantageuse. Bien loin de reconnaître que cette fausse délicatesse est l'effet d'une mollesse efféminée et l'origine d'un nombre infini de maladies d'esprit, ils s'imaginent que c'est un effet et une marque de la beauté de leur génie.

II. *Des esprits superficiels*

On peut joindre à ceux dont on vient de parler un fort grand nombre d'esprits superficiels qui n'approfondissent jamais rien et qui n'aperçoivent que confusément les différences des choses, non par leur faute, comme ceux dont on vient de parler, car ce ne sont point les divertissements qui leur rendent l'esprit petit, mais parce qu'ils l'ont naturellement petit. Cette petitesse d'esprit ne vient pas de la nature de l'âme, comme on pourrait se l'imaginer, elle est causée quelquefois par une grande disette ou par une grande lenteur des esprits animaux, quelquefois par l'inflexibilité des fibres du cerveau, quelquefois aussi par une abondance immodérée des esprits et du sang, ou par quelque autre cause qu'il n'est pas nécessaire de savoir.

Il y a donc des esprits de deux sortes : les uns remarquent aisément les différences des choses, et ce sont les bons esprits ; les autres imaginent et supposent de la ressemblance entre elles, et ce sont les esprits superficiels. Les premiers ont le cerveau propre à recevoir des traces nettes et distinctes des objets qu'ils considèrent ; et, parce qu'ils sont fort attentifs aux idées de ces traces, ils voient ces objets comme de près, et rien ne leur échappe. Mais les esprits superficiels n'en reçoivent que des traces faibles ou confuses ; ils ne les voient que comme en passant, de loin et fort confusément, de sorte qu'elles leur paraissent semblables, comme les visages de ceux que l'on regarde de trop loin, parce que l'esprit suppose toujours de la ressemblance et de l'égalité où il n'est pas obligé de reconnaître de différence et d'inégalité, pour les raisons que je dirai dans le troisième livre.

La plupart de ceux qui parlent en public, tous ceux qu'on appelle grands parleurs, et beaucoup même de ceux qui s'énoncent[1] avec beaucoup de facilité, quoiqu'ils parlent fort peu, sont de ce genre ; car il est extrêmement rare que ceux qui méditent sérieusement puissent bien expliquer les choses qu'ils ont méditées. D'ordinaire ils hésitent quand ils entreprennent d'en parler, parce qu'ils ont quelque scrupule de se servir de termes qui réveillent dans les autres une fausse idée. Ayant honte de parler simplement pour parler, comme font beaucoup de gens qui parlent cavalièrement de toutes choses, ils ont beaucoup de peine à trouver des paroles qui expriment bien des pensées qui ne sont pas ordinaires.

III. *Des personnes d'autorité*

Quoiqu'on honore infiniment les personnes de piété, les théologiens, les vieillards, et généralement tous ceux qui ont acquis avec justice beaucoup d'autorité sur les autres hommes, cependant on croit être obligé de dire d'eux qu'il arrive souvent qu'ils se croient infaillibles, à cause que le monde les écoute avec respect, qu'ils font peu d'usage de leur esprit pour découvrir les vérités spéculatives, et qu'ils condamnent trop librement tout ce qu'il leur plaît de condamner, sans l'avoir considéré avec assez d'attention. Ce n'est pas qu'on trouve à redire qu'ils ne s'appliquent pas à beaucoup de sciences qui ne sont pas fort nécessaires ; il leur est permis de ne s'y point appliquer, et même de les mépriser : mais ils n'en doivent pas juger par fantaisie et sur des soupçons mal fondés ; car ils doivent

---

1. s'expriment

considérer que la gravité avec laquelle ils parlent, l'autorité qu'ils ont acquise sur l'esprit des autres, et la coutume qu'ils ont de confirmer ce qu'ils disent par quelque passage de la sainte Écriture, jetteront infailliblement dans l'erreur ceux qui les écoutent avec respect et qui, n'étant pas capables d'examiner les choses à fond, se laissent surprendre aux manières et aux apparences.

Lorsque l'erreur porte les livrées de la vérité, elle est souvent plus respectée que la vérité même, et ce faux respect a des suites très dangereuses. « La pire chose est en effet l'apothéose de l'erreur ; et c'est une vraie peste pour l'entendement que la vénération accordée aux choses vaines »*. Ainsi, lorsque certaines personnes, ou par un faux zèle ou par l'amour qu'ils ont eu pour leurs propres pensées, se sont servis de l'Écriture sainte pour établir de faux principes de physique, ou de métaphysique, ils ont été souvent écoutés comme des oracles par des gens qui les ont crus sur leur parole, à cause du respect qu'ils devaient à l'autorité sainte ; mais il est aussi arrivé que quelques esprits mal faits ont pris sujet de là de mépriser la religion, de sorte que, par un renversement étrange, l'Écriture sainte a été cause de l'erreur de quelques-uns, et la vérité a été le motif et l'origine de l'impiété de quelques autres. Il faut donc bien prendre garde, dit l'auteur que nous venons de citer, de ne pas chercher les choses mortes avec les vivantes, et de ne pas prétendre par son propre esprit découvrir dans la sainte Écriture ce que le Saint-Esprit n'y a pas voulu déclarer. « Ce mélange malsain », continue-t-il, « des choses divines et humaines suscite plus qu'une philosophie imaginée, elle cause encore une religion hérétique. C'est pourquoi, il n'est rien de plus salutaire que de garder mesure et de réserver à la foi ce qui

---

* Le chancelier Bacon, *Novum Organum* I, 65 [en latin dans le texte].

est à la foi ». Toutes les personnes donc qui ont autorité sur les autres, ne doivent rien décider qu'après y avoir d'autant plus pensé que leurs décisions sont plus suivies ; et les théologiens principalement doivent bien prendre garde à ne point faire mépriser la religion par un faux zèle ou pour se faire estimer eux-mêmes et donner cours à leurs opinions. Mais parce que ce n'est pas à moi à leur dire ce qu'ils doivent faire, qu'ils écoutent saint Thomas, leur maître, qui, étant interrogé par son général pour savoir son sentiment sur quelques articles, lui répond par saint Augustin, en ces termes :

Il est bien dangereux de parler décisivement sur des matières qui ne sont point de la foi comme si elles en étaient. Saint Augustin nous l'apprend dans le cinquième livre de ses *Confessions.* « Lorsque je vois, dit-il, un chrétien qui ne sait pas les sentiments des philosophes touchant les cieux, les étoiles et les mouvements du soleil et de la lune, et qui prend une chose pour une autre, je le laisse dans ses opinions et dans ses doutes ; car je ne vois pas que l'ignorance où il est de la situation des corps et des différents arrangements de la matière lui puisse nuire, pourvu qu'il n'ait pas des sentiments indignes de vous, ô Seigneur ! qui nous avez tous créés. Mais il se fait tort s'il se persuade que ces choses touchent la religion, et s'il est assez hardi pour assurer avec opiniâtreté ce qu'il ne sait point ». Le même saint explique encore plus clairement sa pensée sur ce sujet, dans le premier livre de l'explication littérale de la *Genèse*, en ces termes : « Un chrétien doit bien prendre garde à ne point parler de ces choses comme si elles étaient de la sainte Écriture ; car un infidèle qui lui entendrait dire des extrava-gances qui n'auraient aucune apparence de vérité, ne pourrait pas s'empêcher d'en rire. Ainsi le chrétien n'en recevrait que de la confusion, et l'infidèle en serait mal édifié. Toutefois, ce qu'il y a de plus fâcheux dans ces rencontres n'est pas que l'on voie qu'un homme s'est trompé, mais c'est que les infidèles que nous tâchons de convertir s'imaginent faussement, et pour leur perte inévitable, que nos auteurs ont des sentiments aussi extravagants; de sorte qu'ils les condamnent et les méprisent comme des ignorants. Il est donc, ce me semble, bien plus à propos de ne point assurer comme des dogmes de la foi des opinions communément reçues des philosophes, lesquelles ne sont point contraires à notre foi, quoiqu'on puisse se servir quelquefois de l'autorité des philosophes pour les faire recevoir. Il ne faut point aussi rejeter ces opinions comme étant contraires à notre foi, pour ne point donner de sujet aux sages de ce monde de mépriser les vérités saintes de la religion chrétienne » *.

La plupart des hommes sont si négligents et si déraisonnables, qu'ils ne font point de discernement entre la parole de Dieu et celle des hommes lorsqu'elles sont jointes ensemble; de sorte qu'ils tombent dans l'erreur en les approuvant toutes deux, ou dans l'impiété en les méprisant indifféremment. Il est encore bien facile de voir la cause de ces dernières erreurs et qu'elles dépendent de la liaison des idées expliquées dans le chapitre v; et il n'est pas nécessaire de s'arrêter à l'expliquer davantage.

IV. *De ceux qui font des expériences*

Il semble à propos de dire ici quelque chose des chimistes, et généralement de tous ceux qui emploient leur temps à faire des expériences. Ce sont des gens qui cherchent la vérité; on suit ordinairement leurs opinions sans les examiner. Ainsi leurs erreurs sont d'autant plus dangereuses qu'ils les communiquent aux autres avec plus de facilité.

---

* Saint Thomas, *Réponse au maître J. de Vercellis sur les XLII articles*, opuscule 9 [traduction de Malebranche en regard du texte latin; saint Augustin, *Confessions*, V, 9].

Il vaut mieux sans doute étudier la nature que les livres ; les expériences visibles et sensibles prouvent certainement beaucoup plus que les raisonnements des hommes, et on ne peut trouver à redire que ceux qui sont engagés par leur condition à l'étude de la physique tâchent de s'y rendre habiles par des expériences continuelles, pourvu qu'ils s'appliquent encore davantage aux sciences qui leur sont encore plus nécessaires. On ne blâme donc point la philosophie expérimentale ni ceux qui la cultivent, mais seulement leurs défauts.

Le premier est que, pour l'ordinaire, ce n'est point la lumière de la raison qui les conduit dans l'ordre de leurs expériences : ce n'est que le hasard ; ce qui fait qu'ils n'en deviennent guère plus éclairés ni plus savants après y avoir employé beaucoup de temps et de bien.

Le second est qu'ils s'arrêtent plutôt à des expériences curieuses et extraordinaires qu'à celles qui sont les plus communes. Cependant il est visible que les plus communes étant les plus simples, il faut s'y arrêter d'abord avant que de s'appliquer à celles qui sont plus composées et qui dépendent d'un plus grand nombre de causes.

Le troisième est qu'ils cherchent avec ardeur et avec assez de soin les expériences qui apportent du profit et qui négligent celles qui ne servent qu'à éclairer l'esprit.

Le quatrième est qu'ils ne remarquent pas avec assez d'exactitude toutes les circonstances particulières, comme du temps, du lieu, de la qualité des drogues dont ils se servent, quoique la moindre de ces circonstances soit quelquefois capable d'empêcher l'effet qu'on espère. Car il faut observer que tous les termes dont les physiciens se servent sont équivoques, et que le mot de *vin*, par exemple, signifie autant de choses différentes qu'il y a de différents terroirs, de différentes saisons, de différentes manières de faire le vin et de le garder ; de sorte qu'on peut même dire, en général, qu'il n'y en a pas deux

tonneaux tout à fait semblables; et qu'ainsi, quand un physi-
cien dit : *Pour faire telle expérience, prenez du vin*, on ne sait
que très confusément ce qu'il veut dire. C'est pourquoi il faut
user d'une très grande circonspection dans les expériences, et
ne descendre point aux composées que lorsqu'on a bien connu
la raison des plus simples et des plus ordinaires.

Le cinquième est que d'une seule expérience ils en tirent
trop de conséquences. Il faut, au contraire, presque toujours,
plusieurs expériences pour bien conclure une seule chose,
quoiqu'une seule expérience puisse aider à tirer plusieurs
conclusions.

Enfin la plupart des physiciens et des chimistes ne considèrent que les effets particuliers de la nature : ils ne remontent
jamais aux premières notions des choses qui composent les
corps. Cependant il est indubitable qu'on ne peut connaître
clairement et distinctement les choses particulières de la physique si on ne possède bien ce qu'il y a de plus général et si on
ne s'élève même jusqu'au métaphysique. Enfin ils manquent
souvent de courage et de constance; ils se lassent à cause de
la fatigue et de la dépense. Il y a encore beaucoup d'autres
défauts dans les personnes dont nous venons de parler, mais on
ne prétend pas tout dire.

Les causes des fautes qu'on a remarquées sont le peu
d'application, les propriétés de l'imagination expliquées
dans le chapitre V de la première partie de ce livre, et dans
le chapitre II de celle-ci, et surtout de ce qu'on ne juge de la
différence des corps et du changement qui leur arrive que par
les sensations qu'on en a, selon ce qu'on a expliqué dans le
premier livre.

TROISIÈME PARTIE

De la communication contagieuse
des imaginations fortes

CHAPITRE PREMIER

Après avoir expliqué la nature de l'imagination, les défauts auxquels elle est sujette et comment notre propre imagination nous jette dans l'erreur, il ne reste plus à parler dans ce second livre que de la communication contagieuse des imaginations fortes ; je veux dire de la force que certains esprits ont sur les autres pour les engager dans leurs erreurs.

Les imaginations fortes sont extrêmement contagieuses ; elles dominent sur celles qui sont faibles ; elles leur donnent peu à peu leurs mêmes tours et leur impriment leurs mêmes caractères. Ainsi ceux qui ont l'imagination forte et vigoureuse, étant tout à fait déraisonnables, il y a très peu de causes plus générales des erreurs des hommes que cette communication dangereuse de l'imagination.

Pour concevoir ce que c'est que cette contagion et comment elle se transmet de l'un à l'autre, il faut savoir que les hommes ont besoin les uns des autres et qu'ils sont faits pour composer ensemble plusieurs corps dont toutes les parties aient entre elles une mutuelle correspondance. C'est pour entretenir cette union que Dieu leur a commandé d'avoir de la charité les uns pour les autres. Mais parce que l'amour-propre pouvait peu à peu éteindre la charité et rompre ainsi le nœud de la société civile, il a été à propos, pour la conserver, que Dieu unît encore les hommes par des liens naturels qui subsistassent au défaut de la charité et qui intéressassent l'amour-propre.

I. *De la disposition que nous avons à imiter les autres en toutes choses, laquelle est l'origine de la communication des erreurs qui dépendent de la puissance de l'imagination*

Ces liens naturels, qui nous sont communs avec les bêtes, consistent dans une certaine disposition du cerveau qu'ont tous les hommes, pour imiter quelques-uns de ceux avec lesquels ils conversent, pour former les mêmes jugements qu'ils font et pour entrer dans les mêmes passions dont ils sont agités. Et cette disposition lie d'ordinaire les hommes les uns avec les autres beaucoup plus étroitement qu'une charité fondée sur la raison, laquelle charité est assez rare.

Lorsqu'un homme n'a pas cette disposition du cerveau pour entrer dans nos sentiments et dans nos passions, il est incapable par sa nature de se lier avec nous, et de faire un même corps; il ressemble à ces pierres irrégulières qui ne peuvent trouver leur place dans un bâtiment, parce qu'on ne les peut joindre avec les autres.

> Les tristes haïssent l'ami de la joie et ceux qui rient haïssent le triste; les vifs n'aiment point l'indolent ni les nonchalants l'actif et le diligent [1].

Il faut plus de vertu qu'on ne pense pour ne pas rompre avec ceux qui n'ont point d'égard à nos passions et qui ont des

---

1. Horace, *Épîtres*, Liv. I, ép. 18, 89-90 [en latin dans le texte].

sentiments contraires aux nôtres. Et ce n'est pas tout à fait sans raison ; car lorsqu'un homme a sujet d'être dans la tristesse ou dans la joie, c'est lui insulter en quelque manière que de ne pas entrer dans ses sentiments. S'il est triste, on ne doit pas se présenter devant lui avec un air gai et enjoué qui marque de la joie et qui en imprime les mouvements avec effort dans son imagination ; parce que c'est le vouloir ôter de l'état qui lui est le plus convenable et le plus agréable ; la tristesse même étant la plus agréable de toutes les passions à un homme qui souffre quelque misère.

II. *Deux causes principales qui augmentent la disposition que nous avons à imiter les autres*

Tous les hommes ont donc une certaine disposition de cerveau qui les porte naturellement à se composer de la même manière que quelques-uns de ceux avec qui ils vivent. Or cette disposition a deux causes principales qui l'entretiennent et qui l'augmentent. L'une est dans l'âme et l'autre dans le corps. La première consiste principalement dans l'inclination qu'ont tous les hommes pour la grandeur et pour l'élévation, pour obtenir dans l'esprit des autres une place honorable. Car c'est cette inclination qui nous excite secrètement à parler, à marcher, à nous habiller et à prendre l'air des personnes de qualité. C'est la source des modes nouvelles, de l'instabilité des langues vivantes et même de certaines corruptions générales des mœurs. Enfin, c'est la principale origine de toutes les nouveautés extravagantes et bizarres qui ne sont point appuyées sur la raison, mais seulement sur la fantaisie des hommes.

L'autre cause qui augmente la disposition que nous avons à imiter les autres, de laquelle nous devons principalement parler ici, consiste dans une certaine impression que les personnes d'une imagination forte font sur les esprits faibles et sur les cerveaux tendres et délicats.

III. *Ce que c'est qu'imagination forte*

J'entends par imagination forte et vigoureuse cette constitution du cerveau qui le rend capable de vestiges et de traces extrêmement profondes, et qui remplissent tellement la capacité de l'âme qu'elles l'empêchent d'apporter quelque attention à d'autres choses qu'à celles que ces images représentent.

IV. *Il y en a deux sortes*

Il y a deux sortes de personnes qui ont l'imagination forte dans ce sens. Les premières reçoivent ces profondes traces par l'impression involontaire et déréglée des esprits animaux, et les autres, desquels on veut principalement parler, les reçoivent par la disposition qui se trouve dans la substance de leur cerveau.

Il est visible que les premiers sont entièrement fous, puisqu'ils sont contraints par l'union naturelle qui est entre leurs idées et ces traces, de penser à des choses auxquelles les autres avec qui ils conversent ne pensent pas, ce qui les rend incapables de parler à propos et de répondre juste aux demandes qu'on leur fait.

Il y en a d'une infinité de sortes qui ne diffèrent que du plus et du moins; et l'on peut dire que tous ceux qui sont agités de quelque passion violente sont de leur nombre, puisque dans le temps de leur émotion les esprits animaux impriment avec tant de force les traces et les images de leur passion, qu'ils ne sont pas capables de penser à autre chose.

Mais il faut remarquer que toutes ces sortes de personnes ne sont pas capables de corrompre l'imagination des esprits même les plus faibles et des cerveaux les plus mous et les plus délicats, pour deux raisons principales. La première, parce que, ne pouvant répondre conformément aux idées des autres, ils ne peuvent leur rien persuader ; et la seconde, parce que, le dérèglement de leur esprit étant tout à fait sensible, on n'écoute qu'avec mépris tous leurs discours.

Il est vrai néanmoins que les personnes passionnées nous passionnent et qu'elles font dans notre imagination des impressions qui ressemblent à celles dont elles sont touchées ; mais comme leur emportement est tout à fait visible, on résiste à ces impressions et l'on s'en défait d'ordinaire quelque temps après. Elles s'effacent d'elles-mêmes lorsqu'elles ne sont point entretenues par la cause qui les avait produites, c'est-à-dire lorsque ces emportés ne sont plus en notre présence, et que la vue sensible des traits que la passion formait sur leur visage, ne produit plus aucun changement dans les fibres de notre cerveau, ni aucune agitation dans nos esprits animaux.

Je n'examine ici que cette sorte d'imagination forte et vigoureuse qui consiste dans une disposition du cerveau propre pour recevoir des traces fort profondes des objets les plus faibles et les moins agissants.

Ce n'est pas un défaut que d'avoir le cerveau propre pour imaginer fortement les choses et recevoir des images très distinctes et très vives des objets les moins considérables ; pourvu que l'âme demeure toujours la maîtresse de l'imagination, que ces images s'impriment par ses ordres et qu'elles s'effacent quand il lui plaît, c'est au contraire l'origine de la finesse et de la force de l'esprit. Mais lorsque l'imagination domine sur l'âme et que, sans attendre les ordres de la volonté, ces traces se forment par la disposition du cerveau et par l'action des objets et des esprits, il est visible que c'est une très mauvaise qualité et une espèce de folie. Nous allons tâcher de faire connaître le caractère de ceux qui ont l'imagination de cette sorte.

Il faut pour cela se souvenir que la capacité de l'esprit est très bornée ; qu'il n'y a rien qui remplisse si fort sa capacité que les sensations de l'âme, et généralement toutes les perceptions des objets qui nous touchent beaucoup, et que les traces profondes du cerveau sont toujours accompagnées de sensations ou de ces autres perceptions qui nous appliquent fortement. Car par là il est facile de reconnaître les véritables caractères de l'esprit de ceux qui ont l'imagination forte.

V. *Deux défauts considérables de ceux qui ont l'imagination forte*

Le premier, c'est que ces personnes ne sont pas capables de juger sainement des choses qui sont un peu difficiles et embarrassées. Parce que la capacité de leur esprit étant remplie des idées qui sont liées par la nature à ces traces trop profondes, ils n'ont pas la liberté de penser à plusieurs choses en même temps. Or, dans les questions composées, il faut que l'esprit parcoure par un mouvement prompt et subit les idées de beaucoup de choses, et qu'il en reconnaisse d'une simple vue tous les rapports et toutes les liaisons qui sont nécessaires pour résoudre ces questions.

Tout le monde sait par sa propre expérience qu'on n'est pas capable de s'appliquer à quelque vérité dans le temps que l'on est agité de quelque passion, ou que l'on sent quelque douleur un peu forte, parce qu'alors il y a dans le cerveau de ces traces profondes qui occupent la capacité de l'esprit. Ainsi ceux de qui nous parlons ayant des traces plus profondes des mêmes objets que les autres, comme nous le supposons, ils ne peuvent pas avoir autant d'étendue d'esprit ni embrasser autant de choses qu'eux. Le premier défaut de ces personnes est donc d'avoir l'esprit petit, et d'autant plus petit, que leur cerveau reçoit des traces plus profondes des objets les moins considérables.

Le second défaut, c'est qu'ils sont visionnaires, mais d'une manière délicate et assez difficile à reconnaître. Le commun des hommes ne les estime pas visionnaires; il n'y a que les esprits justes et éclairés qui s'aperçoivent de leurs visions et de l'égarement de leur imagination.

Pour concevoir l'origine de ce défaut, il faut encore se souvenir de ce que nous avons dit dès le commencement de ce second livre, qu'à l'égard de ce qui se passe dans le cerveau, les sens et l'imagination ne diffèrent que du plus et du moins, et que c'est la grandeur et la profondeur de traces qui font que l'âme sent les objets, qu'elle les juge comme présents et capables de la toucher, et enfin assez proches d'elle pour lui faire sentir du plaisir et de la douleur. Car, lorsque les traces d'un objet sont petites, l'âme imagine seulement cet objet, elle ne juge pas qu'il soit présent et même elle ne le regarde pas comme fort grand et fort considérable. Mais à mesure que ces traces deviennent plus grandes et plus profondes, l'âme juge aussi que l'objet devient plus grand et plus considérable, qu'il s'approche davantage de nous, et enfin qu'il est capable de nous toucher et de nous blesser.

Les visionnaires dont je parle ne sont pas dans cet excès de folie de croire voir devant leurs yeux des objets qui sont absents: les traces de leur cerveau ne sont pas encore assez profondes, ils ne sont fous qu'à demi; et s'ils l'étaient tout à fait, on n'aurait que faire de parler d'eux ici, puisque tout le monde sentant leur égarement, on ne pourrait pas s'y laisser tromper. Ils ne sont pas visionnaires des sens, mais seulement visionnaires d'imagination. Les fous sont visionnaires des sens, puisqu'ils ne voient pas les choses comme elles sont; et qu'ils en voient souvent qui ne sont point; mais ceux dont je parle ici sont visionnaires d'imagination, puisqu'ils s'imaginent les choses tout autrement qu'elles ne sont, et qu'ils en imaginent même qui ne sont point. Cependant il est évident que les visionnaires des sens et les visionnaires d'imagination ne diffèrent entre eux que du plus ou du moins, et que l'on passe souvent de l'état des uns à celui des autres. Ce qui fait qu'on se doit représenter la maladie de l'esprit des derniers par comparaison à celle des premiers, laquelle est plus sensible et fait davantage d'impression sur l'esprit, puisque, dans des choses qui ne diffèrent que du plus et du moins, il faut toujours expliquer les moins sensibles par les plus sensibles.

Le second défaut de ceux qui ont l'imagination forte et vigoureuse, est donc d'être visionnaires d'imagination ou simplement visionnaires; car on appelle du terme de *fous* ceux qui sont visionnaires des sens. Voici donc les mauvaises qualités des esprits visionnaires.

Ces esprits sont excessifs en toutes rencontres : ils relèvent les choses basses, ils agrandissent les petites, ils approchent les éloignées. Rien ne leur paraît tel qu'il est. Ils admirent tout, ils se récrient sur tout sans jugement et sans discernement. S'ils sont disposés à la crainte par leur complexion naturelle, je veux dire si, les fibres de leur cerveau étant extrêmement délicates, leurs esprits animaux sont en petite quantité, sans force et sans agitation, de sorte qu'ils ne puissent communiquer au reste du corps les mouvements nécessaires, ils s'effraient à la moindre chose et ils tremblent à la chute d'une feuille. Mais s'ils ont abondance d'esprits et de sang, ce qui est plus ordinaire, ils se repaissent de vaines espérances et, s'abandonnant à leur imagination féconde en idées, ils bâtissent, comme l'on dit, des châteaux en Espagne avec beaucoup de satisfaction et de joie. Ils sont véhéments dans leurs passions, entêtés dans leurs opinions, toujours pleins et très satisfaits d'eux-mêmes. Quand ils se mettent dans la tête de passer pour beaux esprits, et qu'ils s'érigent en auteurs – car il y a des auteurs de toute espèce visionnaires et autres – que d'extravagances, que d'emportements, que de mouvements irréguliers! Ils n'imitent jamais la nature, tout est affecté, tout est forcé, tout est guindé. Ils ne vont que par bonds, ils ne marchent qu'en cadence; ce ne sont que figures et qu'hyperboles. Lorsqu'ils se veulent mettre dans la piété et s'y conduire par leur fantaisie, ils entrent entièrement dans l'esprit juif et pharisien. Ils s'arrêtent d'ordinaire à l'écorce, à des cérémonies extérieures et à de petites pratiques, ils s'en occupent tout entiers. Ils deviennent scrupuleux, timides, superstitieux. Tout est de foi, tout est essentiel chez eux, hormis ce qui est véritablement de foi et ce qui est essentiel; car assez souvent ils négligent ce qu'il y a de plus important dans l'Évangile, la justice, la miséricorde et la foi, leur esprit étant occupé par des devoirs moins essentiels. Mais il y aurait trop de choses à dire. Il suffit, pour se persuader de leurs défauts et pour en remarquer plusieurs autres, de faire quelque réflexion sur ce qui se passe dans les conversations ordinaires.

Les personnes d'une imagination forte et vigoureuse ont encore d'autres qualités qu'il est très nécessaire de bien expliquer. Nous n'avons parlé jusqu'à présent que de leurs défauts; il est très juste maintenant de parler de leurs avantages. Ils en ont un entre autres qui regarde principalement notre sujet, parce que c'est par cet avantage qu'ils dominent sur les esprits ordinaires, qu'ils les font entrer dans leurs idées et qu'ils leur communiquent toutes les fausses impressions dont ils sont touchés.

VI. *Que ceux qui ont l'imagination forte persuadent facilement*

Cet avantage consiste dans une facilité de s'exprimer d'une manière forte et vive, quoiqu'elle ne soit pas naturelle.

Ceux qui imaginent fortement les choses, les expriment avec beaucoup de force et persuadent tous ceux qui se convainquent plutôt par l'air et par l'impression sensible que par la force des raisons. Car le cerveau de ceux qui ont l'imagination forte, recevant, comme l'on a dit, des traces profondes des sujets qu'ils imaginent, ces traces sont naturellement suivies d'une grande émotion d'esprits, qui dispose d'une manière prompte et vive tout leur corps pour exprimer leurs pensées. Ainsi, l'air de leur visage, le ton de leur voix et le tour de leurs paroles, animant leurs expressions, préparent ceux qui les écoutent et qui les regardent à se rendre attentifs, et à recevoir machinalement l'impression de l'image qui les agite. Car, enfin, un homme qui est pénétré de ce qu'il dit, en pénètre ordinairement les autres, un passionné émeut toujours; et quoique sa rhétorique soit souvent irrégulière, elle ne laisse pas d'être très persuasive, parce que l'air et la manière se font sentir et agissent ainsi dans l'imagination des hommes plus vivement que les discours les plus forts qui sont prononcés de sang-froid, à cause que ces discours ne flattent point leurs sens et ne frappent point leur imagination.

Les personnes d'imagination ont donc l'avantage de plaire, de toucher et de persuader, à cause qu'ils forment des images très vives et très sensibles de leurs pensées. Mais il y a encore d'autres causes qui contribuent à cette facilité qu'ils ont de gagner l'esprit. Car ils ne parlent d'ordinaire que sur des sujets faciles, et qui sont de la portée des esprits du commun. Ils ne se servent que d'expressions et de termes qui ne réveillent que les notions confuses des sens, lesquelles sont toujours très fortes et très touchantes. Ils ne traitent des matières grandes et difficiles que d'une manière vague et par lieux communs, sans se hasarder d'entrer dans le détail et sans s'attacher aux principes; soit parce qu'ils n'entendent pas ces matières, soit parce qu'ils appréhendent de manquer de termes, de s'embarrasser et de fatiguer l'esprit de ceux qui ne sont pas capables d'une forte attention.

Il est maintenant facile de juger que les choses que nous venons de dire, que les dérèglements d'imagination sont extrêmement contagieux et qu'ils se glissent et se répandent dans la plupart des esprits avec beaucoup de facilité. Mais ceux qui ont l'imagination forte, étant d'ordinaire ennemis de la raison et du bon sens à cause de la petitesse de leur esprit et des visions auxquelles ils sont sujets, on peut aussi reconnaître qu'il y a très peu de causes plus générales de nos erreurs que la communication contagieuse des dérèglements et des maladies de l'imagination. Mais il faut encore prouver ces vérités par des exemples et des expériences connues de tout le monde.

CHAPITRE II

Exemples généraux de la force de l'imagination

Il se trouve des exemples fort ordinaires de cette communication d'imagination dans les enfants à l'égard de leurs pères, et encore plus dans les filles à l'égard de leurs mères ; dans les serviteurs à l'égard de leurs maîtres, et dans les servantes à l'égard de leurs maîtresses ; dans les écoliers à l'égard de leurs précepteurs, dans les courtisans à l'égard des rois, et généralement dans tous les inférieurs à l'égard de leurs supérieurs, pourvu toutefois que les pères, les maîtres et les autres supérieurs aient quelque force d'imagination, car sans cela il pourrait arriver que des enfants et des serviteurs ne reçussent aucune impression considérable de l'imagination faible de leurs pères ou de leurs maîtres.

Il se trouve encore des effets de cette communication dans les personnes d'une condition égale ; mais cela n'est pas si ordinaire, à cause qu'il ne se rencontre pas entre elles un certain respect qui dispose les esprits à recevoir sans examen les impressions des imaginations fortes. Enfin il se trouve de ces effets dans les supérieurs à l'égard même de leurs inférieurs, et ceux-ci ont quelquefois une imagination si vive et si dominante qu'ils tournent l'esprit de leurs maîtres et de leurs supérieurs comme il leur plaît.

Il ne sera pas mal aisé de comprendre comment les pères et les mères font des impressions très fortes sur l'imagination de leurs enfants, si l'on considère que ces dispositions naturelles de notre cerveau qui nous portent à imiter ceux avec qui nous vivons, et à entrer dans leurs sentiments et dans leurs passions, sont encore bien plus fortes dans les enfants à l'égard de leurs parents que dans tous les autres hommes. L'on en peut donner plusieurs raisons. La première, c'est qu'ils sont de même sang. Car de même que les parents transmettent très souvent dans leurs enfants des dispositions à certaines maladies héréditaires, telles que la goutte, la pierre, la folie, et généralement toutes celles qui ne leur sont point survenues par accident, ou qui n'ont point pour cause seule et unique quelque fermentation extraordinaire des humeurs, comme les fièvres et quelques autres – car il est visible que celles-ci ne se peuvent communiquer –, ainsi ils impriment les dispositions de leur cerveau dans celui de leurs enfants et ils donnent à leur imagination un certain tour qui les rend tout à fait susceptibles des mêmes sentiments.

La seconde raison, c'est que d'ordinaire les enfants n'ont que très peu de commerce avec le reste des hommes qui pourraient quelquefois tracer d'autres vestiges dans leur cerveau, et rompre en quelque façon l'effort continuel de l'impression paternelle. Car de même qu'un homme qui n'est jamais sorti de son pays s'imagine ordinairement que les mœurs et les coutumes des étrangers sont tout à fait contraires à la raison parce qu'elles sont contraires à la coutume de sa ville, au torrent de laquelle il se laisse emporter, ainsi un enfant qui n'est jamais sorti de la maison paternelle, s'imagine que les sentiments et les manières de ses parents sont la raison universelle; ou plutôt il ne pense pas qu'il puisse y avoir quelque autre principe de raison ou de vertu que leur imitation. Il croit donc tout ce qu'il leur entend dire, et il fait tout ce qu'il leur voit faire.

Mais cette impression des parents est si forte qu'elle n'agit pas seulement sur l'imagination des enfants, elle agit même sur les autres parties de leur corps. Un jeune garçon marche, parle et fait les mêmes gestes que son père. Une fille de même s'habille comme sa mère, marche comme elle, parle comme elle; si la mère grasseye, la fille grasseye; si la mère a quelque tour de tête irrégulier, la fille le prend. Enfin, les enfants imitent leurs parents en toute chose, jusque dans leurs défauts et dans leurs grimaces, aussi bien que dans leurs erreurs et dans leurs vices.

Il y a encore plusieurs autres causes qui augmentent l'effet de cette impression. Les principales sont l'autorité des parents, la dépendance des enfants et l'amour mutuel des uns et des autres; mais ces causes sont communes aux courtisans, aux serviteurs, et généralement à tous les inférieurs aussi bien qu'aux enfants. Nous les allons expliquer par l'exemple des gens de cour.

Il y a des hommes qui jugent de ce qui ne paraît point par ce qui paraît; de la grandeur, de la force et de la capacité de l'esprit, qui leur sont cachées, par la noblesse, les dignités et les richesses qui leur sont connues. On mesure souvent l'un par l'autre; et la dépendance où l'on est des grands, le désir de participer à leur grandeur, et l'éclat sensible qui les environne, portent souvent les hommes à rendre à des hommes des honneurs divins, s'il m'est permis de parler ainsi. Car si Dieu donne aux princes l'autorité, les hommes leur donnent l'infaillibilité, mais une infaillibilité qui n'est point limitée dans quelques sujets ni dans quelques rencontres, et qui n'est point attachée à quelques cérémonies. Les grands savent naturellement toutes choses ; ils ont toujours raison, quoiqu'ils décident des questions desquelles ils n'ont aucune connaissance. C'est ne savoir pas vivre que d'examiner ce qu'ils avancent ; c'est perdre le respect que d'en douter. C'est se révolter, ou pour le moins, c'est se déclarer sot, extravagant et ridicule que de les condamner.

Mais lorsque les grands nous font l'honneur de nous aimer, ce n'est plus alors simplement opiniâtreté, entêtement, rébellion, c'est encore ingratitude et perfidie que de ne se rendre pas aveuglément à toutes leurs opinions, c'est une faute irréparable qui nous rend pour toujours indignes de leurs bonnes grâces ; ce qui fait que les gens de cour, et par une suite nécessaire presque tous les peuples, s'engagent sans délibérer dans tous les sentiments de leur souverain, jusque-là même que dans les vérités de la religion ils se rendent très souvent à leur fantaisie et à leur caprice.

L'Angleterre et l'Allemagne ne nous fournissent que trop d'exemples de ces soumissions déréglées des peuples aux volontés impies de leurs princes. Les histoires de ces derniers temps en sont toutes remplies ; et l'on a vu quelquefois des personnes avancées en âge avoir changé quatre ou cinq fois de religion à cause des divers changements de leurs princes.

Les rois et même les reines ont dans l'Angleterre le *gouvernement de tous les états de leurs royaumes, soit ecclésiastiques ou civils, en toutes causes**. Ce sont eux qui approuvent les liturgies, les offices des fêtes et la manière dont on doit

---

* Article 37 de la *Religion de l'église anglicane*.

administrer et recevoir les sacrements. Ils ordonnent, par exemple, que l'on n'adore point JÉSUS-CHRIST lorsque l'on communie, quoiqu'ils obligent encore de le recevoir à genoux selon l'ancienne coutume. En un mot, ils changent toutes choses dans leurs liturgies pour la conformer aux nouveaux articles de leur foi, et ils ont aussi le droit de juger de ces articles avec leur Parlement, comme le Pape avec le Concile, ainsi que l'on peut voir dans les statuts d'Angleterre et d'Irlande faits au commencement du règne de la reine Élisabeth. Enfin, on peut dire que les rois d'Angleterre ont même plus de pouvoir sur le spirituel que sur le temporel de leurs sujets, parce que ces misérables peuples et ces enfants de la terre se souciant bien moins de la conservation de la foi que de la conservation de leurs biens, ils entrent facilement dans tous les sentiments de leurs princes, pourvu que leur intérêt temporel n'y soit point contraire.

Les révolutions qui sont arrivées dans la religion en Suède et en Danemark, nous pourraient encore servir de preuve de la force que quelques esprits ont sur les autres ; mais toutes ces révolutions ont encore eu plusieurs autres causes très considérables. Ces changements surprenants sont bien des preuves de la communication contagieuse de l'imagination, mais des preuves trop grandes et trop vastes. Elles étonnent et elles éblouissent plutôt les esprits qu'elles ne les éclairent, parce qu'il y a trop de causes qui concourent à la production de ces grands événements.

Si les courtisans et tous les autres hommes abandonnent souvent des vérités certaines, des vérités essentielles, des vérités qu'il est nécessaire de soutenir ou de se perdre pour une éternité, il est visible qu'ils ne se hasarderont pas de défendre des vérités abstraites, peu certaines et peu utiles. Si la religion du prince fait la religion de ses sujets, la raison du prince fera aussi la raison de ses sujets ; et ainsi les sentiments du prince

seront toujours à la mode : ses plaisirs, ses passions, ses jeux,
ses paroles, ses habits, et généralement toutes ses actions seront
à la mode ; car le prince est lui-même comme la mode essentielle, et il ne se rencontre presque jamais qu'il fasse quelque
chose qui ne devienne pas à la mode. Et comme toutes les irré-
gularités de la mode ne sont que des agréments et des beautés,
il ne faut pas s'étonner si les princes agissent si fortement sur
l'imagination des autres hommes.

Si Alexandre penche la tête, ses courtisans penchent la
tête. Si Denis le Tyran s'applique à la géométrie à l'arrivée de
Platon dans Syracuse, la géométrie devient aussitôt à la mode,
et le palais de ce roi, dit Plutarque, se remplit incontinent de
poussière par le grand nombre de ceux qui tracent des figures.
Mais, dès que Platon se met en colère contre lui, et que ce prince
se dégoûte de l'étude, et s'abandonne de nouveau à ses plaisirs,
ses courtisans en font aussitôt de même. Il semble, continue cet
auteur, qu'ils soient enchantés, et qu'une Circé les transforme
en d'autres hommes. Ils passent de l'inclination pour la philosophie à l'inclination pour la débauche ; et de l'horreur de la
débauche à l'horreur de la philosophie*. C'est ainsi que les
princes peuvent changer les vices en vertus et les vertus en
vices, et qu'une seule de leurs paroles est capable d'en changer
toutes les idées. Il ne faut d'eux qu'un mot, qu'un geste, qu'un
mouvement des yeux ou des lèvres pour faire passer la science
et l'érudition pour une basse pédanterie ; la témérité, la brutalité, la cruauté, pour grandeur de courage ; et l'impiété et le
libertinage, pour force et pour liberté d'esprit.

Mais cela, aussi bien que tout ce que je viens de dire,
suppose que ces princes aient l'imagination forte et vive ;
car s'ils avaient l'imagination faible et languissante, ils ne

---

* *Œuvres morales*, traité IV, « Du flatteur et de l'ami » [82 b-83 a].

pourraient pas animer leurs discours, ni leur donner ce tour et cette force qui soumet et qui abat invinciblement les esprits faibles.

Si la force de l'imagination toute seule et sans aucun secours de la raison peut produire des effets si surprenants, il n'y a rien de si bizarre ni de si extravagant qu'elle ne persuade lorsqu'elle est soutenue par quelques raisons apparentes. En voici des preuves.

Un ancien Auteur* rapporte qu'en Éthiopie les gens de cour se rendaient boiteux et difformes, qu'ils se coupaient quelques membres et qu'ils se donnaient même la mort, pour se rendre semblables à leurs princes. On avait honte de paraître avec deux yeux et de marcher droit à la suite d'un roi borgne et boiteux ; de même qu'on n'oserait à présent paraître à la cour avec la fraise et la toque, ou avec des bottines blanches et des éperons dorés. Cette mode des Éthiopiens était fort bizarre et fort incommode, mais cependant c'était la mode. On la suivait avec joie, et on ne songeait pas tant à la peine qu'il fallait souffrir, qu'à l'honneur qu'on se faisait de paraître plein de générosité et d'affection pour son roi. Enfin, cette fausse raison d'amitié, soutenant l'extravagance de la mode, l'a fait passer en coutume et en loi qui a été observée fort longtemps.

Les relations de ceux qui ont voyagé dans le Levant nous apprennent que cette coutume se garde dans plusieurs pays, et encore quelques autres aussi contraires au bon sens et à la raison. Mais il n'est pas nécessaire de passer deux fois la ligne pour voir observer religieusement des lois et des coutumes déraisonnables, ou pour trouver des gens qui suivent des modes incommodes et bizarres ; il ne faut pas sortir de la France pour

---

*Diodore de Sicile, *Bibliothèque historique*, livre III [« Sur les Éthiopiens », chap. 7].

cela. Partout où il y a des hommes sensibles aux passions, et où l'imagination est maîtresse de la raison, il y a de la bizarrerie, et une bizarrerie incompréhensible. Si l'on ne souffre pas tant de douleur à tenir son sein découvert pendant les rudes gelées de l'hiver, et à se serrer le corps durant les chaleurs excessives de l'été, qu'à se crever un œil ou à se couper un bras, on devrait souffrir davantage de confusion. La peine n'est pas si grande, mais la raison qu'on a de l'endurer n'est pas si apparente; ainsi, il y a pour le moins une égale bizarrerie. Un Éthiopien peut dire que c'est par générosité qu'il se crève un œil; mais que peut dire une dame chrétienne qui fait parade de ce que la pudeur naturelle et la religion l'obligent de cacher? Que c'est la mode, et rien davantage. Mais cette mode est bizarre, incommode, malhonnête, indigne en toutes manières; elle n'a point d'autre source qu'une manifeste corruption de la raison, et qu'une secrète corruption du cœur; on ne la peut suivre sans scandale; c'est prendre ouvertement le parti du dérèglement de l'imagination contre la raison, de l'impureté contre la pureté, de l'esprit du monde contre l'esprit de Dieu; en un mot, c'est violer les lois de la raison et les lois de l'Évangile que de suivre cette mode. N'importe, c'est la mode; c'est-à-dire une loi plus sainte et plus inviolable que celle que Dieu avait écrite de sa main sur les tables de Moïse, et que celle qu'il grave avec son esprit dans le cœur des chrétiens.

En vérité, je ne sais si les Français ont tout à fait droit de se moquer des Éthiopiens et des sauvages. Il est vrai que si on voyait pour la première fois un roi borgne et boiteux n'avoir à sa suite que des boiteux et des borgnes on aurait peine à s'empêcher de rire. Mais avec le temps on n'en rirait plus, et l'on admirerait peut-être davantage la grandeur de leur courage et de leur amitié, qu'on ne se raillerait de la faiblesse de leur esprit. Il n'en est pas de même des modes de France. Leur bizarrerie n'est point soutenue de quelque raison apparente; et si elles ont l'avantage de n'être pas si fâcheuses, elles n'ont pas toujours celui d'être aussi raisonnables. En un mot, elles portent le caractère d'un siècle encore plus corrompu, dans lequel rien n'est assez puissant pour modérer le dérèglement de l'imagination.

Ce qu'on vient de dire des gens de cour se doit aussi entendre de la plus grande partie des serviteurs à l'égard de leurs maîtres, des servantes à l'égard de leurs maîtresses et, pour ne pas faire un dénombrement assez inutile, cela se doit entendre de tous les inférieurs à l'égard de leurs supérieurs, mais principalement des enfants à l'égard de leurs parents, parce que les enfants sont dans une dépendance toute particulière de leurs parents, que leurs parents ont pour eux une amitié et une tendresse qui ne se rencontre pas dans les autres, et enfin parce que la raison porte les enfants à des soumissions et à des respects que la même raison ne règle pas toujours.

Il n'est pas absolument nécessaire, pour agir dans l'imagination des autres, d'avoir quelque autorité sur eux et qu'ils dépendent de nous en quelque manière; la seule force d'imagination suffit quelquefois pour cela. Il arrive souvent que des inconnus, qui n'ont aucune réputation et pour lesquels nous ne sommes prévenus d'aucune estime, ont une telle force d'imagination, et par conséquent des expressions si vives et si touchantes, qu'ils nous persuadent sans que nous sachions ni pourquoi, ni même précisément de quoi nous sommes persuadés. Il est vrai que cela semble fort extraordinaire, mais cependant il n'y a rien de plus commun.

Or cette persuasion imaginaire ne peut venir que de la force d'un esprit visionnaire qui parle vivement sans savoir ce qu'il dit, et qui tourne ainsi les esprits de ceux qui l'écoutent à croire fortement sans savoir ce qu'ils croient. Car la plupart des hommes se laissent aller à l'effort de l'impression sensible qui les étourdit et les éblouit, et qui les pousse à juger par passion de ce qu'ils ne conçoivent que fort confusément. On prie ceux qui liront cet ouvrage de penser à ceci, d'en remarquer des exemples dans les conversations où ils se trouveront, et de faire quelques réflexions sur ce qui se passe dans leur esprit en ces occasions. Cela leur sera beaucoup plus utile qu'ils ne peuvent se l'imaginer.

Mais il faut bien considérer qu'il y a deux choses qui contribuent merveilleusement à la force de l'imagination des autres sur nous. La première est un air de piété et de gravité; l'autre est un air de libertinage et de fierté. Car selon notre disposition à la piété ou au libertinage, les personnes qui parlent d'un air grave et pieux, ou d'un air fier et libertin, agissent fort diversement sur nous.

Il est vrai que les uns sont bien plus dangereux que les autres; mais il ne faut jamais se laisser persuader par les manières ni des uns ni des autres, mais seulement par la force de leurs raisons. On peut dire gravement et modestement des sottises, et d'une manière dévote des impiétés et des blasphèmes. Il faut donc examiner si les esprits sont de Dieu selon le conseil de saint Jean*, et ne pas se fier à toutes sortes d'esprits. Les démons se transforment quelquefois en anges de lumière; et l'on trouve des personnes à qui l'air de piété est comme naturel, et par conséquent dont la réputation est d'ordinaire fortement établie, qui dispensent les hommes de leurs obligations essentielles, et même de celle d'aimer Dieu et le prochain, pour les rendre esclaves de quelque pratique et de quelque cérémonie pharisienne.

Mais les imaginations fortes desquelles il faut éviter avec soin l'impression et la contagion, sont certains esprits par le monde qui affectent la qualité d'esprits forts; ce qu'il ne leur

* *Premier Épître* IV, 1.

est pas bien difficile d'acquérir. Car il n'y a maintenant qu'à nier d'un certain air le péché originel, l'immortalité de l'âme, ou se railler de quelque sentiment reçu dans l'Église, pour acquérir la rare qualité d'esprit fort parmi le commun des hommes.

Ces petits esprits ont d'ordinaire beaucoup de feu et un certain air libre et fier qui domine et qui dispose les imaginations faibles à se rendre à des paroles vives et spécieuses, mais qui ne signifient rien à des esprits attentifs. Ils sont tout à fait heureux en expressions, quoique très malheureux en raisons. Mais parce que les hommes, tout raisonnables qu'ils sont, aiment beaucoup mieux se laisser toucher par le plaisir sensible de l'air et des expressions, que de se fatiguer dans l'examen des raisons, il est visible que ces esprits doivent l'emporter sur les autres et communiquer ainsi leurs erreurs et leur malignité, par la puissance qu'ils ont sur l'imagination des autres hommes.

CHAPITRE III

I. *De la force de l'imagination de certains auteurs*

Une des plus grandes et des plus remarquables preuves de la puissance que les imaginations ont les unes sur les autres, c'est le pouvoir qu'ont certains auteurs de persuader sans aucune raison. Par exemple, le tour des paroles de Tertullien, de Sénèque, de Montaigne et de quelques autres, a tant de charmes et tant d'éclat qu'il éblouit l'esprit de la plupart des gens, quoique ce ne soit qu'une faible peinture et comme l'ombre de l'imagination de ces auteurs. Leurs paroles, toutes mortes qu'elles sont, ont plus de vigueur que la raison de certaines gens. Elles entrent, elles pénètrent, elles dominent dans l'âme d'une manière si impérieuse qu'elles se font obéir sans se faire entendre, et qu'on se rend à leurs ordres sans les savoir. On veut croire, mais on ne sait que croire; car, lorsqu'on veut savoir précisément ce qu'on veut croire, et qu'on s'approche pour ainsi dire de ces fantômes pour les reconnaître, ils s'en vont souvent en fumée avec tout leur appareil et tout leur éclat.

Quoique les livres des auteurs que je viens de nommer soient très propres pour faire remarquer la puissance que les imaginations ont les unes sur les autres, et que je les propose pour exemple, je ne prétends pas toutefois les condamner en toutes choses. Je ne puis pas m'empêcher d'avoir de l'estime pour certaines beautés qui s'y rencontrent, et de la déférence pour l'approbation universelle qu'ils ont eue pendant plusieurs siècles*. Je proteste enfin que j'ai beaucoup de respect pour quelques ouvrages de Tertullien, principalement pour son *Apologie contre les Gentils*, et pour son livre des *Prescriptions contre les hérétiques*, et pour quelques endroits des livres de Sénèque, quoique je n'aie pas beaucoup d'estime pour tout le livre de Montaigne.

II. *De Tertullien*

Tertullien était à la vérité un homme d'une profonde érudition, mais il avait plus de mémoire que de jugement, plus de pénétration et plus d'étendue d'imagination que de pénétration et d'étendue d'esprit. On ne peut douter enfin qu'il ne fût visionnaire dans le sens que j'ai expliqué auparavant, et qu'il n'eût presque toutes les qualités que j'ai attribuées aux esprits visionnaires. Le respect qu'il eut pour les visions de Montanus et pour ses prophétesses [1], est une preuve incontestable de la faiblesse de son jugement. Ce feu, ces emporte-

---

* Voyez les *Éclaircissements* [*Éclaircissement* 9].

1. Montanus, hérésiaque phrygien du IIe siècle.

ments, ces enthousiasmes sur de petits sujets marquent sensiblement le dérèglement de son imagination. Combien de mouvements irréguliers dans ses hyperboles et dans ses figures! Combien de raisons pompeuses et magnifiques, qui ne prouvent que par leur éclat sensible et qui ne persuadent qu'en étourdissant et qu'en éblouissant l'esprit!

À quoi sert, par exemple, à cet auteur, qui veut se justifier d'avoir pris le manteau de philosophe au lieu de la robe ordinaire, de dire que ce manteau avait autrefois été en usage dans la ville de Carthage? Est-il permis présentement de prendre la toque et la fraise, à cause que nos pères s'en sont servis? Et les femmes peuvent-elles porter des vertugadins et des chaperons, si ce n'est au carnaval, lorsqu'elles veulent se déguiser pour aller en masque?

Que peut-il conclure de ces descriptions pompeuses et magnifiques des changements qui arrivent dans le monde, et que peuvent-elles contribuer à sa justification? La lune est différente dans ses phases, l'année dans ses saisons, les campagnes changent de face l'hiver et l'été; il arrive des débordements d'eaux qui noient des provinces entières, et des tremblements de terre qui les engloutissent; on a bâti de nouvelles villes; on a établi de nouvelles colonies; on a vu des inondations de peuples qui ont ravagé des pays entiers; enfin toute la nature est sujette au changement, donc il a eu raison de quitter la robe pour prendre le manteau! Quel rapport entre ce qu'il doit prouver, et entre tous ces changements et plusieurs autres qu'il recherche avec grand soin et qu'il décrit avec des expressions forcées, obscures et guindées*? Le paon se change à chaque pas qu'il fait, le serpent entrant dans quelque trou étroit sort de sa propre peau et se renouvelle; donc il a raison de

---

* *De Pallio*, chap. II et III.

changer d'habit! Peut-on de sang-froid et de sens rassis tirer de pareilles conclusions? Et pourrait-on les voir tirer sans en rire, si cet auteur n'étourdissait et ne troublait l'esprit de ceux qui le lisent?

Presque tout le reste de ce petit livre *De Pallio* est plein de raisons aussi éloignées de son sujet que celles-ci, lesquelles certainement ne prouvent qu'en étourdissant lorsqu'on est capable de se laisser étourdir; mais il serait inutile de s'y arrêter davantage. Il suffit de dire ici que si la justesse de l'esprit, aussi bien que la clarté et la netteté dans le discours, doivent toujours paraître en tout ce qu'on écrit, puisqu'on ne doit écrire que pour faire connaître la vérité, il n'est pas possible d'excuser cet auteur, qui, au rapport même de Saumaise, le plus grand critique de nos jours, a fait tous ses efforts pour se rendre obscur, et qui a si bien réussi dans son dessein que ce commentateur était prêt de jurer qu'il n'y avait personne qui l'entendît parfaitement*. Mais quand le génie de la nation, la fantaisie de la mode qui régnait en ce temps-là, et enfin la nature de la satire ou de la raillerie, seraient capables de justifier en quelque manière ce beau dessein de se rendre obscur et incompréhensible, tout cela ne pourrait excuser les méchantes raisons et l'égarement d'un auteur qui, dans plusieurs autres de ses ouvrages aussi bien que dans celui-ci, dit tout ce qui lui vient dans l'esprit, pourvu que ce soit quelque pensée extraordinaire

---

* « J'en ai même vu beaucoup qui, après s'être fort échauffés à le suivre, ont abandonné sa lecture, sans autre gain que de la sueur et une vaine fatigue de l'esprit. Ainsi, celui qui voulut se faire passer pour l'Obscur et se montrer digne de celui qui porta ce surnom, obtint ce qu'il voulait et parvint à réaliser ce qu'il souhaitait, au point que j'oserais jurer qu'il n'y a encore personne qui pourrait jurer avoir autant compris que lu ce petit livre, du début jusqu'à la fin », Saumaise, *Épître dédicatoire au* Commentaire latin du De Pallio *de Tertullien*, [Claude Saumaise, *Notae in Q. Sept. Florentis Tertulliani librum De Pallio*, Paris, 1622. En latin dans la note].

et qu'il ait quelque expression hardie par laquelle il espère faire parade de la force ou, pour mieux dire, du dérèglement de son imagination.

CHAPITRE IV

De l'imagination de Sénèque

L'imagination de Sénèque n'est quelquefois pas mieux réglée que celle de Tertullien. Ses mouvements impétueux l'emportent souvent dans des pays qui lui sont inconnus, où néanmoins il marche avec la même assurance que s'il savait où il est et où il va. Pourvu qu'il fasse de grands pas, des pas figurés, et dans une juste cadence, il s'imagine qu'il avance beaucoup ; mais il ressemble à ceux qui dansent, qui finissent toujours où ils ont commencé.

Il faut bien distinguer la force et la beauté des paroles, de la force et de l'évidence des raisons. Il y a sans doute beaucoup de force et quelque beauté dans les paroles de Sénèque, mais il y a très peu de force et d'évidence dans les raisons. Il donne par la force de son imagination un certain tour à ses paroles, qui touche, qui agite et qui persuade par impression ; mais il ne leur donne pas cette netteté et cette lumière pure qui éclaire et qui persuade par évidence. Il convainc parce qu'il émeut et parce qu'il plaît ; mais je ne crois pas qu'il lui arrive de persuader ceux qui le peuvent lire de sang-froid, qui prennent garde à la surprise, et qui ont coutume de ne se rendre qu'à la clarté et à l'évidence des raisons. En un mot, pourvu qu'il parle et qu'il parle bien, il se met peu en peine de ce qu'il dit, comme si on pouvait bien parler sans savoir ce qu'on dit ; et ainsi il persuade sans que l'on sache souvent ni de quoi ni comment on est persuadé, comme si on devait jamais se laisser persuader de quelque chose sans la concevoir distinctement, et sans avoir examiné les preuves qui la démontrent.

Qu'y a-t-il de plus pompeux et de plus magnifique que l'idée qu'il nous donne de son sage, mais qu'y a-t-il au fond de plus vain et de plus imaginaire ? Le portrait qu'il fait de Caton est trop beau pour être naturel : ce n'est que du fard et que du plâtre qui ne donne dans la vue que de ceux qui n'étudient et qui ne connaissent point la nature. Caton était un homme sujet à la misère des hommes ; il n'était point invulnérable, c'est une idée ; ceux qui le frappaient le blessaient. Il n'avait ni la dureté du diamant, que le fer ne peut briser, ni la fermeté des rochers, que les flots ne peuvent ébranler, comme Sénèque le prétend*. En un mot, il n'était point insensible ; et le même Sénèque se trouve obligé d'en tomber d'accord, lorsque son imagination s'est un peu refroidie, et qu'il fait davantage de réflexion à ce qu'il dit.

Mais quoi donc, n'accordera-t-il pas que son sage peut devenir misérable, puisqu'il accorde qu'il n'est pas insensible à la douleur ? Non, sans doute, la douleur ne touche pas son sage ; la crainte de la douleur ne l'inquiète pas : son sage est au-dessus de la fortune et de la malice des hommes : ils ne sont pas capables de l'inquiéter.

---

* « Aussi qu'importe le nombre des traits lancés contre lui ! Il est impénétrable à tous. Il y a des pierres qui sont d'une dureté qui résiste au fer : le diamant ne se laisse pas fendre, ni tailler ni émousser, mais il rejette tout ce qui l'assaille [...] ; il y a des rochers qui s'avancent en pleine mer et qui brisent les flots sans montrer aucune trace des fureurs qu'ils supportent depuis tant d'années. De même, l'âme du sage est-elle à ce point robuste et dotée d'une telle énergie que, comme les corps dont je viens de parler, elle ne sent point l'outrage », Traité « Que l'injustice n'atteint pas le sage » [Sénèque, De la constance du sage, chap. III, 5. En latin dans le texte].

Il n'y a point de murailles et de tours dans les plus fortes places que les béliers et les autres machines ne fassent trembler et ne renversent avec le temps, mais il n'y a point de machines assez puissantes pour ébranler l'esprit de son sage. Ne lui comparez pas les murs de Babylone qu'Alexandre a forcés ; ni ceux de Carthage et de Numance, qu'un même bras a renversés ni enfin le Capitole et la citadelle, qui portent encore à présent des marques que les ennemis s'en sont rendus les maîtres. Les flèches que l'on tire contre le soleil ne montent pas jusqu'à lui. Les sacrilèges que l'on commet lorsque l'on renverse les temples et qu'on en brise les images, ne nuisent pas à la divinité. Les dieux mêmes peuvent être accablés sous les ruines de leurs temples, mais son sage n'en sera pas accablé ; ou plutôt, s'il en est accablé, il n'est pas possible qu'il en soit blessé *.

« Mais ne croyez pas », dit Sénèque, « que ce sage que je vous dépeins ne se trouve nulle part. Ce n'est pas une fiction pour élever sottement l'esprit de l'homme. Ce n'est pas une

---

* « Je me fais fort de vous prouver qu'au commandement de ce destructeur de tant de villes, les remparts s'écroulent sous le bélier, les tours altières s'effondrent tout à coup, sapées par des tranchées et des mines, les terrasses se montent à la hauteur des citadelles les plus élevées, mais que jamais il ne se trouvera de machines pour ébranler une âme solidement assise. [...] Ne compare pas [à l'homme parfait] les murs de Babylone qu'Alexandre força, ni les remparts de Carthage ou de Numance qu'un même bras conquit, ni le Capitole ou sa citadelle : ils portent les traces de l'ennemi » [*De la constance du sage*, chap. VI, 4 et 8, dont le texte latin est donné dans le texte]. « Crois-tu que ce roi insensé qui avait assombri le jour par une nuée de flèches ait atteint le soleil d'aucun de ses traits ? [...] De même que les choses du ciel échappent aux atteintes des hommes et que ceux qui détruisent les temples ou font fondre les statues, ne nuisent en rien à la divinité, de même tout ce que l'effronterie, l'insolence ou la superbe entreprend contre le sage est vain effort », *ibid.*, chap. IV, 2. « Au milieu du fracas des temples s'écroulant sur leurs dieux, un seul homme resta en paix », *ibid.*, chap. VI, 2 [en latin dans le texte].

grande idée sans réalité et sans vérité ; peut-être même que Caton passe cette idée » *.

« Il me semble que tu t'échauffes et que tu t'enflammes. Et déjà tu protestes : "Voilà bien ce qui ôte toute autorité à vos maximes. Vous promettez des merveilles et des choses qu'on ne peut même souhaiter ni croire […]. Ainsi, après vous être poussés bien haut, vous retombez au même niveau que les autres, n'ayant jamais changé que les noms […]. Je soupçonne qu'il en va de même pour cette allégation, splendide et fort belle au premier abord, que le sage n'est pas susceptible d'éprouver l'injure ou l'offense […]". En vérité, je ne prétends pas parer le sage du mérite imaginaire des mots, mais le placer en un lieu où ne parvienne nulle injure » **.

Voilà jusqu'où l'imagination vigoureuse de Sénèque emporte sa faible raison. Mais se peut-il faire que des hommes qui sentent continuellement leurs misères et leurs faiblesses puissent tomber dans des sentiments si fiers et si vains ? Un homme raisonnable peut-il jamais se persuader que sa douleur ne le touche et ne le blesse pas ? Et Caton, tout sage et tout fort qu'il était, pouvait-il souffrir sans quelque inquiétude ou au moins sans quelque distraction, je ne dis pas les injures atroces d'un peuple enragé qui le traîne, qui le dépouille et qui le maltraite de coups, mais les piqûres d'une simple mouche ? Qu'y a-t-il de plus faible contre des preuves aussi fortes et aussi convaincantes que sont celles de notre propre expérience, que cette belle raison de Sénèque, laquelle est cependant une de ses principales preuves ?

« Celui qui blesse », dit-il, « doit être plus fort que celui qui est blessé. Le vice n'est pas plus fort que la vertu, donc le sage

---

* *De la constance du sage*, chap. VII, 1 [en latin dans le texte].
** *Ibid.*, chap. III, 1-3 [en latin dans le texte].

ne peut être blessé » * ; car il n'y a qu'à répondre, ou que tous les hommes sont pécheurs, et par conséquent dignes de la misère qu'ils souffrent, ce que la religion nous apprend, ou que, si le vice n'est pas plus fort que la vertu, les vicieux peuvent avoir quelquefois plus de force que les gens de bien, comme l'expérience nous le fait connaître.

Épicure avait raison de dire que « les offenses sont supportables au sage ; nous, nous disons qu'il n'y a pas d'offenses » **. La vertu des stoïques ne pouvait pas les rendre invulnérables, puisque la véritable vertu n'empêche pas qu'on ne soit misérable et digne de compassion dans le temps qu'on souffre quelque mal. Saint Paul et les premiers chrétiens avaient plus de vertu que Caton et que les stoïciens. Ils avouaient néanmoins qu'ils étaient misérables par les peines qu'ils enduraient, quoiqu'ils fussent heureux dans l'espérance d'une récompense éternelle. « Si notre espérance [dans le Christ] vaut pour cette vie seulement, nous sommes les plus malheureux de tous les hommes », dit saint Paul [1].

Comme il n'y a que Dieu qui nous puisse donner par sa grâce une véritable et solide vertu, il n'y a aussi que lui qui nous puisse faire jouir d'un bonheur solide et véritable ; mais il ne le promet et ne le donne pas en cette vie. C'est dans l'autre qu'il faut l'espérer de sa justice, comme la récompense des

---

* *Ibid.*, chap. VII. « Ce qui blesse doit être plus fort que ce qui est blessé. Or la perversité n'est pas plus forte que la vertu ; et donc le sage ne peut être blessé. Il n'y a que les méchants qui tentent de faire outrage aux bons : les bons sont en paix entre eux. Si l'on ne peut blesser qu'un plus faible et si le méchant est plus faible que le bon, si les bons n'ont à redouter d'offense que de ceux qui ne sont pas leurs égaux, alors l'offense ne saurait atteindre l'homme sage » [*De la constance du sage*, chap. VII, 2. En latin dans le texte].

** *Ibid.*, chap. XV, 1 [en latin dans la note].

1. Paul, I, *Corinthiens* XV, 19. En latin dans le texte.

misères qu'on a souffertes pour l'amour de lui. Nous ne sommes pas à présent dans la possession de cette paix et de ce repos que rien ne peut troubler. La grâce même de Jésus-Christ ne nous donne pas une force invincible; elle nous laisse d'ordinaire sentir notre propre faiblesse, pour nous faire connaître qu'il n'y a rien au monde qui ne nous puisse blesser, et pour nous faire souffrir avec une patience humble et modeste toutes les injures que nous recevons, et non pas avec une patience fière et orgueilleuse, semblable à la constance du superbe Caton.

Lorsqu'on frappa Caton* au visage, il ne se fâcha point, il ne se vengea point, il ne pardonna point aussi; mais il nia fièrement qu'on lui eût fait quelque injure. Il voulait qu'on le crût infiniment au-dessus de ceux qui l'avaient frappé. Sa patience n'était qu'orgueil et que fierté. Elle était choquante et injurieuse pour ceux qui l'avaient maltraité; et Caton marquait, par cette patience de stoïque, qu'il regardait ses ennemis comme des bêtes contre lesquelles il est honteux de se mettre en colère. C'est ce mépris de ses ennemis et cette grande estime de soi-même que Sénèque appelle grandeur de courage. «Il y avait, dit-il, parlant de l'injustice qu'on fit à Caton, plus de grandeur d'âme à l'ignorer qu'à la pardonner»[1]. Quel excès de confondre la grandeur de courage avec l'orgueil, et de séparer la patience d'avec l'humilité pour la joindre avec une fierté insupportable! Mais que ces excès flattent agréablement la vanité de l'homme qui ne veut jamais s'abaisser; et qu'il est dangereux principalement à des chrétiens de s'instruire de la morale dans un auteur aussi peu judicieux que Sénèque, mais dont l'imagination est si forte, si vive et si impérieuse qu'elle éblouit, qu'elle étourdit et qu'elle entraîne tous ceux qui ont peu de

---

* Sénèque, chap. XIV [3] du même livre.

1. En latin dans le texte.

fermeté d'esprit et beaucoup de sensibilité pour tout ce qui flatte la concupiscence de l'orgueil !

Que les chrétiens apprennent plutôt de leur maître que des impies sont capables de les blesser, et que les gens de bien sont quelquefois assujettis à ces impies par l'ordre de la Providence. Lorsqu'un des officiers du grand-prêtre donna un soufflet à Jésus-Christ, ce sage des chrétiens, infiniment sage, et même aussi puissant qu'il est sage, confesse que ce valet a été capable de le blesser. Il ne se fâche pas, il ne se venge pas comme Caton; mais il pardonne comme ayant été véritablement offensé. Il pouvait se venger et perdre ses ennemis; mais il souffre avec une patience humble et modeste qui n'est injurieuse à personne ni même à ce valet qui l'avait offensé. Caton au contraire ne pouvant ou n'osant tirer de vengeance réelle de l'offense qu'il avait reçue, tâche d'en tirer une imaginaire et qui flatte sa vanité et son orgueil. Il s'élève en esprit jusque dans les nues; il voit de là les hommes d'ici-bas petits comme des mouches, et il les méprise comme des insectes incapables de l'avoir offensé et indignes de sa colère. Cette vision est une pensée digne du sage Caton. C'est elle qui lui donne cette grandeur d'âme et cette fermeté de courage qui le rend semblable aux dieux. C'est elle qui le rend invulnérable, puisque c'est elle qui le met au-dessus de toute la force et de toute la malignité des autres hommes. Pauvre Caton ! Tu t'imagines que ta vertu t'élève au-dessus de toutes choses; ta sagesse n'est que folie et ta grandeur qu'abomination devant Dieu*, quoi qu'en pensent les sages du monde.

Il y a des visionnaires de plusieurs espèces : les uns s'imaginent qu'ils sont transformés en coqs et en poules; d'autres

---

* «La sagesse de ce monde est folie aux yeux de Dieu», Paul, I, *Corinthiens* III, 19. «Ce qui est élevé pour les hommes est objet de dégoût devant Dieu», *Luc* XVI, 15 [en latin dans la note].

croient qu'ils sont devenus rois ou empereurs ; d'autres enfin se persuadent qu'ils sont indépendants et comme des Dieux. Mais si les hommes regardent toujours comme des fous ceux qui assurent qu'ils sont devenus coqs ou rois, ils ne pensent pas toujours que ceux qui disent que leur vertu les rend indépendants et égaux à Dieu, soient véritablement visionnaires. La raison en est que, pour être estimé fou, il ne suffit pas d'avoir de folles pensées, il faut, outre cela, que les autres hommes prennent les pensées que l'on a pour des visions et pour des folies. Car les fous ne passent pas pour ce qu'ils sont parmi les fous qui leur ressemblent, mais seulement parmi les hommes raisonnables, de même que les sages ne passent pas pour ce qu'ils sont parmi des fous. Les hommes reconnaissent donc pour fous ceux qui s'imaginent être devenus coqs ou rois, parce que tous les hommes ont raison de ne pas croire qu'on puisse si facilement devenir coq ou roi. Mais ce n'est pas aujourd'hui que les hommes croient pouvoir devenir comme des dieux ; ils l'ont cru de tout temps et peut être plus qu'ils ne le croient aujourd'hui. La vanité leur a toujours rendu cette pensée assez vraisemblable. Ils la tiennent de leurs premiers parents ; car sans doute nos premiers parents étaient dans ce sentiment lorsqu'ils obéirent au démon qui les tenta par la promesse qu'il leur fit qu'ils deviendraient semblables à Dieu : « Vous serez comme des dieux »[1]. Les intelligences même les plus pures et les plus éclairées ont été si fort aveuglées par leur propre orgueil qu'ils ont désiré et peut-être cru pouvoir devenir indépendants, et qu'ils ont même formé le dessein de monter sur le trône de Dieu. Ainsi il ne faut point s'étonner si les hommes qui n'ont ni la pureté ni la lumière des anges

---

1. *Genèse* III, 5 [en latin dans le texte].

s'abandonnent aux mouvements de leur vanité qui les aveugle et qui les séduit.

Si la tentation pour la grandeur et l'indépendance est la plus forte de toutes, c'est qu'elle nous paraît, comme à nos premiers parents, assez conforme à notre raison aussi bien qu'à notre inclination, à cause que nous ne sentons pas toujours toute notre dépendance. Si le serpent eût menacé nos premiers parents en leur disant : Si vous mangez du fruit dont Dieu vous a défendu de manger, vous serez transformés, vous en coq et vous en poule, on ne craint point d'assurer qu'ils se fussent raillés d'une tentation si grossière ; car nous nous en raillerions nous-mêmes. Mais le démon, jugeant des autres par lui-même, savait bien que le désir de l'indépendance était le faible par où il les fallait prendre. Au reste comme Dieu nous a créés à son image et à sa ressemblance et que notre bonheur est d'être semblable à Dieu, on peut dire que la magnifique et intéressante promesse du démon est la même que celle que la religion nous propose et qu'elle s'accomplira en nous, non comme le disait le menteur et l'orgueilleux tentateur en désobéissant à Dieu, mais en suivant exactement ses ordres *.

La seconde raison qui fait qu'on regarde comme fous ceux qui assurent qu'ils sont devenus coqs ou rois, et qu'on n'a pas la même pensée de ceux qui assurent que personne ne les peut blesser parce qu'ils sont au-dessus de la douleur, c'est qu'il est visible que les hypocondriaques se trompent, et qu'il ne faut qu'ouvrir les yeux pour avoir des preuves sensibles de leur égarement. Mais lorsque Caton assure que ceux qui l'ont frappé ne l'ont point blessé, et qu'il est au-dessus de toutes les injures qu'on lui peut faire, il l'assure, ou il peut l'assurer avec tant de fierté et de gravité qu'on ne peut reconnaître s'il est effecti-

---

* Jean, *Première Épître* III [6-10].

vement tel au dedans qu'il paraît être au dehors. On est même porté à croire que son âme n'est point ébranlée à cause que son corps demeure immobile, parce que l'air extérieur de notre corps est une marque naturelle de ce qui se passe dans le fond de notre âme. Ainsi quand un hardi menteur ment avec beaucoup d'assurance, il fait souvent croire les choses les plus incroyables, parce que cette assurance avec laquelle il parle est une preuve qui touche les sens, et qui par conséquent est très forte et très persuasive pour la plupart des hommes. Il y a donc peu de personnes qui regardent les stoïciens comme des visionnaires ou comme de hardis menteurs, parce qu'on n'a pas de preuve sensible de ce qui se passe dans le fond de leur cœur, et que l'air de leur visage est une preuve sensible qui impose facilement, outre que la vanité nous porte à croire que l'esprit de l'homme est capable de cette grandeur et de cette indépendance dont ils se vantent.

Tout cela fait voir qu'il y a peu d'erreurs plus dangereuses et qui se communiquent aussi facilement que celles dont les livres de Sénèque sont remplis, parce que ces erreurs sont délicates, proportionnées à la vanité de l'homme, et semblables à celle dans laquelle le démon engagea nos premiers parents. Elles sont revêtues dans ces livres d'ornements pompeux et magnifiques qui leur ouvrent le passage dans la plupart des esprits. Elles y entrent, elles s'en emparent, elles les étourdissent et les aveuglent. Mais elles les aveuglent d'un aveuglement superbe, d'un aveuglement éblouissant, d'un aveuglement accompagné de lueurs, et non pas d'un aveuglement humiliant et plein de ténèbres qui fait sentir qu'on est aveugle et qui le fait reconnaître aux autres. Quand on est frappé de cet aveuglement d'orgueil on se met au nombre des beaux esprits et des esprits forts. Les autres mêmes nous y mettent et nous admirent. Ainsi, il n'y a rien de plus contagieux que cet aveuglement, parce que la vanité et la sensibilité des hommes, la corruption de leurs sens et de leurs passions les disposent à rechercher d'en être frappés et les excitent à en frapper les autres.

Je ne crois donc pas qu'on puisse trouver d'auteur plus propre que Sénèque pour faire connaître quelle est la contagion d'une infinité de gens qu'on appelle beaux esprits et esprits forts, et comment les imaginations fortes et vigoureuses dominent sur les esprits faibles et peu éclairés, non par la force ni l'évidence des raisons, qui sont des productions de l'esprit, mais par le tour et la manière vive de l'expression, qui dépendent de la force de l'imagination.

Je sais bien que cet auteur a beaucoup d'estime dans le monde, et qu'on prendra pour une espèce de témérité de ce que j'en parle comme d'un homme fort imaginatif et peu judicieux. Mais c'est principalement à cause de cette estime que j'ai entrepris d'en parler, non par une espèce d'envie ou par humeur, mais parce que l'estime qu'on fait de lui touchera davantage les esprits et leur fera faire attention aux erreurs que j'ai combattues. Il faut, autant qu'on peut, apporter des exemples illustres des choses qu'on dit, lorsqu'elles sont de conséquence, et c'est quelquefois faire honneur à un livre que de le critiquer. Mais enfin je ne suis pas le seul qui trouve à redire dans les écrits de Sénèque ; car, sans parler de quelques illustres de ce siècle, il y a près de seize cents ans qu'un auteur très judicieux a remarqué qu'il y avait peu d'exactitude dans sa philosophie *, peu de discernement et de justesse dans son élocution **, et que sa réputation était plutôt l'effet d'une

---

* « Peu exact en matière de philosophie », Quintillien, *Institution de l'orateur* X, chap. I [en latin dans la note].

** « On voudrait qu'avec son bel esprit il ait plutôt suivi le goût d'un autre », *ibid.* [en latin dans la note].

ferveur et d'une inclination indiscrète de jeunes gens que d'un consentement de personnes savantes et bien sensées *.

Il est inutile de combattre par des écrits publics des erreurs grossières, parce qu'elles ne sont point contagieuses. Il est ridicule d'avertir les hommes que les hypocondriaques se trompent, ils le savent assez. Mais si ceux dont ils font beaucoup d'estime se trompent, il est toujours utile de les en avertir, de peur qu'ils ne suivent leurs erreurs. Or il est visible que l'esprit de Sénèque est un esprit d'orgueil et de vanité. Ainsi, puisque l'orgueil, selon l'Écriture, est la source du péché, « L'orgueil est le commencement du péché » [1], l'esprit de Sénèque ne peut être l'esprit de l'Évangile, ni sa morale s'allier avec la morale de Jésus-Christ, laquelle seule est solide et véritable.

Il est vrai que toutes les pensées de Sénèque ne sont pas fausses ni dangereuses. Cet auteur se peut lire avec profit par ceux qui ont l'esprit juste et qui savent le fond de la morale chrétienne. De grands hommes s'en sont servis utilement, et je n'ai garde de condamner ceux qui, pour s'accommoder à la faiblesse des autres hommes qui avaient trop d'estime pour lui, ont tiré des ouvrages de cet auteur des preuves pour défendre la morale de Jésus-Christ, et pour combattre ainsi les ennemis de l'Évangile par leurs propres armes.

Il y a de bonnes choses dans l'Alcoran, et l'on trouve des prophéties véritables dans les *Centuries* de Nostradamus ; on se sert de l'Alcoran pour combattre la religion des Turcs, et l'on peut se servir des *Prophéties* de Nostradamus pour

---

* « S'il avait rejeté certains effets, etc., il aurait pour lui l'approbation unanime des savants, bien mieux que l'amour des enfants », Quintillien, *Institution de l'orateur* X, chap. I [en latin dans la note].

1. *Ecclésiaste* X, 15 [en latin dans le texte].

convaincre quelques esprits bizarres et visionnaires. Mais ce qu'il y a de bon dans l'Alcoran ne fait pas que l'Alcoran soit un bon livre, et quelques véritables explications des *Centuries* de Nostradamus ne feront jamais passer Nostradamus pour un prophète; et l'on ne peut pas dire que ceux qui se servent de ces auteurs les approuvent, ou qu'ils aient pour eux une estime véritable.

On ne doit pas prétendre combattre ce que j'ai avancé de Sénèque en rapportant un grand nombre de passages de cet auteur qui ne contiennent que des vérités solides et conformes à l'Évangile; je tombe d'accord qu'il y en a, mais il y en a aussi dans l'Alcoran et dans les autres méchants livres. On aurait tort de même de m'accabler de l'autorité d'une infinité de gens qui se sont servis de Sénèque parce qu'on peut quelquefois se servir d'un livre que l'on croit impertinent, pourvu que ceux à qui l'on parle n'en portent pas le même jugement que nous.

Pour ruiner toute la sagesse des stoïques, il ne faut savoir qu'une seule chose qui est assez prouvée par l'expérience et par ce que l'on a déjà dit : c'est que nous tenons à notre corps, à nos parents, à nos amis, à notre prince, à notre patrie, par des liens que nous ne pouvons rompre, et que même nous aurions honte de tâcher de rompre. Notre âme est unie à notre corps, et par notre corps à toutes les choses visibles, par une main si puissante qu'il est impossible par nous-mêmes de nous en détacher. Il est impossible qu'on pique notre corps sans que l'on nous pique et que l'on nous blesse nous-mêmes, parce que dans l'état où nous sommes, cette correspondance de nous avec le corps qui est à nous est absolument nécessaire. De même, il est impossible qu'on nous dise des injures et qu'on nous méprise sans que nous en sentions du chagrin; parce que Dieu nous ayant faits pour être en société avec les autres hommes, il nous a donné une inclination pour tout ce qui est capable de nous lier avec eux, laquelle nous ne pouvons vaincre par nous-mêmes. Il est chimérique de dire que la douleur ne nous blesse pas, et que les paroles de mépris ne sont pas capables de nous offenser, parce qu'on est au-dessus de tout cela. On n'est jamais au-dessus de la nature, si ce n'est par la grâce ; et jamais stoïque ne méprisa la gloire et l'estime des hommes par les seules forces de son esprit.

Les hommes peuvent bien vaincre leurs passions par des passions contraires, ils peuvent vaincre la peur ou la douleur par vanité ; je veux dire seulement qu'ils peuvent ne pas fuir ou ne pas se plaindre lorsque, se sentant en vue à bien du monde, le désir de la gloire les soutient et arrête dans leur corps les mouvements qui les portent à la fuite. Ils peuvent vaincre de cette sorte ; mais ce n'est pas là vaincre, ce n'est pas là se délivrer de la servitude ; c'est peut-être changer de maître pour quelque temps, ou plutôt c'est étendre son esclavage ; c'est devenir sage, heureux et libre seulement en apparence, et souffrir en effet une dure et cruelle servitude. On peut résister à l'union naturelle que l'on a avec son corps par l'union que l'on a avec les hommes, parce qu'on peut résister à la nature par les forces de la nature ; on peut résister à Dieu par les forces que Dieu nous donne. Mais on ne peut résister par les forces de son esprit ; on ne peut entièrement vaincre la nature que par la grâce, parce qu'on ne peut, s'il est permis de parler ainsi, vaincre Dieu que par un secours particulier de Dieu.

Ainsi cette division magnifique de toutes les choses qui ne dépendent point de nous, et desquelles nous ne devons point dépendre, est une division qui semble conforme à la raison, mais qui n'est point conforme à l'état déréglé auquel le péché nous a réduits. Nous sommes unis à toutes les créatures par l'ordre de Dieu, et nous en dépendons absolument par le désordre du péché. De sorte que nous ne pouvons être heureux lorsque nous sommes dans la douleur et dans l'inquiétude ; nous ne devons point espérer d'être heureux en cette vie, en nous imaginant que nous ne dépendons point de toutes les choses desquelles nous sommes naturellement esclaves. Nous ne pouvons être heureux que par une foi vive et par une forte espérance qui nous fasse jouir par avance des biens futurs ; et nous ne pouvons vivre selon les règles de la vertu, et vaincre la nature si nous ne sommes soutenus par la grâce que Jésus-Christ nous a méritée.

CHAPITRE V

Du livre de Montaigne

Les *Essais* de Montaigne nous peuvent aussi servir de preuve de la force que les imaginations ont les unes sur les autres, car cet auteur a un certain air libre, il donne un tour si naturel et si vif à ses pensées qu'il est malaisé de le lire sans se laisser préoccuper. La négligence qu'il affecte lui sied assez bien et le rend aimable à la plupart du monde sans le faire mépriser ; et sa fierté est une certaine fierté d'honnête homme, si cela se peut dire ainsi, qui le fait respecter sans le faire haïr. L'air du monde et l'air cavalier soutenus par quelque érudition font un effet si prodigieux sur l'esprit qu'on l'admire souvent et qu'on se rend presque toujours à ce qu'il décide sans oser l'examiner, et quelquefois même sans l'entendre. Ce ne sont nullement ses raisons qui persuadent ; il n'en apporte presque jamais des choses qu'il avance, ou pour le moins il n'en apporte presque jamais qui aient quelque solidité. En effet, il n'a point de principes sur lesquels il fonde ses raisonnements, et il n'a point d'ordre pour faire les réductions de ses principes. Un trait d'histoire ne prouve pas ; un petit conte ne démontre pas ; deux vers d'Horace, un apophtegme de Cléomènes ou de César ne doivent pas persuader des gens raisonnables ; cependant ces

Essais ne sont qu'un tissu de traits d'histoire, de petits contes, de bons mots, de distiques et d'apophtegmes.

Il est vrai qu'on ne doit pas regarder Montaigne dans ses *Essais* comme un homme qui raisonne, mais comme un homme qui se divertit, qui tâche de plaire et qui ne pense point à enseigner ; et si ceux qui le lisent ne faisaient que s'en divertir, il faut tomber d'accord que Montaigne ne serait pas un si méchant livre pour eux. Mais il est presque impossible de ne pas aimer ce qui plaît et de ne pas se nourrir des viandes qui flattent le goût. L'esprit ne peut se plaire dans la lecture d'un auteur sans en prendre les sentiments, ou tout au moins sans en recevoir quelque teinture, laquelle se mêlant avec ses idées les rend confuses et obscures.

Il n'est pas seulement dangereux de lire Montaigne pour se divertir, à cause que le plaisir qu'on y prend engage insensiblement dans ses sentiments ; mais encore parce que ce plaisir est plus criminel qu'on ne pense. Car il est certain que ce plaisir naît principalement de la concupiscence et qu'il ne fait qu'entretenir et que fortifier les passions, la manière d'écrire de cet auteur n'étant agréable que parce qu'elle nous touche et qu'elle réveille nos passions d'une manière imperceptible.

Il serait assez utile de prouver cela dans le détail, et généralement que tous les divers styles ne nous plaisent ordinairement qu'à cause de la corruption secrète de notre cœur ; mais ce n'en est pas ici le lieu, et cela nous mènerait trop loin. Toutefois, si l'on veut faire réflexion sur la liaison des idées et des passions dont j'ai parlé auparavant*, et sur ce qui se passe en soi-même dans le temps qu'on lit quelque pièce bien écrite, on pourra reconnaître en quelque façon que si nous aimons le genre sublime, l'air noble et libre de certains auteurs, c'est

---

* Chapitre dernier de la première partie de ce livre.

que nous avons de la vanité et que nous aimons la grandeur et l'indépendance, et que ce goût que nous trouvons dans la délicatesse des discours efféminés n'a point d'autre source qu'une secrète inclination pour la mollesse et pour la volupté ; en un mot, que c'est une certaine intelligence pour ce qui touche les sens, et non pas l'intelligence de la vérité, qui fait que certains auteurs nous charment et nous enlèvent comme malgré nous. Mais revenons à Montaigne.

Il me semble que ses plus grands admirateurs le louent d'un certain caractère d'auteur judicieux et éloigné du pédantisme, et d'avoir parfaitement connu la nature et les faiblesses de l'esprit humain. Si je montre donc que Montaigne, tout cavalier qu'il est, ne laisse pas d'être aussi pédant que beaucoup d'autres, et qu'il n'a eu qu'une connaissance très médiocre de l'esprit, j'aurai fait voir que ceux qui l'admirent le plus n'auront pas été persuadés par des raisons évidentes, mais qu'ils auront été seulement gagnés par la force de son imagination.

Ce terme *pédant* est fort équivoque, mais l'usage, ce me semble, et même la raison veulent que l'on appelle pédants ceux qui pour faire parade de leur fausse science citent à tort et à travers toutes sortes d'auteurs, qui parlent simplement pour parler et pour se faire admirer des sots, qui amassent sans jugement et sans discernement des apophtegmes et des traits d'histoire pour prouver ou pour faire semblant de prouver des choses qui ne se peuvent prouver que par des raisons.

Pédant est opposé à raisonnable ; et ce qui rend les pédants odieux aux personnes d'esprit, c'est que les pédants ne sont pas raisonnables ; car, les personnes d'esprit aimant naturellement à raisonner, ils ne peuvent souffrir la conversation de ceux qui ne raisonnent point. Les pédants ne peuvent pas raisonner, parce qu'ils ont l'esprit petit ou d'ailleurs rempli d'une fausse érudition ; et ils ne veulent pas raisonner, parce qu'ils voient que certaines gens les respectent et les admirent davantage lorsqu'ils citent quelque auteur inconnu et quelque sentence d'un ancien que lorsqu'ils prétendent raisonner. Ainsi leur vanité se satisfaisant dans la vue du respect qu'on leur porte, les attache à l'étude de toutes les sciences extraordinaires qui attirent l'admiration du commun des hommes.

Les pédants sont donc vains et fiers, de grande mémoire et de peu de jugement, heureux et forts en citations, malheureux et faibles en raisons, d'une imagination vigoureuse et spacieuse, mais volage et déréglée, et qui ne peut se contenir dans quelque justesse.

Il ne sera pas maintenant fort difficile de prouver que Montaigne était aussi pédant que plusieurs autres, selon cette notion du mot de *pédant*, qui semble la plus conforme à la raison et à l'usage; car je ne parle pas ici de pédant à longue robe, la robe ne peut pas faire le pédant. Montaigne, qui a tant d'aversion pour la pédanterie, pouvait bien ne porter jamais robe longue, mais il ne pouvait pas de même se défaire de ses propres défauts. Il a bien travaillé à se faire l'air cavalier, mais il n'a pas travaillé à se faire l'esprit juste, ou pour le moins il n'y a pas réussi. Ainsi, il s'est plutôt fait un pédant à la cavalière et d'une espèce toute singulière, qu'il ne s'est rendu raisonnable, judicieux et honnête homme.

Le livre de Montaigne contient des preuves si évidentes de la vanité et de la fierté de son auteur, qu'il paraît peut-être assez inutile de s'arrêter à les faire remarquer; car il faut être plein de soi-même pour s'imaginer comme lui que le monde veuille bien lire un assez gros livre pour avoir quelque connaissance de nos humeurs. Il fallait nécessairement qu'il se séparât du commun et qu'il se regardât comme un homme tout à fait extraordinaire.

Toutes les créatures ont une obligation essentielle de tourner les esprits de ceux qui les veulent adorer vers celui-là seul qui mérite d'être adoré; et la religion nous apprend que nous ne devons jamais souffrir que l'esprit et le cœur de l'homme qui c'est fait que pour Dieu s'occupe de nous et s'arrête à nous admirer et à nous aimer. Lorsque saint Jean se prosterna devant l'ange du Seigneur*, cet ange lui défendit de l'adorer : *Je suis serviteur*, lui dit-il, *comme vous et comme vos frères ; adorez Dieu*. Il n'y a que les démons et ceux qui participent à l'orgueil des démons qui se plaisent d'être adorés ; et c'est vouloir être adoré non pas d'une adoration extérieure et apparente, mais d'une adoration intérieure et véritable, que de vouloir que les autres hommes s'occupent de nous : c'est vouloir être adoré comme Dieu veut être adoré, c'est-à-dire en esprit et en vérité.

Montaigne n'a fait son livre que pour se peindre et pour représenter ses humeurs et ses inclinations. Il l'avoue lui-même dans l'avertissement au lecteur, inséré dans toutes les éditions : *C'est moi que je peins*, dit-il, *je suis moi-même la matière de mon livre*. Et cela paraît assez en le lisant ; car il y a très peu de chapitres dans lesquels il ne se fasse quelque digression pour parler de lui, et il y a même des chapitres entiers dans lesquels il ne parle que de lui. Mais s'il a composé son livre pour s'y peindre, il l'a fait imprimer afin qu'on le lût. Il a donc voulu que les hommes le regardassent et s'occupassent de lui, quoiqu'il dise que *ce n'est pas raison qu'on emploie son loisir en un sujet si frivole et si vain*. Ces paroles ne font que le condamner ; car s'il eût cru que ce n'était pas *raison* qu'on employât le temps à lire son livre, il eût agi lui-même contre le sens commun en le faisant imprimer. Ainsi on est obligé de croire ou qu'il n'a pas dit ce qu'il pensait, ou qu'il n'a pas fait ce qu'il devait.

---

* *Apocalypse* XIX, 20 : *Conservus tuus suum, etc. Deum adora.*

C'est encore une plaisante excuse de sa vanité de dire qu'il n'a écrit *que pour ses parents et amis*; car si cela eût été ainsi, pourquoi en eût-il fait faire trois impressions? Une seule ne suffisait-elle pas pour ses parents et pour ses amis? D'où vient encore qu'il a augmenté son livre dans les dernières impressions qu'il en a fait faire, et qu'il n'en a jamais rien retranché, si ce n'est que la fortune secondait ses intentions? *J'ajoute*, dit-il, *mais je ne corrige pas parce que celui qui a hypothéqué au monde son ouvrage, je trouve apparence qu'il n'y ait plus de droit. Qu'il dise s'il peut mieux ailleurs, et ne corrompe la besogne qu'il a vendue. De telles gens il ne faudrait rien acheter qu'après leur mort, qu'ils y pensent bien avant que de se produire. Qui les hâte? Mon livre est toujours un, etc.**. Il a donc voulu se produire et hypothéquer au monde son ouvrage aussi bien qu'à ses parents et à ses amis. Mais sa vanité serait toujours assez criminelle, quand il n'aurait tourné et arrêté l'esprit et le cœur que de ses parents et de ses amis vers son portrait autant de temps qu'il en faut pour lire son livre.

Si c'est un défaut de parler souvent de soi, c'est une effronterie ou plutôt une espèce de folie que de se louer à tous moments comme fait Montaigne : car ce n'est pas seulement pécher contre l'humilité chrétienne, mais c'est encore choquer la raison.

Les hommes sont faits pour vivre ensemble et pour former des corps, et des sociétés civiles. Mais il faut remarquer que tous les particuliers qui composent les sociétés ne veulent pas qu'on les regarde comme la dernière partie du corps duquel ils sont. Ainsi, ceux qui se louent se mettant au-dessus des autres, les regardant comme les dernières parties de leur société, et se considérant eux-mêmes comme les principales et les plus

---

* Livre III, chap. IX.

honorables, ils se rendent nécessairement odieux à tout le monde au lieu de se faire aimer et de se faire estimer.

C'est donc une vanité et une vanité indiscrète et ridicule à Montaigne de parler avantageusement de lui-même à tous moments, mais c'est une vanité encore plus extravagante à cet auteur de décrire ses défauts ; car si l'on y prend garde, on verra qu'il ne découvre guère que les défauts dont on fait gloire dans le monde à cause de la corruption du siècle ; qu'il s'attribue volontiers ceux qui peuvent le faire passer pour esprit fort ou lui donner l'air cavalier, et afin que par cette franchise simulée de la confession de ses désordres on le croie plus volontiers lorsqu'il parle à son avantage. Il a raison de dire que *se priser et se mépriser naissent souvent de pareil air d'arrogance**. C'est toujours une marque certaine que l'on est plein de soi-même ; et Montaigne me paraît encore plus fier et plus vain, quand il se blâme que lorsqu'il se loue, parce que c'est un orgueil insupportable que de tirer vanité de ses défauts au lieu de s'en humilier. J'aime mieux un homme qui cache ses crimes avec honte qu'un autre qui les publie avec effronterie, et il me semble qu'on doit avoir quelque horreur de la manière cavalière et peu chrétienne dont Montaigne représente ses défauts. Mais examinons les autres qualités de son esprit.

Si nous croyons Montaigne sur sa parole, nous nous persuaderons que c'était un homme *de nulle rétention* ; qu'il n'avait *point de gardoire ; la mémoire lui manquait du tout***, mais qu'il ne manquait pas de sens et de jugement. Cependant, si nous en croyons le portrait même qu'il a fait de son esprit, je veux dire son propre livre, nous ne serons pas tout à fait de son sentiment. *Je ne saurais recevoir une charge sans tablettes,*

---

* Livre III, chap. XIII.
** Livre II, chap. X.

dit-il, *et quand j'ai un propos à tenir, s'il est de longue haleine,
je suis réduit à cette vile et misérable nécessité d'apprendre
par cœur mot à mot ce que j'ai à dire; autrement je n'aurais ni
façon ni assurance, étant en crainte que ma mémoire me vint
faire un mauvais tour*. Un homme qui peut bien apprendre
mot à mot des discours de longue haleine, pour avoir quelque
façon et quelque assurance, manque-t-il plutôt de mémoire
que de jugement? Et peut-on croire Montaigne, lorsqu'il dit de
lui : *Les gens qui me servent, il faut que je les appelle par le
nom de leurs charges ou de leurs pays. Car il m'est très mal
aisé de retenir des noms, et si je durais à vivre longtemps, je ne
crois pas que je n'oubliasse mon nom propre**. Un simple
gentilhomme, qui peut retenir par cœur et mot à mot avec
assurance des discours de *longue haleine,* a-t-il un si grand
nombre d'officiers qu'il n'en puisse retenir les noms? Un
homme *qui est né et nourri aux champs, et parmi le labourage,
qui a des affaires et un ménage en mains,* et qui dit *que de
mettre à non chaloir ce qui est à nos pieds, ce que nous avons
entre nos mains, ce qui regarde de plus près l'usage de la vie,
c'est chose bien éloignée de son dogme***,* peut-il oublier les
noms français des domestiques? Peut-il *ignorer,* comme il dit,
*la plupart de nos monnoyes, la différence d'un grain à l'autre
en la terre et au grenier, si elle n'est pas trop apparente, les
plus grossiers principes de l'agriculture et que les enfants
savent, de quoi sert le levain à faire du pain, et ce que c'est que
de faire cuver du vin****, et* cependant avoir *l'esprit plein* de
noms des anciens philosophes et de leurs principes, *des idées
de Platon, des atomes d'Épicure, du plein et du vide de*

* Livre I, chap. xxiv.
** Livre II, chap. xvii.
*** Livre II, chap. xvii.
**** Livre II, chap. xii.

Leucippus et de Democritus, de l'eau de Thales, de l'infinité de nature d'Anaximandre, de l'air de Diogènes, des nombres et de la symétrie de Pythagoras, de l'infini de Parmenides, de l'un de Museus, de l'eau et du feu d'Apollodorus, des parties similaires d'Anaxagoras, de la discorde et de l'amitié d'Empedocles, du feu d'Héraclite, etc. * ? Un homme qui dans trois ou quatre pages de son livre rapporte plus de cinquante noms d'auteurs différents avec leurs opinions; qui a rempli tout son ouvrage de traits d'histoire, et d'apophtegmes entassés sans ordre; qui dit que *l'histoire et la poésie sont son gibier en matière de livres*; qui se contredit à tous moments et dans un même chapitre, lors même qu'il parle des choses qu'il prétend le mieux savoir, je veux dire lorsqu'il parle des qualités de son esprit, se doit-il piquer d'avoir plus de jugement que de mémoire?

Avouons donc que Montaigne était *excellent en oubliance*, puisque Montaigne nous en assure, qu'il souhaite que nous ayons ce sentiment de lui, et qu'enfin cela n'est pas tout à fait contraire à la vérité. Mais ne nous persuadons pas sur sa parole, ou par les louanges qu'il se donne, que c'était un homme de grand sens et d'une pénétration d'esprit toute extraordinaire. Cela pourrait nous jeter dans l'erreur, et donner trop de crédit aux opinions fausses et dangereuses qu'il débite avec une fierté et une hardiesse dominante, qui ne fait qu'étourdir et qu'éblouir les esprits faibles.

L'autre louange que l'on donne à Montaigne est qu'il avait une connaissance parfaite de l'esprit humain; qu'il en pénétrait le fond, la nature, les propriétés; qu'il en savait le fort et le faible, en un mot tout ce que l'on en peut savoir. Voyons s'il

---

* Livre I, chap. XXV.

mérite bien ces louanges, et d'où vient qu'on en est si libéral à son égard.

Ceux qui ont lu Montaigne savent assez que cet auteur affectait de passer pour pyrrhonien et qu'il faisait gloire de douter de tout. *La persuasion de la certitude*, dit-il, *est un certain témoignage de folie et d'incertitude extrême; et n'est point de plus folles gens, et moins philosophes, que les philodoxes de Platon**. Il donne au contraire tant de louanges aux pyrrhoniens dans le même chapitre** qu'il n'est pas possible qu'il ne fût de cette secte; il était nécessaire de son temps, pour passer pour habile et pour galant homme, de douter de tout; et la qualité d'esprit fort dont il se piquait, l'engageait encore dans ces opinions. Ainsi, en le supposant académicien[1], on pourrait tout d'un coup le convaincre d'être le plus ignorant de tous les hommes, non seulement dans ce qui regarde la nature de l'esprit, mais même en toute autre chose. Car, puisqu'il y a une différence essentielle entre savoir et douter, si les académiciens disent ce qu'ils pensent, lorsqu'ils assurent qu'ils ne savent rien, on peut dire que ce sont les plus ignorants de tous les hommes.

Mais ce ne sont pas seulement les plus ignorants de tous les hommes, ce sont aussi les défenseurs des opinions les moins raisonnables. Car non seulement ils rejettent tout ce qui est de plus certain et de plus universellement reçu, pour se faire passer pour esprits forts, mais, par le même tour d'imagination, ils se plaisent à parler d'une manière décisive des choses les plus incertaines et les moins probables. Montaigne est visiblement frappé de cette maladie d'esprit; et il faut

---

* Livre I, chap. XII.
** Un peu plus haut.

1. en le supposant sceptique

nécessairement dire que non seulement il ignorait la nature de l'esprit humain, mais même qu'il était dans des erreurs fort grossières sur ce sujet; supposé qu'il nous ait dit ce qu'il en pensait, comme il l'a dû faire.

Car que peut-on dire d'un homme qui confond l'esprit avec la matière; qui rapporte les opinions les plus extravagantes des philosophes sur la nature de l'âme sans les mépriser, et même d'un air qui fait assez connaître qu'il approuve davantage les plus opposées à la raison; qui ne voit pas la nécessité de l'immortalité de nos âmes; qui pense que la raison humaine ne la peut reconnaître, et qui regarde les preuves que l'on en donne comme des songes que le désir fait naître en nous : *Somnia non docentis sed optantis*; qui trouve à redire que *les hommes se séparent de la presse des autres créatures, et se distinguent des bêtes*, qu'il appelle nos *confrères et nos compagnons*, qu'il croit parler, s'entendre, et se moquer de nous, de même que nous parlons, que nous nous entendons, et que nous nous moquons d'elles; qui met plus de différence d'un homme à un autre homme, que, d'un homme à une bête; qui donne jusqu'aux araignées *délibération, pensement et conclusion,* et qui, après avoir soutenu que l'âme de l'homme n'a aucun avantage sur celle des bêtes, accepte volontiers ce sentiment : que *ce n'est point par la raison, par le discours et par l'âme que nous excellons sur les bêtes, mais par notre beauté, notre beau teint, et notre belle disposition de membres pour laquelle il nous faut mettre notre intelligence, notre prudence et tout le reste à l'abandon, etc.* [1]? Peut-on dire qu'un homme qui se sert des opinions les plus bizarres pour conclure que ce n'est point par vrai discours mais par une fierté et opiniâtreté, que nous nous préférons aux autres animaux, eût une

1. Livre II, chap. XII.

connaissance fort exacte de l'esprit humain, et croit-on en persuader les autres ?

Mais il faut faire justice à tout le monde, et dire de bonne foi quel était le caractère de l'esprit de Montaigne. Il avait peu de mémoire, encore moins de jugement, il est vrai ; mais ces deux qualités ne font point ensemble ce que l'on appelle ordinairement dans le monde beauté d'esprit. C'est la beauté, la vivacité et l'étendue de l'imagination, qui font passer pour bel esprit. Le commun des hommes estime le brillant, et non pas le solide ; parce que l'on aime davantage ce qui touche les sens, que ce qui instruit la raison. Ainsi, en prenant beauté d'imagination pour beauté d'esprit, on peut dire que Montaigne avait l'esprit beau et même extraordinaire. Ses idées sont fausses, mais belles ; ses expressions irrégulières ou hardies, mais agréables ; ses discours mal raisonnés, mais bien imaginés. On voit dans tout son livre un caractère d'original qui plaît infiniment : tout copiste qu'il est, il ne sent point son copiste ; et son imagination forte et hardie donne toujours le tour d'original aux choses qu'il copie. Il a enfin ce qu'il est nécessaire d'avoir pour plaire et pour imposer ; et je pense avoir montré suffisamment que ce n'est point en convainquant la raison qu'il se fait admirer de tant de gens, mais en leur tournant l'esprit à son avantage par la vivacité toujours victorieuse de son imagination dominante.

CHAPITRE DERNIER

I. *Des sorciers par imagination et des loups-garous*

Le plus étrange effet de la force de l'imagination est la crainte déréglée de l'apparition des esprits, des sortilèges, des caractères, des charmes, des lycanthropes ou loups-garous, et généralement de tout ce qu'on s'imagine dépendre de la puissance du démon.

Il n'y a rien de plus terrible ni qui effraie davantage l'esprit, ou qui produise dans le cerveau des vestiges plus profonds, que l'idée d'une puissance invisible qui ne pense qu'à nous nuire et à laquelle on ne peut résister. Tous les discours qui réveillent cette idée sont toujours écoutés avec crainte et curiosité. Les hommes, s'attachant à tout ce qui est extraordinaire, se font un plaisir bizarre de raconter ces histoires surprenantes et prodigieuses de la puissance et de la malice des sorciers à épouvanter les autres et à s'épouvanter eux-mêmes. Ainsi il ne faut pas s'étonner si les sorciers sont si communs en certains pays, où la créance du sabbat est trop enracinée ; où tous les contes les plus extravagants de sortilèges sont écoutés comme des histoires authentiques, et où l'on brûle comme des sorciers véritables les fous et les visionnaires dont l'imagination a été déréglée, autant pour le moins par le récit de ces contes que par la corruption de leur cœur.

Je sais bien que quelques personnes trouveront à redire que j'attribue la plupart des sorcelleries à la force de l'imagination, parce que je sais que les hommes aiment qu'on leur donne de la crainte ; qu'ils se fâchent contre ceux qui les veulent désabuser ; et qu'ils ressemblent aux malades par imagination, qui écoutent avec respect et qui exécutent fidèlement les ordonnances des médecins qui leur pronostiquent des accidents funestes. Les superstitions ne se détruisent pas facilement, et on ne les attaque pas sans trouver un grand nombre de défenseurs ; et cette inclination à croire aveuglément toutes les rêveries des démonographes est produite et entretenue par la même cause qui rend opiniâtres les superstitieux, comme il est assez facile de le prouver. Toutefois, cela ne doit pas m'empêcher de décrire en peu de mots comme je crois que de pareilles opinions s'établissent.

Un pâtre dans sa bergerie raconte après souper à sa femme et à ses enfants les aventures du sabbat. Comme son imagination est modérément échauffée par les vapeurs du vin, et qu'il croit avoir assisté plusieurs fois à cette assemblée imaginaire, il ne manque pas d'en parler d'une manière forte et vive. Son éloquence naturelle jointe à la disposition où est toute sa famille, pour entendre parler d'un sujet si nouveau et si terrible, doit sans doute produire d'étranges traces dans des imaginations faibles, et il n'est pas naturellement possible qu'une femme et des enfants ne demeurent tout effrayés, pénétrés et convaincus de ce qu'ils lui entendent dire. C'est un mari, c'est un père qui parle de ce qu'il a vu, de ce qu'il a fait ; on l'aime et on le respecte ; pourquoi ne le croirait-on pas ? Ce pâtre le répète en différents jours. L'imagination de la mère et des enfants en reçoit peu à peu des traces plus profondes ; ils s'y accoutument, les frayeurs passent, et la conviction demeure ; et enfin la curiosité les prend d'y aller. Ils se frottent de certaine drogue dans ce dessein, ils se couchent ; cette disposition de leur cœur échauffe encore leur imagination, et les traces que le pâtre avait formées dans leur cerveau, s'ouvrent assez pour leur faire juger, dans le sommeil, comme présents tous les mouvements de la cérémonie dont il leur avait fait la description. Ils se lèvent, ils s'entre-demandent et s'entre-disent ce qu'ils ont vu. Ils se fortifient de cette sorte les traces de leur vision ; et celui qui a l'imagination la plus forte persuadant mieux les autres, ne manque pas de régler en peu de nuits l'histoire imaginaire du sabbat. Voilà donc des sorciers achevés que le pâtre a faits ; et ils en feront un jour beaucoup d'autres, si, ayant l'imagination forte et vive, la crainte ne les empêche pas de conter de pareilles histoires.

Il s'est trouvé plusieurs fois des sorciers de bonne foi qui disaient généralement à tout le monde qu'ils allaient au sabbat, et qui en étaient si persuadés que, quoique plusieurs personnes les veillassent et les assurassent qu'ils n'étaient point sortis du lit, ils ne pouvaient se rendre à leur témoignage.

Tout le monde sait que lorsque l'on fait des contes d'apparitions d'esprits aux enfants, ils ne manquent presque jamais d'en être effrayés, et qu'ils ne peuvent demeurer sans lumière et sans compagnie; parce qu'alors leur cerveau ne recevant point de traces de quelque objet présent, celle que le conte a formée dans leur cerveau se rouvre, et souvent même avec assez de force pour leur représenter comme devant leurs yeux les esprits qu'on leur a dépeints. Cependant on ne leur conte pas ces histoires comme si elles étaient véritables. On ne leur parle pas avec le même air que si on en était persuadé; et quelquefois on le fait d'une manière assez froide et assez languissante. Il ne faut donc pas s'étonner qu'un homme qui croit avoir été au sabbat, et qui par conséquent en parle d'un ton ferme et avec une contenance assurée, persuade facilement quelques personnes qui l'écoutent avec respect, de toutes les circonstances qu'il décrit, et transmette ainsi dans leur imagination des traces pareilles à celles qui le trompent.

Quand les hommes nous parlent, ils gravent dans notre cerveau des traces pareilles à celles qu'ils ont. Lorsqu'ils en ont de profondes, ils nous parlent d'une manière qui nous en grave de profondes; car ils ne peuvent parler, qu'ils ne nous rendent semblables à eux en quelque façon. Les enfants dans le sein de leurs mères ne voient que ce que voient leurs mères; et même lorsqu'ils sont venus au monde, ils imaginent peu de choses dont leurs parents n'en soient la cause, puisque les hommes même les plus sages se conduisent plutôt par l'imagination des autres, c'est-à-dire par l'opinion et par la coutume, que par les règles de la raison. Ainsi dans les lieux où l'on brûle les sorciers on en trouve un grand nombre, parce que, dans les lieux où on les condamne au feu, on croit véritablement qu'ils le sont, et cette croyance se fortifie par les discours qu'on en tient. Que l'on cesse de les punir et qu'on les traite comme des fous et l'on verra qu'avec le temps ils ne seront plus sorciers, parce que ceux qui ne le sont que par imagination, qui font certainement le plus grand nombre, reviendront de leurs erreurs.

Il est indubitable que les vrais sorciers méritent la mort, et que ceux même qui ne le sont que par imagination ne doivent pas être réputés comme tout à fait innocents; puisque pour l'ordinaire ils ne se persuadent être sorciers que parce qu'ils sont dans une disposition de cœur d'aller au sabbat, et qu'ils se sont frottés de quelque drogue pour venir à bout de leur malheureux dessein. Mais en punissant indifféremment tous ces criminels, la persuasion commune se fortifie, les sorciers par imagination se multiplient, et ainsi une infinité de gens se perdent et se damnent. C'est donc avec raison que plusieurs parlements ne punissent point les sorciers; il s'en trouve beaucoup moins dans les terres de leur ressort; et l'envie, la haine et la malice des méchants ne peuvent se servir de ce prétexte pour perdre les innocents.

L'appréhension des loups-garous, ou des hommes, transformés en loups, est encore une plaisante vision. Un homme, par un effort déréglé de son imagination, tombe dans cette folie, qu'il croit devenir loup toutes les nuits. Ce dérèglement de son esprit ne manque pas de le disposer à faire toutes les actions que font les loups, ou qu'il a ouï dire qu'ils faisaient. Il sort donc à minuit de sa maison, il court les rues, il se jette sur quelque enfant s'il en rencontre, il le mord et le maltraite; et le peuple stupide et superstitieux s'imagine qu'en effet ce fanatique devient loup; parce que ce malheureux le croit lui-même, et qu'il l'a dit en secret à quelques personnes qui n'ont pu le taire.

S'il était facile de former dans le cerveau les traces qui persuadent aux hommes qu'ils sont devenus loups, et si l'on pouvait courir les rues et faire tous les ravages que font ces misérables loups-garous sans avoir le cerveau entièrement bouleversé, comme il est facile d'aller au sabbat dans son lit et sans se réveiller, ces belles histoires de transformations d'hommes en loups ne manqueraient pas de produire leur effet comme celles que l'on fait du sabbat, et nous aurions autant de loups-garous que nous avons de sorciers. Mais la persuasion d'être transformé en loup suppose un bouleversement de cerveau bien plus difficile à produire que celui d'un homme qui croit seulement aller au sabbat, c'est-à-dire qui croit voir la nuit des choses qui ne sont point, et qui, étant réveillé, ne peut distinguer ces songes des pensées qu'il a eues pendant le jour.

C'est une chose assez ordinaire à certaines personnes d'avoir la nuit des songes assez vifs pour s'en ressouvenir exactement lorsqu'ils sont réveillés, quoique le sujet de leur songe ne soit pas de soi fort terrible. Ainsi il n'est pas difficile que les gens se persuadent d'avoir été au sabbat; car il suffit, pour cela, que leur cerveau conserve les traces qui s'y font pendant leur sommeil.

La principale raison qui nous empêche de prendre nos songes pour des réalités, est que nous ne pouvons lier nos songes avec les choses que nous avons faites pendant la veille; car nous reconnaissons par là que ce ne sont que des songes. Or, les sorciers par imagination ne peuvent reconnaître par là si leur sabbat est un songe; car on ne va au sabbat que la nuit, et ce qui se passe au sabbat ne se peut lier avec les autres actions de la journée. Ainsi il est moralement impossible de les détromper par ce moyen-là. Et il n'est point encore nécessaire que les choses que ces sorciers prétendus croient avoir vues au sabbat, gardent entre elles un ordre naturel; car elles paraissent d'autant plus réelles qu'il y a plus d'extravagance et de confusion dans leur suite. Il suffit donc, pour les tromper, que les idées des choses du sabbat soient vives et effrayantes; ce qui ne peut manquer, si on considère qu'elles représentent des choses nouvelles et extraordinaires.

Mais afin qu'un homme s'imagine qu'il est coq, chèvre, loup, bœuf, il faut un si grand dérèglement d'imagination que cela ne peut être ordinaire ; quoique ces renversements d'esprit arrivent quelquefois, ou par une punition divine, comme l'Écriture le rapporte de Nabuchodonosor, ou par un transport naturel de mélancolie au cerveau, comme on en trouve des exemples dans les auteurs de médecine.

Encore que je sois persuadé que les véritables sorciers soient très rares, que le sabbat ne soit qu'un songe, et que les parlements qui renvoient les accusations des sorcelleries soient les plus équitables, cependant je ne doute point qu'il ne puisse y avoir des sorciers, des charmes, des sortilèges et que le démon n'exerce quelquefois sa malice sur les hommes par une permission particulière d'une puissance supérieure. Mais l'Écriture sainte nous apprend que le royaume de Satan est détruit ; que l'ange du ciel a enchaîné le démon et l'a enfermé dans les abîmes, d'où il ne sortira qu'à la fin du monde ; que Jésus-Christ a dépouillé ce fort armé, et que le temps est venu auquel le prince du monde est chassé hors du monde.

Il avait régné jusqu'à la venue du Sauveur, et il règne même encore, si on le veut, dans les lieux où le Sauveur n'est point connu ; mais il n'a plus aucun droit ni aucun pouvoir sur ceux qui sont régénérés en Jésus-Christ ; il ne peut même les tenter, si Dieu ne le permet ; et si Dieu le permet, c'est qu'ils peuvent le vaincre. C'est donc faire trop d'honneur au diable que de rapporter des histoires comme des marques de sa puissance, ainsi que font quelques nouveaux démonographes, puisque ces histoires le rendent redoutable aux esprits faibles.

Il faut mépriser les démons comme on méprise les bourreaux ; car c'est devant Dieu seul qu'il faut trembler. C'est sa seule puissance qu'il faut craindre. Il faut appréhender ses jugements et sa colère, et ne pas l'irriter par le mépris de ses lois et de son Évangile. On doit être dans le respect lorsqu'il parle ou lorsque les hommes nous parlent de lui. Mais quand les hommes nous parlent de la puissance du démon, c'est une faiblesse ridicule de s'effrayer et de se troubler. Notre trouble fait honneur à notre ennemi. Il aime qu'on le respecte et qu'on le craigne, et son orgueil se satisfait lorsque notre esprit s'abat devant lui.

II. *Conclusion des deux premiers livres*

Il est temps de finir ce second livre et de faire remarquer, par les choses que l'on a dites dans ce livre et dans le précédent, que toutes les pensées qu'a l'âme par le corps, ou par dépendance du corps, sont toutes pour le corps ; qu'elles sont toutes fausses ou obscures ; qu'elles ne servent qu'à nous unir aux biens sensibles et à tout ce qui peut nous les procurer ; et que cette union nous engage dans des erreurs infinies et dans de très grandes misères, quoique nous ne sentions pas toujours ces misères, de même que nous ne connaissons pas les erreurs qui les ont causées. Voici l'exemple le plus remarquable.

L'union que nous avons eue avec nos mères dans leur sein, laquelle est la plus étroite que nous puissions avoir avec les hommes, nous a causé les plus grands maux, savoir, le péché et la concupiscence, qui sont l'origine de toutes nos misères. Il fallait néanmoins, pour la conformation de notre corps, que cette union fût aussi étroite qu'elle a été.

À cette union qui a été rompue par notre naissance, une autre a succédé, par laquelle les enfants tiennent à leurs parents et à leurs nourrices. Cette seconde union n'a pas été si étroite que la première ; aussi nous a-t-elle fait moins de mal ; elle nous a seulement portés à croire et à vouloir imiter nos parents et nos nourrices en toutes choses. Il est visible que cette seconde union nous était encore nécessaire, non, comme la première, pour la conformation de notre corps, mais pour sa conservation, pour connaître toutes les choses qui y peuvent être utiles, et pour disposer le corps aux mouvements nécessaires pour les acquérir.

Enfin, l'union que nous avons encore présentement avec tous les hommes ne laisse pas de nous faire beaucoup de mal, quoiqu'elle ne soit pas si étroite, parce qu'elle est moins nécessaire à la conservation de notre corps; car c'est à cause de cette union que nous vivons d'opinions, que nous estimons et que nous aimons tout ce qu'on aime et ce qu'on estime dans le monde, malgré les remords de notre conscience et les véritables idées que nous avons des choses. Je ne parle pas ici de l'union que nous avons avec l'esprit des autres hommes, car on peut dire que nous en recevons quelque instruction; je parle seulement de l'union sensible, qui est entre notre imagination et l'air et la manière de ceux qui nous parlent. Voilà comment toutes les pensées que nous avons, par dépendance du corps, sont toutes fausses et d'autant plus dangereuses pour notre âme qu'elles sont plus utiles à notre corps.

Ainsi tâchons de nous délivrer peu à peu des illusions de nos sens, des visions de notre imagination, et de l'impression que l'imagination des autres hommes fait sur notre esprit. Rejetons avec soin toutes les idées confuses que nous avons par la dépendance où nous sommes de notre corps, et n'admettons que les idées claires et évidentes que l'esprit reçoit par l'union qu'il a nécessairement avec le Verbe, ou la sagesse et la vérité éternelle, comme nous expliquerons dans le livre suivant, qui est de l'entendement ou de l'esprit pur.

TABLE DES MATIÈRES

NICOLAS MALEBRANCHE
DE L'IMAGINATION

DE LA RECHERCHE DE LA VÉRITÉ
LIVRE II

PREMIÈRE PARTIE

Imprimerie de la Manutention à Mayenne (France) – Avril 2006 – N° 124-06
Dépôt légal : 2ᵉ trimestre 2006